Redes Para Dummi
6a Edición

D0470408

Mi Red y Bienvenido a Ella

Escriba cosas importantes sobre su propia red en los espacios suministrados a continuación.

Tipo de servidor de la Red: ___ NetWare (Version:___)   __ Windows XP / Me / 98

(marque una)   ___ Windows 2000 Server   __ Otro: _____

    ___ Windows NT 4

Información de la Cuenta

Mi ID de Usuario: _____

Mi contraseña: ¡NO ESCRIBA AQUÍ!

Nombre del Dominio: _____

Administrador de la Red

Nombre: _____

Número telefónico: _____

Nombre de correo electrónico: _____

Merienda favorita: _____

Las Unidades de mi Red

Letra de la Unidad   Descripción

_____   _____

_____   _____

_____   _____

_____   _____

Las Impresoras de mi Red

Nombre de la Impresora   Descripción

_____   _____

_____   _____

_____   _____

Reglas para el Cableado Coaxial

- ✔ Segmento limitado a 185 metros (600 pies)
- ✔ Utilice conectadores BNC
- ✔ Utilice conectadores T usados para conectar el cable a las computadoras
- ✔ "Terminators" requeridos en ambos extremos del segmento

Redes Para Dummies,™
6a Edición

Reglas para el Cable Par Trenzado

- Longitud máxima del cable: 100 metros (330 pies).
- Todas las computadoras cableadas al hub de alambres central.
- "Terminators" requeridos.
- Conectador RJ-45 conectado de la siguiente manera:
  - Pin 1: Blanco/naranja
  - Pin 2: Naranja/blanco
  - Pin 3: Blanco/verde
  - Pin 6: Verde/blanco
- Hasta tres hubs pueden ser conectados en cadena.
- Algunos hubs pueden ser unidos usando cable coaxial delgado o grueso.

Rangos de la Dirección IP Privada

10.0.0.0	a	10.255.255.255
172.16.0.0	a	172.31.255.255
192.168.0.0	a	192.168.255.255

Secretos para la Felicidad de la Red

- Respalde religiosamente.
- Documente la distribución de su red y mantenga su documentación actualizada.
- Mantenga un suministro adecuado de repuestos y herramientas a mano.
- Nunca apague o reinicie el servidor mientras hay usuarios registrados
- No tengas miedo, Luke.

¡Ayuda, Sr. Wizard!

Antes de llamar al gurú de la red, intente esto:

- Asegúrese de que todo esté conectado.
- Asegúrese de que el cable de la red esté conectado adecuadamente. Para el cable par trenzado, la lucecita en la parte trasera de su computadora donde el cable se conecta debería estar brillando.
- Si su computadora se congela, intente reiniciarla pulsando Ctrl+Alt+Delete.
- Pulse Ctrl+S si los mensajes de error pasan demasiado rápido y no puede leerlos. Pulse de nuevo para reiniciar.
- Intente el Windows Network Trouble-shooter. (Haga clic sobre Start⇨Help y luego busque debajo de "Troubleshooting").
- Si todo lo demás falla, intente reiniciar toda la red. (Pero que todos se desconecten primero)

Abreviaturas de correo electrónico

BTW	By the Way (Por cierto)
FWIW	For What It's Worth (Por lo que vale la pena)
IMO	In My Opinion (En mi opinión)
IMHO	In My Humble Opinion (En mi humilde opinión)
IOW	In Other Words (En otras palabras)
PMJI	Pardon Me for Jumping In (Perdón por entrometerme)
ROFL	Rolling on the Floor Laughing (Rodar por el suelo, reír)
ROFL,PP	Rolling on the Floor Laughing, Peeing My Pants (Rodar por el suelo, reír, orinarme en mis pantalones)
TIA	Thanks in Advance (Gracias por adelantado)
TTFN	Ta Ta for Now (Ta ta por ahora)
TTYL	Talk to You Later (Nos hablamos más tarde)
<g>	Grin (Gruñido)
<bg>	Big Grin (Gruñido grande)
<vbg>	Very Big Grin (Gruñido muy grande)

Para Dummies: La Serie de Libros más Vendida para Principiantes

Redes

PARA

DUMMIES™

6A EDICIÓN

Redes

PARA

DUMMIES™

6A EDICIÓN

por Doug Lowe

ST EDITORIAL

Redes Para Dummies™, 6a Edición

Publicado por
ST Editorial, Inc.
Edificio Swiss Tower, 1er Piso, Calle 53 Este,

Urbanización Obarrio, Panamá, República de Panamá
Apdo. Postal: 0832-0233 WTC
www.steditorial.com
Correo Electrónico: info@steditorial.com
Tel: (507) 264-4984 • Fax: (507) 264-0685

Para información general de nuestros productos y servicios o para obtener soporte técnico contacte nuestro Departamento de Servicio al Cliente en los Estados Unidos al teléfono 800-762-2974, fuera de los Estados Unidos al teléfono 317-572-3993, o al fax 317-572-4002

For general information on our products and services or to obtain technical support, please contact our Customer Care Department within the U.S. at 800-762-2974, outside the U.S. at 317-572-3993, or fax 317-572-4002

Library of Congress Control Number: 2003104812

ISBN: 0764541013

Publicado por ST Editorial, Inc.

Impreso en Costa Rica por Trejos Hermanos Sucesores S.A.

Acerca del Autor

Doug Lowe ha escrito un montón de libros de computación, incluyendo más de 30 *Para Dummies*, como *PowerPoint 2000 Para Dummies, Internet Explorer 5.5 Para Dummies* y *Microsoft Office 2000 Para Dummies Quick Reference*. Vive en la soleada ciudad Americana de Fresno, California, donde el lema es, "¡Oh no, no puede ser agosto ya!" con su esposa, tres hijas adolescentes y dos perras "golden retriever". Es uno de esos fanáticos obsesivos-compulsivos que ponen decenas de miles de luces de Navidad y crea decoraciones para Halloween controladas por computadora que rivalizan con la Casa Encantada de Disney. Quizás su próximo libro debería ser *Decoraciones Comunes para las Vacaciones Para Dummies*.

Dedicatoria

A Debbie, Rebecca, Sarah y Bethany.

Reconocimiento del Autor

La lista de agradecimientos para este libro es larga y se remonta a varios años atrás. Me gustaría primero que nada darle las gracias a John Kilcullen, David Solomon, Janna Custer, Erik Fafforn, Grag Robertson y Ray Marshall por toda su ayuda con la primera edición. Luego vino la segunda edición, para la cual me gustaría agradecerle a Tim Gallan, Mary Goodwin y Joe Salmeri. Para la tercera edición, deseo incluir a Jennifer Ehrlich, Constance Carlisle y Jamey L. Marcum. La cuarta edición incluyó la ayuda de Jeanne S. Criswell, Ted Cains y Jamey L. Marcum.

¡Vaya! Para esta cuarta edición, me gustaría agradecerle al editor del proyecto Dana Lesh, quien realizó una gran labor al supervisar todo el trabajo editorial requerido para completar este libro. También me gustaría agradecerle a Rebekah Mancilla, Becky Huehls, Amy Pettinella y Suzanne Thomas, el grupo de editores que se aseguraron de que las "i" tuvieran raya y las "t" punto (uups, ¡revierto eso!). De igual forma, muchas gracias al editor técnico Garrett Pease, quien hizo muchas sugerencias pertinentes en el proceso. Y, como siempre, gracias a todas las personas detrás del escenario que me brindaron su ayuda y que ni siquiera estuve conciente de ello.

ST Editorial, Inc

Edición al Español

Director General:
Joaquín Trejos C.

Publisher:
Viveca Beirute
  (*Edición Anterior: Karina Salguero*)

Producción y Diseño:
Milagro Trejos C.

Diagramación:
Everlyn Castro.

Traducción:
Ana Ligia Echeverría
Sergio Arroyo

Corrección de Estilo:
Alexandra Ríos A.

Asistencia Editorial:
Adriana Mainieri
Laura Trejos C.

Impreso por: Trejos Hermanos Sucesores, S.A.

Edición al Inglés

*Adquisiciones, Editorial y
Desarrollo de Medios*

Editor del Proyecto:
Andrea C. Boucher
(*Edición Previa: Dana Rhodes Lesh*)

Editor de Adquisiones:
Greg Croy

Editor Técnico: Garrett Pease

Gerente Editorial
Carol Sheehan

Asistente Editorial:
Amanda Foxworth

Caricaturas:
Rich Tennant, www.the5thwave.com

Producción

Coordinador del Proyecto:
Dale White

Diseño Gráfico: Amanda Carter, Carrie
Foster, Joyce Haughey, Stephanie D. Jumper,
Barry Offringa

Correctores: John Greenough, TECHBOOKS
Production Services, Inc.

Índices: TECHBOOKS
Production Services, Inc.

Un Vistazo a los Contenidos

Tabla de Contenidos

Introducción

*B*ienvenido a la sexta edición de *Redes Para Dummies*, el libro escrito especialmente para las personas que tienen este molesto sentimiento en su cabeza de que deberían poner en red sus computadoras, pero no tienen la menor idea de cómo y dónde empezar.

¿Copia usted a menudo un archivo de hoja electrónica en un disquete y se lo da a la persona en la oficina junto a la suya para que él o ella pueda verlo? ¿Se siente frustrado porque no puede utilizar la impresora láser sofisticada en la computadora de la secretaria de finanzas? ¿Espera en fila para usar la computadora que tiene la base de datos de clientes? ¡Necesita una red!

O bien, quizás ya tiene una red, pero tiene un problema: Le prometieron que la red haría su vida más fácil, pero en lugar de ello, está volviendo su vida de computación patas arriba.

Justo cuando había logrado comprender esta cosa de la computadora, alguien entra a su oficina, conecta un cable y dice, "¡Feliz red!" Siente ganas de gritar.

De cualquier forma, ha encontrado el libro correcto. La ayuda está aquí, dentro de estas humildes páginas. Este libro habla sobre redes en términos corrientes —a menudo irreverentes—. El lenguaje es amigable; no necesita ser un graduado para comprenderlo. Y el ocasional ataque le ayudará a destrozar las tradiciones benditas y sagradas de las redes, poniendo un poquito de diversión a un tema de lo contrario árido. La meta es traer los preceptos altos de las redes a la tierra, donde pueda tocarlos y exprimirlos y decir, "¡Qué es la gran cosa! ¡Yo puedo hacer esto!"

Acerca de este Libro

Este no es el tipo de libro que coge y lee de principio a fin, como si fuera una novela barata. Si alguna vez lo veo leyéndolo en la playa, le pateo arena en la cara. Es más una referencia, es el tipo de libro que toma, hojea y empieza a leer. Tiene 30 capítulos y cada uno cubre un aspecto específico de las redes — como imprimir en la red, conectar los cables de la red o establecer la seguridad para que los chicos malos no puedan entrar. Vaya al capítulo que le interesa y empiece a leer.

Cada capítulo está dividido en trozos auto contenidos, todos relacionados con el tema principal. Por ejemplo, el capítulo sobre conectar el cable de la red contiene cosas como estas:

✔ ¡Qué es la Ethernet?

✔ Dos tipos de Cable Ethernet

- Cable coaxial

- Cable por trenzado

✔ Instalar Cables de la Red

- Obtener las herramientas que necesita

- Unir un conector BNC a un cable coaxial

- Unir un conector RJ-45 al cable UTP

✔ Acabados Profesionales

En este libro, no tiene que memorizar nada. Es un libro "necesito-saber": usted lo toma cuando necesita saber algo. ¿Necesita saber qué es 100baseT? Tome el libro. ¿Necesita saber cómo crear buenas contraseñas? Tome el libro. De lo contrario, póngalo aparte y siga con su vida.

Cómo Usar este Libro

Este libro funciona como referencia. Empiece con el tema del que desea aprender. Busque en la tabla de contenidos o el índice. La tabla de contenidos es lo suficientemente detallada para encontrar la mayoría de los temas que está buscando. Si no, vaya al índice, donde encontrará mayores detalles.

Después de que haya encontrado su tema en la tabla de contenidos o el índice, vaya al área de interés y lea tanto como necesite o desee. Luego cierre el libro para seguir adelante.

Por supuesto, el libro está lleno de información, así que si desea tomar una breve excursión a su tema, será más que bienvenido. Si desea conocer sobre la seguridad, lea el capítulo sobre dicho tema. Si solo desea saber cómo hacer una contraseña decente, lea la sección sobre contraseñas. Ya tiene una idea.

Si necesita digitar algo, verá el texto que necesita así: **Digite esa cosa**. En este ejemplo, usted **digita esa cosa** en el teclado y pulsa Enter. Por lo general, aparece una explicación, solo en caso de que se esté rascando la cabeza y esté gruñendo, "¡Verdad!"

Cuando describo un mensaje o información que usted ve en la pantalla, lo presento de la siguiente manera:

```
Un mensaje de su red amigable
```

Este libro rara vez lo dirige a otra parte para obtener información — casi todo lo que necesita saber sobre redes está aquí. Para más información sobre Windows, intente *Windows XP Para Dummies* por Andy Rathbone (ST Editorial, Inc.). Andy también tiene libros excelentes acerca de ediciones previas de Windows. Para más información básica acerca de PCs, refiérase a PCs Para Dummies por Dan Gookin. También puede encontrar una cantidad de otros libros Para Dummies que abarcan casi todos los programas conocidos por la humanidad.

Lo que No Necesita Leer

Mucho de este libro se puede saltar. He colocado cuidadosamente información extra-técnica en barras laterales auto contenidas y las he marcado claramente para que pueda mantenerse alejado de ellas. No lea esto, a menos que esté metido en explicaciones técnicas y desee saber un poco de lo que está ocurriendo detrás del telón. No se preocupe; mis sentimientos no le harán daño si no lee cada palabra.

Presuposiciones Tontas

Solamente, voy a hacer dos presuposiciones acerca de quién es usted: (1) Usted es alguien que trabaja con una PC y, (2) usted tiene una red o está pensando tener una. Espero que conozca (y esté con) alguien que sepa más acerca de computadoras que usted. Mi meta es disminuir su dependencia a esa persona, pero no tire su número de teléfono todavía.

¿Es este libro útil para usuarios de Macintosh? Absolutamente. Aunque el grueso está dedicado a mostrarle cómo vincular computadoras basadas en Windows para formar una red, también puede encontrar información sobre cómo poner en red computadoras Macintosh.

Cómo este Libro Está Organizado

Dentro de este libro, encuentra capítulos organizados en seis partes. Cada capítulo se desglosa en secciones que cubren varios aspectos del tema principal. Los capítulos están en una secuencia lógica, así que leerlos en orden tiene sentido (si desea leer todo). Pero el libro es lo suficientemente modular para que pueda tomarlo y empiece a leer en cualquier punto.

A continuación, presentamos lo que contiene cada una de las seis partes.

Parte 1: Elementos Básicos: Una Guía para el Usuario de la Red

Los capítulos en esta parte presentan una introducción de lo que son las redes. Es un buen lugar para empezar si no tiene idea de lo que es una red. También es un buen lugar para empezar si es un usuario de red que no le importa optimizar el desempeño de su red, pero desea saber lo que es una red y aprovecharla al máximo.

Lo mejor de esta parte es que presenta un enfoque de cómo usar una red sin tener que adentrarse en detalles técnicos de cómo organizar una red o mantener un servidor de red. En otras palabras, esta parte está dirigida a los usuarios ordinarios quienes tienen que aprender a relacionarse con una red.

Parte 11: Crear su Propia Red

Oh-oh. El jefe acaba de darle un ultimatum: Tenga una red instalada y operando para el viernes o empaque sus cosas. Los capítulos en esta sección cubren absolutamente todo lo que necesita saber para crear una red, desde escoger el sistema operativo de la red hasta instalar el cable.

Parte 111: La Guía Dummies para Administración de Redes

Espero que el trabajo de administrar la red no caiga sobre sus hombros, pero en caso de que así sea, los capítulos en esta parte pueden ayudarle. Usted encuentra todo sobre los respaldos, seguridad, desempeño, sacudir, trapear y todas las cosas que los administradores de la red deben hacer.

Parte IV: "Webificar" su Red

Luego de que instala y su red y la pone en operación, lo primero que los usuarios hacen es tirar su puerta y pedir acceso a la Internet. Los capítulos en esta parte le muestran cómo otorgar este acceso. No solo eso, sino que puede descubrir cómo instalar su propio servidor de la Web para que pueda crear un sitio Web propio. Y descube cómo poner su red en una intranet para que los usuarios de su LAN puedan acceder a la información en un servidor de la Web local.

Parte V: Más Formas de Poner en Red

Los capítulos en esta parte presentan información adicional sobre poner en red, como configurar una red en su casa, marcar a su red desde otra computadora mientras está lejos de la oficina, darles la bienvenida a las computadoras Macintosh y computadoras más viejas MS-DOS en su red y configurar un servidor de Linux para su red.

Parte VI: Los Diez Mejores

Este no sería un libro Para Dummies sin una colección de listas de aspectos interesantes: diez mandamientos en la red, diez accesorios que solo las redes grandes usan, ¡y más!

Iconos Usados en este Libro

Espere — las cosas técnicas están a la vuelta de la esquina. Lea solamente si tiene un protector de bolsillo.

Preste atención especial a este icono; le permite saber que algún aspecto particularmente útil está a su alcance — quizás un acceso directo o un pequeño comando que vale la pena.

¿Le dije sobre el curso de memoria que tomé?

¡Peligro Will Robinson! Este icono destaca información que puede ayudarle a evitar desastres.

Información específica a NetWare. Sáltese esto si no utiliza, o no planea utilizar, NetWare.

Información sobre Windows 2000 está en el vecindario.

Destaca información acerca de la última versión de Windows.

Dónde Ir desde aquí

Sí, puede llegar allí desde aquí. Con este libro a mano, está listo para arar el árido terreno de la red. Explore a través de la tabla de contenidos y decida dónde desea empezar. ¡Alégrese! ¡Sea valiente! ¡Sea aventurero! Y sobre todo, ¡diviértase!

Parte I
Elementos Básicos: Una Guía para el Usuario de la Red

La 5a Ola   **Por Rich Tennant**

"¿ES USTED EL TIPO QUE ESTÁ TENIENDO PROBLEMAS
CON SU CONEXIÓN A LA RED?"

En esta parte . . .

Un día los criminales de la red irrumpen en su oficina y colocan una pistola en su cara. "¡No se mueva hasta que lo hayamos atado a la red!" dice uno de ellos mientras el otro abre su PC, instala una tarjeta de circuito de apariencia siniestra, cierra el respaldo de la PC y conecta un cable en su parte trasera. "Listo", dicen mientras se preparan para salir. "Ahora ... no llame a la policía. ¡Sabemos quién es!"

Si esto le ha ocurrido a usted, apreciará los capítulos en esta parte. Estos brindan una introducción genial a las redes de computadoras escritas especialmente para el usuario renuente de la red.

¿Qué ocurre si no tiene todavía una red y es el que supuestamente debe hacer la instalación? Entonces los capítulos en esta parte le dan una idea de lo que es una red. De esa forma, está preparado para los capítulos que desafortunadamente son más técnicos contenidos en la Parte II.

Capítulo 1

Las Redes No Tomarán Control del Mundo, y otros Elementos Básicos de la Red

*L*as películas les dan a las redes de computación una mala imagen. En *War Games (Juegos de Guerra),* Matthew Broderick personifica a un niño genio de la computación que casi empieza la III Guerra Mundial con un juego llamado "Guerra Termonuclear Global" en una computadora del Departamento de Defensa. En las películas de Terminator (Exterminador), una red de computación del futuro, llamada "Skynet", toma control del planeta, crea robots exterminadores mortales y los envía de regreso en el tiempo a matar a todas las personas que fueran tan desafortunadas de llamarse Sarah Connor; y en The Matrix, una vasta y poderosa red de computadoras toma a humanos como esclavos y los mantiene atrapados en una simulación del mundo real.

No tema. Estas malas redes existen solamente en los sueños de los escritores de ciencia-ficción. Las redes del mundo real son mucho más calmadas y predecibles.

No piensan por ellas mismas, no pueden evolucionar en algo que usted no quiere que sean y no le hacen daño – aunque usted se llame Sarah Connor.

Ahora que ha superado su temor por las redes, está listo para recorrer este capítulo. Es una introducción sutil, incluso superficial sobre las redes de computadoras, con una inclinación hacia los conceptos que pueden ayudarle a utilizar una computadora en red. Este capítulo no es muy detallado, lo realmente aburrido y detallado viene después.

¿Qué Es una Red?

Una *network (red)* no es más que dos o más computadoras conectadas por un cable (o en algunos casos, por una conexión inalámbrica) para que puedan intercambiar información.

Por supuesto, las computadoras pueden intercambiar información en otras formas aparte de las redes. La mayoría de nosotros hemos utilizado lo que los nerdos de computación llamaban *sneakernet*. Este consiste en que usted copia un archivo en un disquete y luego lo abre en el disco en la computadora de otra persona. (El término *sneakernet* es típico de los intentos de humor poco convincente de los nerdos de la computación).

Todo el problema con la sneakernet es que es lenta; además, deja una huella en su alfombra. Un día, algún tacaño y fanático de computación descubrió que conectar las computadoras con cables era realmente más barato que reemplazar la alfombra cada seis meses. Así, nació la red de computación moderna.

Puede crear una red de computación conectando todas las computadoras en su oficina con cables e instalando una *network interface card* (tarjeta de interfaz de red) especial (una tarjeta de circuito electrónico que va dentro de su computadora - ¡auch!) en cada computadora para que tenga un lugar donde conectar el cable. Luego, configura el software del sistema operativo de su computadora para hacer que la red funcione, y - he aquí – obtiene una red que funciona.

Si no quiere involucrarse con cables, puede crear una red inalámbrica en su lugar. En una red de este tipo, cada computadora está equipada con un adaptador especial inalámbrico de red que tiene antenas en forma de pequeñas orejas de conejo. Por lo tanto, las computadoras se pueden comunicar entre ellas sin necesidad de cables.

La Figura 1-1 muestra una red típica con cuatro computadoras. Puede ver que todas las computadoras están conectadas con un cable a un dispositivo de red central llamado *hub*. También puede ver que la computadora de Ward tiene una sofisticada impresora de láser conectada a ella. Por la red, June, Wally y Beaver pueden también utilizar esta impresora. (Además, puede ver que Beaver ha pegado la goma de mascar de ayer en la parte trasera de su computadora. Aunque no es recomendado, la goma de mascar no debería afectar adversamente la red).

Las redes de computadores tienen su propio y extraño vocabulario. Afortunadamente, no tiene que conocer todos los términos esotéricos de las redes. A continuación, presentamos unas cuantas palabras básicas:

✔ Las redes son a menudo llamadas LANs. Una *LAN* es un acrónimo que significa *local area network (red de área local)*. Es el primer *ATL*, *acrónimo de tres letras*, que ve en este libro. No necesita recordarlo, ni tampoco los muchos ATLs que siguen. De hecho, el único acrónimo de tres letras que necesita recordar es ATL.

✔ Puede pensar que un acrónimo de cuatro letras es llamado ACL. ¡Falso! Un acrónimo de cuatro letras es llamado *ATLE*, que significa *acrónimo de tres letras extendido*.

✔ Cada computadora conectada a la red se dice que está *en red*. El término técnico (que puede olvidar) para una computadora que está en la red es *nodo*.

✔ Cuando una computadora está encendida y puede acceder a la red, se dice que está *en línea*. Cuando una computadora no puede acceder la red, está *fuera de línea*. Una computadora puede estar fuera de línea por varias razones: puede estar apagada, el usuario puede haber deshabilitado la conexión a la red, la computadora puede haberse averiado, el cable que se conecta a la red puede estar desconectado o una pelota de goma de mascar puede estar pegada al disco duro.

✔ Cuando una computadora está encendida y funciona adecuadamente, se dice que está *levantada*. Cuando una computadora está apagada o descompuesta, se dice que está *abajo*. Apagar una computadora algunas veces se llama *bajarla*. Encenderla de nuevo algunas veces se llama *levantarla*.

✔ No confunda las redes de área local con la Internet. La *Internet* es una inmensa unión de redes de computadoras esparcidas por el planeta entero. Conectar en red las computadoras de su oficina o casa para compartir información entre ellas, y conectar su computadora a la Internet mundial son dos cosas completamente diferentes. Si desea utilizar su red de área local para conectar sus computadoras a la Internet, puede consultar el Capítulo 18 para instrucciones.

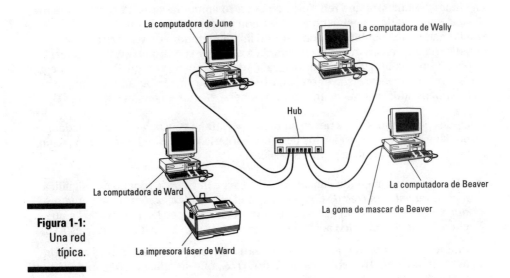

La computadora de June

La computadora de Wally

Hub

La computadora de Ward

La computadora de Beaver

La goma de mascar de Beaver

Figura 1-1:
Una red
típica.

La impresora láser de Ward

¿Por qué Molestarse?

Francamente, las redes de computadoras son un poco complicadas de instalar. Así que, ¿por qué molestarse? Los beneficios de tener una red hacen que el dolor de instalarla sea algo soportable. No necesita un Ph.D. para comprender los beneficios de conectarse en red. De hecho, aprendió todo lo que necesita saber en kindergarten: las redes se tratan de compartir. Específicamente, las redes tratan de compartir tres cosas: archivos, recursos y programas.

✔ **Compartir archivos:** las redes le permiten compartir información con otras computadoras en la red. Dependiendo de cómo instala su red, puede compartir archivos con sus amigos en varias formas diferentes. Es posible enviar directamente un archivo desde su computadora a la de un amigo, adjuntando el archivo a un mensaje de correo electrónico y luego enviarlo. También puede permitirle a su amigo acceder a su computadora en la red para que este recupere el archivo directamente desde su disco duro. Otro método es copiar el archivo a un disco en otra computadora y luego decirle a su amigo dónde lo puso para que pueda recuperarlo más adelante. De cualquier forma, la información viaja a la computadora de su amigo por el cable de la red y no con un disquete como ocurre en una sneakernet.

✔ **Compartir recursos:** puede instalar ciertos recursos de computadoras - como una unidad de disco o una impresora – para que todas las computadoras en la red puedan accederlos. Por ejemplo, la impresora láser conectada a la computadora de Ward, en la Figura 1-1, es un recurso compartido, lo que significa que cualquier persona en la red puede utilizarlo. Sin la red, June, Wally y Beaver tendrían que comprar sus propias impresoras láser.

Los discos duros también pueden ser recursos compartidos. De hecho, usted debe instalar una unidad de disco como un recurso compartido con el fin de compartir archivos con otros usuarios. Suponga que Wally desea compartir un archivo con Beaver y se ha instalado un disco duro compartido en la computadora de June. Todo lo que Wally debe hacer es copiar su archivo al disco duro compartido en la computadora de June y decirle a Beaver dónde lo puso. Luego, cuando Beaver está cerca, puede copiar el archivo de la computadora de June a la suya. (A menos, por supuesto, que Eddie Haskell elimine el archivo antes).

Puede también compartir otros recursos, como modems (que le permiten acceder a la Internet) y unidades de CD-ROM o DVD (dispositivos que almacenan vastas cantidades de información y son más útiles para grandes bibliotecas de clip-art y enciclopedias y, también, para reproducir música o ver películas mientras supuestamente está trabajando).

✔ **Compartir programas:** en lugar de mantener copias separadas de programas en la computadora de cada persona, algunas veces, lo mejor es ponerlos en una unidad que todos comparten. Por ejemplo, si tiene diez usuarios que utilizan un programa en particular, puede comprar e instalar diez copias del programa – uno para cada computadora. O bien, puede comprar una licencia de diez usuarios para el programa y, luego, instalar solo una copia de dicho programa en una unidad compartida. Cada uno de los diez usuarios puede luego acceder al programa desde el disco duro compartido.

En la mayoría de los casos, sin embargo, ejecutar una copia compartida de un programa en la red es inaceptablemente lento. Una forma común de utilizar una red para compartir programas es copiar los discos o CDs de instalación a la unidad de red compartida. Luego, puede utilizar esa copia para instalar una copia separada del programa al disco duro local de cada usuario. Por ejemplo, Microsoft Office le permite hacer esto, si compra una licencia de Microsoft para cada computadora en la cual instala Office.

La ventaja de instalar Office desde una unidad de red compartida es que no tiene que cargar los discos o CDs de instalación en la computadora de cada usuario. Además, el administrador del sistema puede personalizar la instalación de la red para que su software esté instalado en la misma forma en la computadora de cada usuario. (Sin embargo, estos beneficios son significativos solamente para redes más grandes. Si su red tiene menos de diez computadoras, probablemente será mejor instalar el programa en forma separada en cada máquina directamente desde los discos o CDs de instalación).

Recuerde que comprar una copia de un solo usuario de un programa y luego ponerla en una unidad de red compartida para que todas las personas en la red puedan accederla es ilegal. Si tiene cinco personas que utilizan el programa, necesita comprar cinco copias del programa, o bien, comprar una licencia de red que específicamente le permita cinco o seis usuarios más.

Otro beneficio de conectarse en red es que las redes les permiten a los usuarios comunicarse entre sí. La forma más obvia en que las redes les permiten a los usuarios hacer esto es pasando mensajes por medio de programas de correo electrónico. No obstante, las redes también ofrecen otras formas de comunicarse; por ejemplo, puede tener reuniones en línea. Los usuarios de la red que tienen cámaras de video no costosas conectadas a sus computadoras, pueden tener video conferencias. Pueden incluso jugar algo así como Hearts (durante su tiempo de almuerzo, por supuesto).

Servidores y Clientes

La computadora de la red que contiene los discos duros, impresoras y otros recursos compartidos con otras computadoras de la red, es llamada *servidor*. Este término aparece repetidamente, así que tendrá que recordarlo. Escríbalo en la palma de su mano izquierda.

Cualquier computadora que no sea servidor es llamada *cliente*. También debe recordar este término. Escríbalo en la palma de su mano derecha.

Solamente hay dos tipos de computadora en una red: servidores y clientes. Mire su mano izquierda y luego su mano derecha. No lave sus manos hasta que haya memorizado estos términos.

Sería interesante estudiar la diferencia entre servidores y clientes de una red en una clase de sociología, porque es parecida a la diferencia entre los que tienen y los que no tienen dinero en la sociedad.

✔ Por lo general, las computadoras más poderosas y costosas en una red son los servidores. Este hecho tiene sentido porque cada usuario en la red comparte los recursos del servidor.

✔ Las computadoras más baratas y menos poderosas en una red son los clientes. Los clientes son las computadoras utilizadas por usuarios individuales para el trabajo diario. Como sus recursos no tienen que ser compartidos, no tienen que ser tan sofisticadas.

✔ La mayoría de las redes tiene más clientes que servidores. Por ejemplo, una red con diez clientes puede probablemente arreglárselas con un servidor.

✔ En muchas redes, existe una línea limpia de segregación entre servidores clientes; en otras palabras, una computadora es o servidor o cliente, pero no ambos. Un servidor no puede convertirse en cliente, ni un cliente en servidor.

✔ Otras redes son más progresivas, ya que le permiten a cualquier computadora en la red ser un servidor o que cualquier computadora sea tanto servidor como cliente al mismo tiempo. La red ilustrada en la Figura 1-1 ejemplifica este tipo de red.

Servidores Dedicados y Redes de Igual-a-Igual

En algunas redes, una computadora servidor es únicamente una computadora servidor. Está dedicada exclusivamente a la tarea de suministrar recursos compartidos, como discos duros e impresoras, para ser accedidas por las computadoras clientes de la red. Dicho servidor es llamado *servidor dedicado* porque no puede realizar ninguna otra tarea que no sean los servicios de la red.

Otras redes tienen un enfoque alternativo, ya que le permite a cualquier computadora en la red funcionar como cliente y servidor. Así, cualquier computadora puede compartir sus impresoras y discos duros con otras computadoras en la red. Y mientras una computadora está trabajando como servidor, puede utilizar esa misma computadora para otras funciones, como procesador de palabras. Este tipo de red es llamada *red de igual-a-igual,* porque todas las computadoras se ven como iguales.

A continuación, presentamos algunos puntos por considerar en relación con la diferencia entre redes servidor dedicado y redes de igual-a-igual:

✔ Las opciones de red de igual-a-igual son incorporadas en Windows. Así, si su computadora ejecuta Windows, no tiene que comprar ningún software adicional para convertir su computadora en un servidor. Todo lo que tiene que hacer es habilitar las opciones de servidor de Windows.

✔ Las opciones del servidor de la red incorporadas en Windows 9x/Me/XP no son muy eficientes porque no fueron diseñadas principalmente para ser servidores de red. Si va a dedicar una computadora a la tarea de ser servidor de tiempo completo, debería utilizar un sistema operativo de red especial, en lugar del sistema Windows estándar. Un sistema operativo de red, también conocido como *NOS* (Network Operating System) está diseñado para manejar funciones de conexión en red eficientemente. Los dos sistemas operativos de red más comúnmente utilizados son Windows 2000 Server de Microsoft (que solía ser conocido como Windows NT Server) y NetWare de Novell. Ambos se describen en la siguiente sección, "La Opción NOS".

✔ Muchas redes son del tipo igual-a-igual y servidor dedicado simultáneamente. Estas redes tienen una o más computadoras servidor que ejecutan Windows 2000 Server o algún otro NOS, así como computadoras cliente que utilizan las opciones del servidor de Windows para compartir sus recursos con la red.

✔ Aparte de ser dedicados, también es útil si sus servidores son sinceros.

La Opción NOS

La mayoría de los servidores de red dedicados no ejecuta una versión de escritorio de Windows como Windows XP, Windows Me o Windows 98. En lugar de ello, por lo general ejecutan un sistema operativo de red o NOS. Un sistema operativo de red es especialmente diseñado para realizar eficientemente las tareas de coordinar el acceso a los recursos de red compartidos entre las computadoras cliente de la red.

Aunque tiene varios sistemas operativos de red para escoger, los dos más populares son NetWare y Windows 2000 Server.

✔ Uno de los sistemas operativos de red más populares es NetWare, de una compañía llamada Novell. NetWare es muy avanzado, pero también muy complicado. Tan complicado, de hecho, que tiene un programa de certificación intensivo que rivaliza con el examen de incorporación. Aquellos afortunados en pasar el examen reciben el título de *Certified Novell Engineer (Ingeniero Certificado de Novell)*, o *CNE*, y un suministro de por vida de protectores de bolsillo. Afortunadamente, un CNE es requerido solo para grandes redes con docenas, o incluso cientos, de computadoras unidas. Crear una red NetWare con solo unas cuantas computadoras no es tan difícil.

✔ Windows 2000 Server es una versión especial del servidor de la red de Windows 2000, que es a su vez una versión más avanzada del sistema operativo popular de Windows de Microsoft. Windows 2000 era conocido como Windows NT Server. Gracias a la interfaz familiar de Windows, Windows 2000 Server es un poco más fácil de instalar y utilizar que NetWare. (A lo largo de este libro, utilizaré el término Windows Server para referirme a las diversas versiones de servidores de Windows).

Para no ser dejado de lado, Microsoft tiene su propio programa de certificación para especialistas de Windows 2000. Si pasa todos los exámenes de certificación, logra llevar puesta una insignia de MCSE que le permite al mundo entero saber que usted es un *Microsoft Certified Systems Engineer (Ingeniero en Sistemas Certificado por Microsoft)*.

✔ Otras opciones del sistema operativo de red incluyen UNIX, Linux y el OS/2 Warp Server de IBM. Apple también hace su propio sistema operativo servidor de la red, llamado Mac OS X Server, diseñado especialmente para computadoras Macintosh.

¿Qué Hace Caminar a una Red?

Para utilizar una red, realmente no tiene que saber mucho sobre cómo funciona. Aun así, puede sentirse un poquito mejor al utilizar la red si se da cuenta de que no funciona por vodú. Una red puede parecer como magia, pero no es así. A continuación, presentamos una lista de los trabajos internos de una red típica:

✔ **Tarjetas de interfase de la red:** Dentro de cualquier computadora conectada a una red hay un circuito electrónico especial llamado *tarjeta de interfase de la red*. El ATL para la tarjeta de interfase de la red es *TIR*.

En computadoras más nuevas, puede utilizar una interfaz de red externa que se conecta a la computadora por medio del puerto USB de la computadora.

✔ **Cable de red:** El cable de red es lo que físicamente conecta a las computadoras.

El tipo más común de cable de red es similar a un cable telefónico. Sin embargo, las apariencias pueden ser engañosas. Muchos sistemas telefónicos están alambrados usando un grado más bajo de cable que no trabajará con redes. Para una red de computación, cada par de alambres en el cable debe estar trenzado de una cierta manera. Por eso, ese tipo de cable se conoce como cable *par trenzado*. Los cables telefónicos estándares no tienen el entrelazado apropiado.

Las redes más antiguas frecuentemente utilizan otro tipo de cable, llamado cable coaxial, similar al cable usado para televisión por cable. Sin embargo este no es el mismo que el que se utiliza en las redes de computación. Así que no intente reemplazar una porción rota de cable de red con el del televisor, ya que no funcionará. Las redes requieren de un grado más alto de cable que el que utiliza la televisión por cable.

De los dos tipos de cable, el cable de pares trenzados es el mejor para nuevas redes. El cable coaxial se encuentra en redes más viejas, pero si usted está creando una nueva red, use el cable de pares trenzados. Para información completa sobre redes, refiérase al Capítulo 10.

Podrá prescindir del cable de red al crear una red inalámbrica. Encontrará más información acerca de esto en el Capítulo 20.

✔ **Hub de la red:** Si su red está instalada con cable de pares trenzados, su red también necesita un hub de red. Un *hub* es una pequeña cajita con un montón de conectores de cable. Cada computadora en la red está conectada por cable hasta el hub. Este a su vez conecta a todas las computadoras entre sí. Si su red utiliza cable coaxial, el cable va directamente de una computadora a otra, de manera que no se utiliza un hub de red.

En lugar de los hubs, algunas redes utilizan un dispositivo más rápido llamado *switch*. El término *hub* es a menudo utilizado para referirse tanto a ellos mismos, como a los switches.

✔ **Software de la red:** Por supuesto, el software realmente hace que la red funcione. Para hacer que cualquier red funcione, debe instalar un montón de software. Para conexiones de red de igual-a-igual con Windows, debe jugar con el Control Panel para hacer que las redes trabajen. Los sistemas operativos de red, como Windows 2000 Server o NetWare de Novell, requieren de una cantidad sustancial de modificaciones para hacerlos funcionar bien. Para más información sobre escoger cuál software de red es conveniente utilizar, refiérase al Capítulo 8. Para descubrir qué necesita saber para configurar el software para que su red funcione adecuadamente, refiérase a los Capítulos del 12 al 16.

¡Ya No Es una Computadora Personal!

Si tuviera que escoger un punto que deseo que usted recuerde de este capítulo más que cualquier otra cosa, es este: una vez que conecte su computadora personal (PC) a una red, ya no es una computadora personal. Ahora es parte de una red de computadoras y, en alguna forma, ha dejado atrás una de las cosas que hizo a las PCs tan exitosas: independencia.

Yo me inicié con las computadoras cuando las unidades centrales de cómputo o mainframes llevaban la batuta. Las *Mainframes* son las máquinas complejas que solían llenar cuartos enteros y tenían que ser enfriadas con agua helada. Mi primera computadora fue una Binford Power-Proc Model 2000 enfriada con agua. No estoy inventando la parte del agua. A menudo, se requería de un plomero para instalar una computadora mainframe. De hecho, las realmente grandes eran enfriadas con nitrógeno líquido (estoy inventando la parte sobre Binford 2000).

Las computadoras mainframe requerían personal de programadores y operadores solo para mantenerlas en funcionamiento, ya que tenían que ser administradas muy cuidadosamente. Se creó toda una burocracia alrededor de su administración.

Las computadoras mainframe solían ser las computadoras dominantes en los lugares de trabajo. Las computadoras personales cambiaron todo eso. Estas tomaron el poder del gran cuarto de computación y lo pusieron en el escritorio del usuario, donde pertenece. Las PCs acentuaron el vínculo con el control centralizado de la computadoras mainframe. Con una PC, un usuario podía ver la computadora y decir, "¡Esta es mía . . . toda mía!" Las computadoras mainframe todavía existen, pero no son tan populares como eran antes.

Las redes están cambiando todo de nuevo. En cierta forma, es regresar a la forma de pensar de las computadoras mainframe. Cierto, la red no está ubicada en el sótano y no debe ser instalada por un plomero. Usted ya no puede pensar en su PC como exclusivamente suya, sino como parte de una red y, al igual que la _mainframe_, la red tiene que ser cuidadosamente administrada.

He aquí unas cuantas formas en las cuales una red le limita su independencia:

✔ No puede indiscriminadamente eliminar los archivos de la red. Quizá no sean suyos.

✔ La red obliga a tener que preocuparse de la seguridad. Por ejemplo, una computadora de un servidor tiene que saber quién es usted antes de permitirle acceder a los archivos. Así que tendrá que aprenderse su nombre de usuario y su contraseña para acceder a la red. Esto es para impedir que algún chico quinceañero se infiltre en la red de su oficina a través de su conexión a la Internet y le robe todos sus juegos de computación.

✔ Solo porque Wally envía algo a la impresora de Ward no quiere decir que empieza a imprimir inmediatamente. Beave pudo haber enviado un trabajo de dos horas de impresión antes de eso, por lo que Wally tiene que esperar.

✔ Puede intentar recuperar archivos de la hoja electrónica de Excel de una unidad de red, solo para descubrir que alguien más está utilizándola. Al igual que Wally, tendrá que esperar.

✔ Si copia ese archivo de base de datos de 600MB en una unidad del servidor, quizás pueda recibir llamadas de compañeros de trabajo para reclamarle que no hay espacio en la unidad del servidor para los archivos importantes.

✔ Alguien puede pasarle un virus por la red. Y luego accidentalmente infectar a otros usuarios.

✔ Tiene que tener cuidado al guardar archivos confidenciales en el servidor. Si escribe una nota para criticar a su jefe y la guarda en el disco duro del servidor, él podría encontrar el archivo y leerlo.

✔ Si desea acceder a un archivo en la computadora de Ward, pero él aun no ha llegado y encendido su máquina, tiene que ir a su oficina e iniciarla usted mismo. Para colmo de males, tiene que conocer la contraseña de Ward si él ha protegido con una de estas el acceso a su máquina (Por supuesto, si usted es Beaver, probablemente ya la conoce y todos los demás también. Si no la sabe, siempre le puede preguntar a Eddie Haskell).

✔ Si desea acceder a un archivo en la computadora de Ward, pero él no ha llegado, ni ha encendido su máquina todavía, debe ir a su oficina y encenderla usted mismo. Para terminar de complicar las cosas, debe saber la contraseña de Ward, si él decidió proteger su máquina con una. (Por supuesto, si usted es Beave, probablemente sabrá la contraseña de Ward y todos los demás también. Si no, puede siempre preguntarle a Eddie Haskell).

✔ Si su computadora es un servidor, no puede sencillamente apagarla cuando haya terminado de usarla. Alguien más puede estar accediendo a un archivo en su disco duro o imprimiendo en su impresora.

✔ ¿Por qué Ward siempre obtiene la mejor impresora? Si *Leave It to Beaver* fuera hecha hoy, apuesto que la impresora buena estaría en la computadora de June.

El Administrador de la Red

Debido a que tantas cosas pueden salir mal, aun en una simple red, designar a una persona como el *network manager (administrador de la red)* es importante. En esta forma, alguien es responsable de asegurarse de que la red no se caiga en pedazos o se salga de control.

El administrador de la red no tiene que ser un genio técnico. De hecho, algunos de los mejores administradores son completos principiantes en lo que se refiere a aspectos técnicos, lo que es importante es que sean organizados. Su trabajo es asegurarse de que haya suficiente espacio en el servidor del archivo, que el servidor del archivo sea respaldado regularmente, que los nuevos empleados puedan acceder a la red, etc.

El trabajo del administrador de la red también incluye resolver problemas básicos que los usuarios no pueden resolver y saber cuándo llamar a un experto en caso de que algo realmente malo ocurra.

✔ La Parte III de este libro está dedicada enteramente al administrador de la red. Así que si está nominado en este puesto, lea esa sección. Si tiene bastante suerte de que alguien más sea nominado, celebre comprándole una copia de este libro.

✔ En pequeñas compañías, es común escoger al administrador de la red haciendo una rifa. La persona que gana se convierte en el administrador.

✔ Por supuesto, el administrador de la red no puede realmente ser un completo idiota en tecnología. Era mentira (para aquellos de ustedes en el Congreso, eso quiere decir que yo estaba "testificando".) Exageré al enfatizar el punto de que las destrezas organizacionales son más importantes que las destrezas técnicas. El administrador de la red necesita saber cómo hacer varias tareas de mantenimiento. Este conocimiento requiere al menos un poco de conocimiento técnico, pero las destrezas organizacionales son más importantes.

¿Qué Tienen Ellos que Usted No Tenga?

Con toda esta información por la cual preocuparse, puede empezar a preguntarse si es lo suficientemente inteligente para utilizar su computadora después de estar conectada a la red. Déjeme asegurarle que sí lo es. Si es lo suficientemente inteligente para comprar este libro porque sabe que necesita una red, es más que inteligente para utilizar la red después de introducirla. También es lo suficientemente inteligente para instalar y administrar una red usted mismo. Esto no es ciencia de cohetes.

Conozco personas que utilizan redes todo el tiempo, y no son más inteligentes que usted, pero tienen una cosa que usted no: un certificado. Entonces, por los poderes otorgados a mí por parte de la International Society for the Computer Impaired (Sociedad Internacional para los Discapacitados de Computación), le presento el certificado en la Figura 1-2, el cual confirma que usted se ha ganado el título codiciado, Dummy de Red Certificado, más conocido como *CND*. Este título es considerado mucho más prestigioso en ciertos círculos que el CNE más complejo o las insignias de MSCE llevadas por los expertos verdaderos.

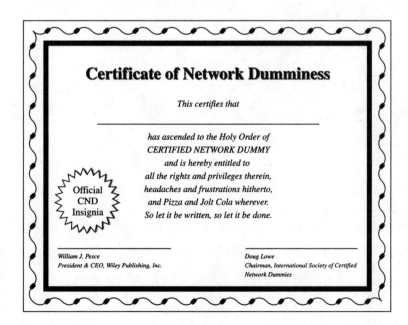

Figura 1-2:
Su
certificado
CND oficial.

Certificate of Network Dumminess

This certifies that

_____

has ascended to the Holy Order of
CERTIFIED NETWORK DUMMY
and is hereby entitled to
all the rights and privileges therein,
headaches and frustrations hitherto,
and Pizza and Jolt Cola wherever.
So let it be written, so let it be done.

Official
CND
Insignia

William J. Pesce
President & CEO, Wiley Publishing, Inc.

Doug Lowe
Chairman, International Society of Certified
Network Dummies

Capítulo 2

Vida en la Red

* *

En este capítulo

▶ Utilizar recursos locales y recursos de la red

▶ Divertirse con el juego del nombre

▶ Registrarse en la red

▶ Mapear las unidades de la red

▶ Utilizar carpetas compartidas

▶ Utilizar una impresora de la red

▶ Salirse de la red

* *

Después de que conecta su PC a una red, ya no es una isla separada del resto del mundo, como algún fanático solitario que agita una bandera de "No me pisotee". La conexión a la red cambia su PC para siempre. Ahora su computadora es parte de un "sistema," conectado a "otras computadoras" en la "red". Tiene que preocuparse por detalles molestos, como utilizar recursos locales y compartidos, registrarse y acceder a unidades de la red, utilizar impresoras de la red, salirse y quién sabe qué más.

Este capítulo lo introduce a lo que es vivir con una computadora en red. Desafortunadamente, esta sección se torna algunas veces un poco técnica, así que quizás necesita su protector de bolsillo.

Distinguir entre Recursos Locales y Recursos de la Red

En caso de que no lo comprendiera en el Capítulo 1, una de las diferencias más importantes entre utilizar una computadora aislada y una computadora en red, es la misma diferencia que existe entre *recursos locales* y *recursos de la red*. Los recursos locales son los discos duros, impresoras, modems y unidades de CD-

ROM conectados directamente a su computadora. Puede utilizarlos esté o no conectado a la red. Los recursos de la red son los discos duros, impresoras, modems y unidades de CD-ROM conectados a las computadoras servidor de la red. Puede utilizar los recursos de la red solamente después de que su computadora esté conectada a la red.

El truco de utilizar una red de computadoras consiste en saber cuáles recursos son locales (le pertenecen a usted) y cuáles son de la red (pertenecen a la red). En la mayoría de las redes, su unidad C es local. Y si una impresora está junto a su PC, probablemente es una impresora local. Puede hacer cualquier cosa que desee con estos recursos sin afectar la red u otros usuarios en ella (siempre que los recursos locales no sean compartidos en la red).

✔ Con solo observar un recurso, no puede saber si es local o de la red. La impresora junto a su computadora es probablemente su impresora local, pero de nuevo, puede ser de la red. Lo mismo ocurre con los discos duros: el disco duro en su PC es probablemente suyo, pero puede ser una unidad de la red utilizada por otras personas.

✔ Como los servidores de red dedicados están llenos de recursos, puede decir que no son solamente dedicados (y sinceros), sino también ingeniosos.

¿Qué Hay en un Nombre?

Casi todo lo que hay en las redes de computadoras tiene un nombre: las computadoras tienen nombre, las personas que las usan tienen nombre, los discos duros y las impresoras que pueden ser compartidos en la red tienen nombre. Conocer todos los nombres utilizados en su red no es esencial, pero necesita saber algunos de ellos.

✔ Todas las personas que pueden utilizar la red tienen una *identificación de usuario o ID de usuario*. Necesita saber su ID de usuario para poder registrarse en la red. También necesita saber los IDs de usuario de sus amigos, especialmente si desea utilizar sus archivos o enviarles notas molestas. Puede encontrar más información acerca de los IDs de usuario y registrarse en la sección "Registrarse en la Red", más adelante en este capítulo.

✔ Permitir que las personas en la red utilicen sus nombres como IDs de usuario es tentador, pero no es una buena idea. Aun en pequeñas oficinas, eventualmente puede tener un conflicto. (Y ¿qué me dice de esa Sra. McCave – que se hizo famosa por el Dr. Seuss cuando tuvo 23 hijos y los llamó a todos Dave?) Sugiero que se le ocurra una forma consistente de crear IDs de usuario. Por ejemplo, puede utilizar su nombre más las primeras dos letras de su apellido. Así, el ID de usuario de Wally sería `wallycl` y el de Beaver sería `beavercl`. También puede utilizar la primera letra de su nombre seguida por su apellido completo. Entonces el ID de usuario de Wally sería `wcleaver` y el de Beaver sería `bcleaver`. (Note que, en la mayoría de las redes, las mayúsculas importan en el nombre de usuario. Así, `bcleaver` es diferente a `BCleaver`).

✔ Cada computadora de la red debe tener un único nombre. No tiene que conocer los nombres de todas las computadoras, pero ayuda si conoce al menos el suyo y los nombres de cualquier servidor que necesite acceder. El nombre de la computadora es a menudo el ID de usuario de la persona que la utiliza más a menudo. Algunas veces, los nombres indican la ubicación física de la computadora, como `office-12` o `back-room`. Las computadoras servidor a menudo tienen nombres que reflejan el grupo que lo utiliza más, como `acctng-server` o `cad-server`.

Entonces, de nuevo, a algunos nerdos de computación les gusta asignar nombres que suenen técnicos como `BL3K5-87a`.

También puede querer utilizar nombres de películas de ciencia ficción. `HAL`, `Colossus`, `M5`, `Data` me vienen a la mente. Los nombres simpáticos como `Herbie` no son permitidos. (Sin embargo, `Tigger` y `Pooh` son completamente aceptables, e incluso recomendados. A los Tiggers les gustan las redes).

✔ Los recursos de la red como discos duros e impresoras también tienen nombre. Por ejemplo, un servidor de la red puede tener dos impresoras, llamadas `laser` y `inkjet` (para indicar el tipo de impresora) y dos discos duros, llamados unidad C y unidad D.

✔ En NetWare, los nombres de discos duros son llamados *volume names (nombres de volumen)*. A menudo, son nombres como SYS1, SYS2, etcétera. Los administradores de la NetWare frecuentemente carecen de creatividad para ofrecer nombres interesantes.

✔ Las redes que utilizan un sistema operativo de red, como Windows 2000 Server o Novell's NetWare, tienen un ID de usuario para el administrador. Si se registra utilizando el ID de usuario del administrador, puede hacer cualquier cosa que desee: agregar nuevos usuarios, definir recursos de la red, cambiar la contraseña de Wally – cualquier cosa.

Registrarse en la Red

Para utilizar los recursos de la red, debe conectar su computadora a la red y, luego, pasar por un proceso súper secreto llamado *registrarse (loggin on)*. El propósito de registrarse es dejarle saber a su red quién es usted para que decida si es uno de los "chicos buenos".

Registrarse es parecido a cambiar un cheque. El proceso requiere dos formas de identificación; la primera forma es el *ID de usuario,* el nombre por el cual la red lo conoce. Su ID de usuario es por lo general alguna variación de su nombre real, como "Beave" por "The Beaver." Todos los que utilizan la red deben tener un ID de usuario.

Por otro lado, su *contraseña (password)* es una palabra secreta que solamente usted y la red conocen. Si digita la contraseña correcta, la red comprueba que usted es quien dice ser. Cada usuario tiene una contraseña diferente y las contraseñas deberían permanecer secretas.

En los primeros días de las redes de computadoras, usted tenía que digitar un comando de registro en un indicador rígido MS-DOS y luego suministrar su ID de usuario y contraseña. Hoy día, la ventaja de Windows es que puede registrarse en la red a través de un recuadro de diálogo de registro que aparece cuando enciende su computadora, como se muestra en la Figura 2-1.

Si está utilizando una vieja computadora basada en MS-DOS, puede todavía digitar un comando de registro para acceder a su red. Su administrador de la red puede alegremente mostrarle cómo hacer esto.

Aquí hay algunos puntos acerca del registro para tener en mente:

✔ Los términos *nombre de usuario (user name)* y *nombre de registro (logon name)* son algunas veces utilizados en lugar del ID de usuario. Significan lo mismo.

✔ Ahora que estamos hablando acerca de las palabras que significan lo mismo, *log in* y *log on* significan lo mismo.

✔ En cuanto a la red, usted y su computadora no son lo mismo. Su ID de usuario se refiere a usted, no a su computadora. Esa es la razón por la cual usted tiene un ID de usuario y su computadora tiene un nombre de computadora. Puede registrarse en la red utilizando su ID de usuario en cualquier computadora que ha sido agregada a la red. Los otros usuarios pueden registrarse en su computadora utilizando sus propios IDs de usuario.

Cuando otros se registren en su computadora utilizando sus propios IDs de usuario, no pueden acceder a ninguno de los archivos de su red protegidos por su contraseña; sin embargo, ellos pueden acceder a cualquier archivo local que no haya protegido. Así que sea cuidadoso de a quién le permite utilizar su computadora.

✔ Windows XP tiene una opción novedosa y "cool" que muestra iconos para cada usuario registrado en su computadora. Cuando esta opción está activada, puede registrarse haciendo clic sobre su nombre y luego introducir su contraseña.

✔ Si se está registrando a una red Windows Server, el recuadro de diálogo de registro incluirá un campo en el cual puede introducir el nombre de dominio al que desea registrarse. Deseablemente, aparecerá un valor predefinido apto para el nombre de dominio para que usted pueda ignorar este campo sin problemas. Si no, su administrador de la red estará feliz de decirle cómo introducir esta información.

✔ Para las redes de NetWare, el recuadro de diálogo de registro puede indicar el diagrama y el contexto que está utilizando para registrarse. Deseablemente, su administrador de la red ya habrá configurado el diagrama y contexto para los valores correctos. Si no, él o ella le dirán cómo configurar los valores de diagrama y contexto correctos. (En redes más viejas de NetWare, se le puede pedir que introduzca el nombre de NetWare Login Server. De nuevo, su administrador de la red le dirá cuál nombre introducir).

✔ Su computadora puede ser instalada de manera que lo registre automáticamente cuando la encienda. En ese caso, no tiene que digitar su ID de usuario y contraseña. Esta instalación hace la tarea de registrar más sencilla, pero le quita la diversión. Esta es una mala opción si está un poquito preocupado por los chicos malos que pueden meterse en su red o archivos personales.

✔ Cuide su contraseña como su vida. Le diría el mío, pero después tendría que dispararle.

Figura 2-1:
Puede introducir su ID de usuario y contraseña de identificación de usuario para acceder a la red.

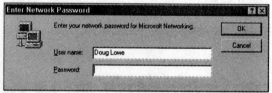

Comprender las Carpetas Compartidas

Anterio a una red, su computadora probablemente solo tenía un disco duro, conocido como unidad C. Quizás dos, C y D. En cualquier caso, estas unidades están físicamente localizadas dentro de su PC; estas son sus unidades locales.

Ahora que está en una red, probablemente tiene acceso a las unidades que no están localizadas dentro de su PC, pero están localizadas en algún lugar de una de las otras computadoras en la red. Estas unidades de red pueden ser localizadas en una computadora servidor dedicado o, en el caso de una red de igual-a-igual, en otra computadora cliente.

En algunos casos, puede acceder a toda una unidad de red por medio de la red, pero en la mayoría de los casos, no puede acceder a toda la unidad. En su lugar, puede acceder solamente a ciertas carpetas (*directorios:* en la jerga de MS-DOS) en las unidades de la red. De cualquier forma, las unidades o carpetas compartidas son conocidas en la terminología de Windows como *carpetas compartidas (shared folders)*.

Las carpetas compartidas pueden ser instaladas con restricciones sobre cómo puede utilizarlas. Por ejemplo, puede concedérsele acceso completo a algunas carpetas compartidas para que pueda copiar archivos hasta o desde ellas, eliminar archivos, crear o quitar carpetas, etcétera. En otras carpetas compartidas, su acceso puede estar limitado en ciertas formas; por ejemplo, puede ser capaz de copiar archivos hasta la carpeta compartida o desde ella, pero no eliminarlos, editar archivos o crear nuevas carpetas. Puede también pedírsele que introduzca una contraseña antes de que pueda acceder a una carpeta protegida. La cantidad de espacio en el disco que puede utilizar en una carpeta compartida puede ser limitada. Para más información acerca de las restricciones de compartir archivos, refiérase al Capítulo13.

Tenga en mente que además de acceder a carpetas compartidas que residen en las computadoras de otras personas, puede también designar su computadora como un servidor para permitirles a otros usuarios de la red acceder a carpetas que usted comparte. Para aprender cómo compartir carpetas en su computadora con otros usuarios de la red, refiérase al Capítulo 4.

Bienvenido al Vecindario de la Red

 Windows le permite acceder a recursos de la red, tal como carpetas compartidas, al oprimir el icono My Network Places que reside en su escritorio. Cuando abre el My Network Places, es recibido por iconos que representan los recursos compartidos que se pueden acceder desde su computadora, como se muestra en la Figura 2-2.

Como puede observar en la Figura 2-2, cada una de las cuatro computadoras en la red ha sido configurada como un disco compartido. Puede abrir cualquiera de estas unidades compartidas y acceder a los archivos que se incluyen como si estuviera en su computadora local.

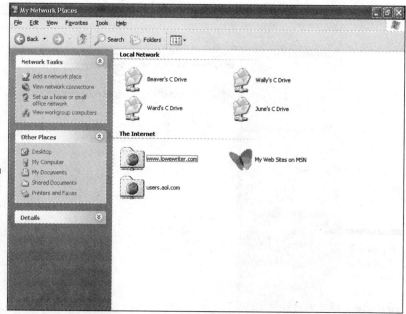

Figura 2-2:
My Network
Places
muestra una
lista de los
recursos
compartidos
en su red.

Puede solicitar una lista de todas las computadoras que están disponibles en su red, haciendo clic sobre View Workgroup Computers en la sección Network Tasks de la ventana My Network Places. Esta acción muestra un icono para cada computadora en su red, como se muestra en la Figura 2-3. (Si su computadora está en una red muy grande, puede ser que no tenga un vínculo View Workgroup Computers. En ese caso, su administrador de la red puede configurar atajos hacia los recursos que necesita, o indicarle cómo configurarlos usted mismo).

También puede acceder a My Network Places desde cualquier programa de aplicación Windows. Por ejemplo, suponga que está trabajando con Microsoft Word y quisiera abrir un archivo de documento que ha sido almacenado en una carpeta compartida en su red. Todo lo que tiene que hacer es seleccionar el comando File Open para abrir en su pantalla el recuadro de diálogo Open. Cerca de la parte superior del recuadro de diálogo Open, aparece el cuadro de listas Look In. De esta lista, seleccione el icono My Network Places. Este despliega una lista de los recursos de red compartidos que puede acceder, como se muestra en la Figura 2-4. Luego, ubique el archivo del documento que desea abrir en la red.

Si está utilizando Windows 95 ó 98, My Network Places se conoce como Network Neighborhood. Cuando llama a Network Neighborhood en Windows 95 ó 98, inmediatamente es recibido por una lista de computadoras disponibles en su red. Puede hacer clic sobre una de ellas para acceder a sus unidades y carpetas compartidas.

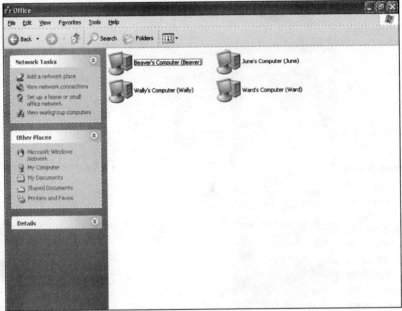

Figura 2-3:
Computa-
doras de
la red.

Figura 2-4:
Puede
acceder a
My Network
Places
desde
cualquier
programa de
Windows.

He aquí algunos puntos relacionados con Network Neighborhood:

✔ Visualizar los recursos que están disponibles en la red por medio del My Network Places también se le conoce como *explorar la red.* Desafortunadamente, explorar la red a través del My Network Places podría ser dolorosamente lento si un gran número de computadoras está conectado a su grupo de trabajo de la red local.

✔ Si su red tiene menos de 32 computadoras, Windows automáticamente muestra los iconos para cada recurso de red compartido cuando abre My Network Places. Si se encuentra en una red más grande, puede ser que necesite configurar los iconos para los recursos de red que utiliza. Puede así lograrlo haciendo clic sobre Add a Network Place en la ventana My Network Places. Contacte a su gurú de red para obtener más detalles acerca de cómo usar el Asistente Add a Network Place para configurar sus sitios de red.

✔ Un truco conocido como *mapear (mapping)* le permite acceder rápidamente a sus carpetas compartidas favoritas sin tener que explorar toda la red. Para más información, refiérase a la siguiente sección llamada "Mapear las Unidades de la Red".

Mapear las Unidades de la Red

Si se encuentra accediendo a una carpeta compartida en particular, quizás desee utilizar un truco especial llamado *mapear* para acceder a la carpeta compartida más eficientemente. Al mapear se asigna una letra de unidad a cada carpeta compartida. Luego, puede utilizar la letra de la unidad para acceder a la carpeta compartida como si fuera una unidad local. En esta forma, puede acceder a la carpeta compartida desde cualquier programa de Windows sin tener que navegar a través del Network Neighborhood.

Por ejemplo, puede mapear una carpeta compartida llamada \Wal's Files a la unidad G en su computadora. Luego, para acceder a los archivos almacenados en la carpeta compartida \Wal's Files, usted buscaría en la unidad G.

Para mapear una carpeta compartida en una letra de unidad, siga estos pasos:

1. **Utilice el Network Neighborhood para localizar la carpeta compartida que desea mapear a una unidad.**

   Si no está seguro de cómo hacer esto, refiérase a la sección "Bienvenido al Vecindario de la Red, anteriormente en este capítulo.

2. **Haga clic en el botón derecho sobre la carpeta compartida y luego escoja el comando Map Network Drive en el menú que aparece.**

   Esta acción abre el recuadro de diálogo Map Network Drive, mostrado en la Figura 2-5.

3. **Cambie la letra de la unidad en la lista Drive si lo desea.**

   Probablemente, no tiene que cambiar la letra de la unidad que Windows selecciona (en la Figura 2-5, unidad Z). Pero si usted es minucioso, puede seleccionar la letra de la unidad de la lista Drive que se despliega.

Figura 2-5:
Mapear
una unidad
de red.

4. **Si desea que esta unidad de red sea automáticamente mapeada cada vez que se registra en la red, marque la opción Reconnect at Logon.**

   Si deja la opción Reconnect at Logon sin marcar, la letra de la unidad está disponible solamente hasta que cierre Windows o se salga de la red. Si marca esta opción, la unidad de la red automáticamente se reconecta cada vez que se registra en la red.

   Asegúrese de marcar la opción Reconnect at Logon si utiliza la unidad de la red a menudo.

5. **Haga clic sobre OK.**

   ¡Eso es! Ya terminó.

   Quizás su administrador de la red ya ha instalado su computadora con una o más unidades de red. Si es así, puede pedirle que le indique cuáles unidades de red han sido mapeadas, o bien, puede tan solo abrir My Computer y echar un vistazo. (Las unidades de red mapeadas son enumeradas en My Computer utilizando el icono mostrado en el margen).

   ✔ Asignar una letra de unidad a una unidad de red se llama *mapear la unidad (mapping the drive),* o *vincular la unidad (linking the drive),* según los nerdos de la red. "La Unidad H está mapeada a una unidad de red", dicen.

   ✔ La letra de unidad que utiliza para mapear la unidad en un servidor de la red no tiene que ser la misma letra de unidad que el servidor utiliza para acceder al archivo. Por ejemplo, suponga que utiliza la unidad H para vincularse a la unidad C del servidor. (Esto es confuso, así que tome otra taza de café). En este escenario, la unidad H en su computadora es la misma unidad que la unidad

C en la computadora servidor. Este juego es necesario por una simple razón: no puede acceder a la unidad C del servidor como unidad C porque su computadora tiene su propia unidad C. Debe escoger una letra de unidad no utilizada y mapear o vincularla a la unidad C del servidor.

✔ Las letras de unidad de la red no tienen que ser asignadas en la misma forma para todas las computadoras en la red. Por ejemplo, una unidad de la red a la que se le asigna la letra de unidad H en su computadora puede tener asignada la letra de unidad Q en la computadora de alguien más. En ese caso, su unidad H y la unidad Q de la otra computadora son realmente la misma unidad. Esto puede ser muy confuso.

✔ Acceder a una carpeta de red compartida a través de una unidad de red mapeada es mucho más rápido que acceder a la misma carpeta por medio del Network Neighborhood. Eso es porque Windows tiene que explorar toda la red para enumerar todas las computadoras disponibles cuando abre la ventana Network Neighborhood. En contraste, Windows no tiene que explorar la red totalmente para acceder a una unidad de red mapeada.

Si usted escoge la opción Reconnect at Logon para una unidad mapeada, usted recibirá un mensaje de advertencia si la unidad no está disponible cuando usted se registra. En la mayoría de los casos, el problema es que la computadora servidor no está encendida. Algunas veces sin embargo, este mensaje es causado por una conexión muerta de la red. Para más información sobre cómo resolver problemas de red como este, refiérase al Capítulo 6.

Cuatro Buenos Usos para una Carpeta Compartida

Después de que sepa cuáles carpetas de red compartidas están disponibles, quizás se pregunte qué debe supuestamente hacer con ellas. Aquí hay cuatro buenos usos para una carpeta de red.

Utilizarla para almacenar archivos que todos necesitan

Una carpeta de red compartida es un buen lugar para almacenar archivos que más de un usuario necesita acceder. Sin una red, usted debe almacenar una copia del archivo en la computadora de todos y tiene que preocuparse por mantener las copias sincronizadas (lo que no puede lograr, sin importar cuánto lo intente). Puede también mantener el archivo en un disco y pasarlo. Puede mantener el archivo

Lidiar con programas que no les gusta compartir

Si está intentando compartir un archivo que es accedido por un programa más viejo; por ejemplo, una versión antigua de DOS de un programa de hoja electrónica como Lotus 1-2-3, tiene un problema. Debe asegurarse de que dos personas no intenten actualizar el archivo al mismo tiempo. Por ejemplo, suponga que recupera un archivo de hoja electrónica y empieza a trabajar en él, y luego otro usuario recupera el mismo archivo unos minutos más tarde. Ese usuario no verá los cambios que ha hecho hasta el momento porque aún no ha guardado el archivo en la unidad. Ahora, suponga que termina de hacer sus cambios y guarda el archivo mientras otro usuario está mirando la pantalla. Adivine qué ocurre

cuando el otro usuario guarda sus cambios unos minutos más tarde. Todos los cambios que hizo se han ido, perdidos para siempre en el Agujero Negro del Accesso Concurrente no Protegido.

La causa de este problema es que los programas más viejos no reservan el archivo mientras trabaja en él. Como resultado, no se evita que otros programas trabajen en el mismo archivo al mismo tiempo. El resultado es un enredo increíble. Afortunadamente, los programas que no están diseñados para trabajar con Windows 95 ó más nuevos son mucho más conocedores de las redes, así que reservan archivos cuando los abre. Estos programas son mucho más seguros para la red.

en una computadora, cuando alguien necesita utilizar el archivo, él o ella va a la computadora que lo contiene.

Con una red, puede mantener una copia del archivo en una carpeta compartida en la red y todos pueden accederla.

Utilizarla para almacenar sus propios archivos

Puede también utilizar una carpeta de red compartida como una extensión de su propio almacenamiento en disco duro. Por ejemplo, si ha llenado el espacio libre en su disco duro con fotografías, sonidos y películas que ha bajado de la Internet, pero el servidor de la red tiene billones y billones de gigabytes de espacio libre, tiene todo el espacio de la unidad que necesita. Solo almacene sus archivos en la unidad de la red.

A continuación, presentamos los pasos para almacenar archivos en unidades de la red:

✔ Utilizar la unidad de la red para sus propios archivos funciona mejor si la unidad de la red está instalada para almacenamiento privado que otros usuarios no pueden acceder; de esa forma, no tiene que preocuparse del chico entrometido en Contabilidad que le gusta fisgonear en los archivos de otras personas.

✔ No sobre utilice la unidad de la red. Recuerde que los otros usuario han probablemente llenado sus discos duros, de manera que también desean utilizar el espacio en la unidad de la red.

✔ Antes de almacenar archivos personales en una unidad de red, asegúrese de que tiene permiso.

Utilizarla como una parada de "pits" para archivos en camino a los otros usuarios

"Hey, Wally, ¿podrían enviarme una copia de las estadísticas de béisbol del último mes?"

"Claro, Beave." ¿Pero cómo? Si el archivo de béisbol reside en la unidad local de Wally, ¿cómo envía Wally una copia del archivo a la computadora de Beaver? Wally puede hacer esto copiando el archivo en una carpeta de la red. Luego, Beaver puede copiar el archivo a su disco duro local.

Aquí presentamos algunos consejos para tener presentes cuando utilice una unidad de red para intercambiar archivos con otros usuarios de la red:

✔ No olvide eliminar los archivos que ha guardado en la carpeta de la red después de que han sido recogidos; de lo contrario, la carpeta de la red se llena rápidamente con archivos innecesarios.

✔ Crear un directorio en la unidad de red específicamente con la intención de retener archivos en ruta a otros usuarios es una buena idea. Llame a este directorio PITSTOP o algo similar para sugerir su función.

✔ La mayoría de los programas de correo electrónico le permiten entregar archivos a otros usuarios. Esto se llama "enviar un archivo adjunto". La ventaja de enviar un archivo por medio de correo electrónico es que no tiene que preocuparse de los detalles, tales como dónde dejar el archivo en el servidor y quién es responsable de eliminar el archivo.

Utilizarla para respaldar su disco duro local

Si tiene suficiente espacio disponible en la unidad en el servidor del archivo, puede utilizarlo para respaldar copias de los archivos en su disco duro. Solo copie los archivos que desea respaldar en una carpeta de red compartida.

Obviamente, copiar todos los archivos de datos en la unidad de red puede llenar rápidamente la unidad de la red. Es conveniente consultar con el administrador de la red antes de hacerlo. El administrador quizás ya haya instalado una unidad de red especial diseñada solo para respaldos. Si es afortunado, su administrador de la red podría ser capaz de instalar un itinerario de respaldo automático para sus datos importantes, de manera que no tenga que recordar respaldarlos manualmente.

Esperamos que su administrador de la red también respalde regularmente los contenidos del disco del servidor de la red en una cinta; de esa forma, si algo le ocurre al servidor de la red, los datos pueden ser recuperados de las cintas de respaldo.

Utilizar una Impresora de la Red

Utilizar una impresora de la red es como utilizar un disco duro de la red. Puede imprimir en una impresora de la red desde cualquier programa de Windows al escoger File⇨Print, para llamar el recuadro de diálogo Print desde cualquier programa y seleccionar una impresora de la red de la lista de impresoras disponibles.

Recuerde, sin embargo, que imprimir en una impresora de la red no es exactamente lo mismo que imprimir en una local. Cuando imprime en una impresora local, usted es el único que está utilizando esa impresora, pero cuando imprime en una impresora de la red, está compartiendo esa impresora con otros usuarios. Esto complica las cosas en varias formas:

✔ Si varios usuarios imprimen en la impresora de la red al mismo tiempo, la red tiene que mantener los trabajos de impresión separados entre sí. Si no lo hiciera, el resultado sería un completo desastre, con su reporte de 68-páginas mezclado con los cheques de su nómina. Afortunadamente, la red se encarga de esta situación utilizando una opción sofisticada llamada *cola de impresión (print spooling)*.

✔ Sin excepción, cuando me pongo en una fila en la tienda de hardware, la persona delante de mí está intentando comprar algo que no tiene el código de producto. Termino esperando allí de pie por horas a que alguien en fontanería coja el teléfono para que revise el precio. La impresión de la red puede ser así. Si alguien envía un trabajo de impresión de dos horas antes de que usted envíe su memo de media página, tiene que esperar. La impresión en la red funciona con la regla primero-en-entrar-primero-en-salir, a menos que conozca algunos de los trucos que discutiremos en el Capítulo 3.

✔ Antes de que lo hicieran utilizar la red, su computadora probablemente tenía solo una impresora conectada. Ahora, puede tener acceso a una impresora local y varias impresoras de red. Quizás desee imprimir algunos documentos en su impresora de inyección de tinta barata (ups, digo impresora local), pero utilizar la impresora láser para cosas realmente importantes. Para hacer eso, debe descubrir cómo utilizar las funciones de sus programas para intercambiar impresoras.

✔ La impresión en la red es realmente demasiado importante para explicarla en este capítulo. Así que el Capítulo 3 explica este tema con más detalle.

Salirse de la Red

Después de que termine de utilizar la red, debería salirse. Al salirse de la red, las unidades e impresoras en esta quedan no disponibles. Su computadora todavía está físicamente conectada a la red, pero la red y sus recursos no están disponibles para usted.

✔ Después de que apague su computadora, está automáticamente fuera de la red. Cuando enciende su computadora, debe registrase de nuevo. Salirse es una buena idea si va a dejar su computadora sin usar por un tiempo. En la medida que su computadora esté registrada en la red, cualquier persona puede utilizarla para acceder a la red. Y como los usuarios no autorizados pueden accederla con su ID de usuario, lo culpan a usted por cualquier daño que hagan.

✔ En Windows, puede salirse de la red al hacer clic sobre el botón Start y escoger el comando Log Off. Este proceso lo saca de la red sin reiniciar Windows. (En algunas versiones de Windows 95, debe escoger el comando Start⇨Shut Down para salirse de la red).

Capítulo 3

Utilizar una Impresora de la Red

* *

En este capítulo

▶ Descubrir por qué la impresión en la red es una gran cosa

▶ Instalar su computadora para utilizar una impresora de la red

▶ Imprimir en una impresora de la red

▶ Jugar con la cola de impresión

▶ Utilizar trucos de impresión

▶ Arreglar una impresora atascada

* *

Si usted odia todo lo relacionado con utilizar una red, lo peor es utilizar una impresora de la red. Oh, ¡qué días aquellos en que su vieja, pero sencilla impresora de matriz de punto estaba en su escritorio junto a su computadora y nadie más, excepto usted, la podía utilizar. Ahora debe compartirla. Puede ser una impresora increíble, pero no puede verla todo el tiempo para asegurarse de que está funcionando.

Ahora debe enviar su reporte de 80 páginas a la impresora de la red y cuando va a revisarla cada 20 minutos, descubre que no ha imprimido todavía porque alguien más envió un reporte de 800 páginas antes que usted, o bien, la impresora ha estado ociosa por 20 minutos porque se quedó sin papel, o su reporte simplemente desapareció en la Tierra de la Red-Red. O bien, se imprimieron todas las 80 páginas de su reporte impreso en papel membretado de la compañía que alguien accidentalmente dejó en la bandeja de la impresora. O su reporte simplemente desapareció en el Mundo Desconocido de la Red.

Este capítulo puede ayudarle. Le explica los secretos de la impresión en la red y le brinda soluciones para ayudarle a encontrar esos trabajos de impresión perdidos. (Este capítulo puede también convencerlo de gastar $69 de su propio dinero para comprar su propia impresora de inyección de tinta; de manera que no tenga de perder el tiempo con la impresora de la red).

¿Qué tiene de Especial la Impresión en Red?

¿Por qué la impresión en la red es la gran cosa? En el Capítulo 3, hablamos sobre compartir unidades y carpetas de la red y mostramos que compartir es algo bastante sencillo. Después de que todo ha sido instalado correctamente, utilizar una unidad de red es muy similar a usar una unidad local.

La situación sería maravillosa si compartir una impresora fuera así de fácil; pero no lo es. El problema con la impresión en la red es que las impresoras son dispositivos lentos y melindrosos. Se quedan sin papel, sin tóner o sin tinta. Lidiar con todos estos problemas es ya difícil cuando la impresora está justo a la par de la computadora en su escritorio, pero utilizar la impresora accedida remotamente por medio de una red es aún más difícil.

Una impresora en cada puerto

Antes de que entre en detalles sobre la impresión en la red, conviene revisar algunos principios básicos. Un *puerto* es una conexión en la parte trasera de su computadora. Usted utiliza los puertos para conectar los dispositivos a la computadora: conecta un extremo de un cable en el puerto y el otro extremo en un conectador en la parte trasera del dispositivo que desea conectar. La mayoría de las computadoras tiene dos dispositivos conectados a los puertos: un teclado y un mouse. Muchas computadoras también tienen una impresora conectada a un puerto, y algunas computadoras tienen otros dispositivos, como un módem o un escáner.

Existen dos tipos de puertos a los que se pueden enlazar impresoras: paralelo y USB. (Ciertos tipos de impresoras más antiguas utilizaban conexiones de puerto serial, pero muchas de estas hoy día han sido enviadas a anticuarios). En la actualidad, el puerto serial se utiliza principalmente para conectar un mouse o un módem a la computadora. (Ahora, los puertos USB son una versión nueva y mejorada del puerto serial que, prontamente, serán aún más populares que los puertos paralelos para las impresoras. Para más información acerca de USB, refiérase a la barra lateral "Súbase en el Bus Serial Universal").

Otro tipo de puerto que su computadora puede tener o no es el Puerto SCSI. *SCSI* (pronunciado *skuzzy*), significa *Small Computer System Interface,* es un tipo especial de puerto paralelo de alta velocidad, utilizado en su mayoría para conectar discos duros, unidades de cinta, unidades de CD-ROM y otros dispositivos, como escaners, a su computadora. Si usted no utiliza el puerto SCSI para conectar una impresora, puede ignorarlo por ahora.

Aquí presentamos algunos puntos adicionales relacionados con los puertos de la impresora:

✔ Después de la introducción de la primera Computadora Personal de IBM en el año 1492, los nombres LPT1, LPT2 y LPT3 fueron asignados a los puertos paralelos (LPT significa "Line Printer"). El primer puerto paralelo (y el único puerto paralelo en la mayoría de las computadoras) es LPT1. LPT2 y LPT3 son el tercero y cuarto puertos paralelos. Aún ahora, Windows utiliza los mismos nombres.

✔ LPT1 tiene un seudónimo: PRN. Los nombres LPT1 y PRN se refieren al primer puerto paralelo y son intercambiables.

✔ COM1, COM2, COM3 y COM4 son los nombres utilizados para cuatro puertos seriales. (COM significa *communications*, un tema que las personas que inventaron nombres como LPT1 y COM1 necesitaban estudiar más de fondo).

✔ Esperamos que el nombre asignado a cada puerto en su computadora esté impreso junto al conector del puerto en la parte trasera de su computadora. Si no es así, debe revisar el manual de su computadora para descubrir cuál puerto es cuál.

Algunas impresoras de red no se conectan del todo a un puerto en una computadora. En su lugar, estas impresoras tienen un puerto Ethernet y se conectan directamente a la red.

Configuración de la impresora

Todo lo que tiene que hacer para utilizar una impresora es conectarla al puerto paralelo (o el puerto USB) en la parte trasera de la computadora, ¿cierto? No. Debe también configurar Windows para que trabaje con la impresora. Para hacer esto, debe instalar una pieza especial de software llamada *printer driver (controlador de impresora),* que le indica a Windows cómo imprimir en su impresora.

Cada tipo de impresora tiene su propio driver de impresora. Los drivers para las impresoras más comunes vienen con Windows. Para impresoras más exóticas – o para las más nuevas que no estaban disponibles cuando compró Windows – el fabricante de la impresora suministra el driver en un disco que viene incluido.

Con el fin de descubrir cuáles impresoras están configuradas para Windows XP, haga clic sobre el botón start y abra el Panel de Control. Luego, haga doble clic sobre el icono Printers and Faxes. Aparece la carpeta Printers and Faxes, como se muestra en la Figura 3-1. (Para llamar a esta carpeta en Windows 98 o Windows Me y seleccione Start⇨Settings⇨Printers.)

La carpeta Printers and Faxes muestra un icono para cada impresora instalada en su computadora. En el caso de la Figura 3-1, solamente una impresora ha sido instalada: una Hewlett-Packard HP PSC-750. Si tiene más de una impresora instalada en su computadora, usted ve un icono para cada una.

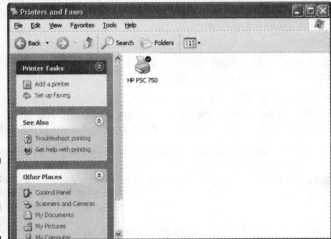

Figura 3-1:
La carpeta
Printers and
Faxes.

Puede configurar una nueva impresora para su computadora haciendo doble clic sobre el icono Add Printer. Hacer eso inicia el Add Printer Wizard, que agrega un controlador de impresora para una nueva impresora de su computadora. Para más información acerca de utilizar este Asistente, refiérase a la sección "Agregar una impresora de Red" más adelante en este capítulo.

"Spooling" y la cola de impresión

Las impresoras son por mucho la parte más lenta de cualquier computadora. En cuanto a la unidad central de proceso (CPU) se refiere, la impresora dura una eternidad para imprimir una sola fila de información. Para evitar que la CPU gire sus pulgares microscópicos, los fanáticos de computación inventaron el *spooling*.

El *spooling* es realmente bastante simple. Suponga que usted utiliza Microsoft Word para imprimir un reporte de 200 páginas. Sin el *spooling*, Word enviaría el reporte directamente a la impresora. Luego, tendría que jugar Solitario hasta que la impresora terminara de imprimir.

Con el *spooling*, Word no envía el reporte directamente a la impresora. En lugar de ello, lo envía a un archivo del disco. Ya que las unidades de disco son mucho más rápidas que las impresoras, debe esperar solamente unos cuantos segundos para que termine el trabajo de impresión. Después de que su reporte de 200 páginas es enviado al archivo de *spool*, puede continuar utilizando Word para otro trabajo, aunque la impresora no haya terminado realmente su reporte.

Suponga que se da vuelta y envía otro reporte de 200 páginas a la impresora, mientras esta sigue aun ocupada imprimiendo el primer reporte de 200 páginas. El segundo reporte debe esperar a que la impresora termine el primero. El lugar donde el reporte espera es llamado *cola de impresión (print queue)*. La cola de impresión es el término que emplean los nerdos de computación para la fila en la cual su trabajo de impresión debe esperar mientras otros trabajos que llegaron primero a la fila son impresos. Su trabajo de impresión no se imprime hasta que llegue al frente de la fila; o sea, hasta que no llegue al frente de la cola.

A continuación, presentamos unos cuantos aspectos del spooling:

✔ Aunque se considera grosero es posible, meterse al frente de la cola. Usted descubre cómo hacer eso en este capítulo. Es bueno saber este truco, especialmente si es el único que lo sabe.

✔ Lo crea o no, la palabra spool es realmente un acrónimo; Spool significa "Simultaneous Peripheral Output On-Line", Salida Periférica Simultánea En-Línea.

¿Qué es un trabajo de impresión?

Hemos utilizado el término *trabajo de impresión (print job)* varias veces sin explicar lo que significa, así que probablemente ya usted está molesto. Un trabajo de impresión es una colección de páginas impresas que se mantienen juntas y son tiradas como un grupo. Si imprime un documento de 20 páginas desde Word, la impresión de 20 páginas es un trabajo de impresión. Cada vez que utilice el comando Print de Word (o cualquier otro comando Print del programa), usted crea un trabajo de impresión.

¿Cómo sabe la red cuándo termina un trabajo de impresión y empieza el otro? Los programas que hacen la impresión envían un código especial al final de cada comando de Print que dice, "Este es el fin del trabajo de impresión", y cualquier cosa que imprimo después pertenece a mi próximo trabajo de impresión.

¡Alerta de analogía! Puede comparar este código con la pequeña varita que se utiliza en el supermercado para separar sus artículos de los de la persona detrás suyo. La varita le indica al vendedor que todos los artículos delante de dicha varita pertenecen a una sola persona y los artículos detrás, pertenecen al próximo cliente.

Saltar al Bus Serial Universal

Prácticamente todas las computadoras nuevas incluyen uno o más puertos llamados USB, que significa *Universal Serial Bus*, diseñados eventualmente reemplazar la mayoría, si no todas, las conexiones externas requeridas por su computadora.

Piense en los dispositivos externos que quizás deba conectar a una computadora típica: teclado, monitor, mouse, impresora y, quizás escáner, módem, cámara de video, parlantes o incluso un CD-ROM externo o una unidad de cinta. Cada uno de estos dispositivos necesita su propio tipo de cable y depende de usted descubrir a cuáles de los muchos receptáculos en la parte trasera de su computadora corresponde cada cable.

Ahora, con el USB, puede reemplazar todos los componentes (excepto el monitor y los parlantes) con dispositivos compatibles con USB y conectarlos a los puertos USB. La mayoría de las nuevas computadoras poseen dos o más puertos USB en su parte trasera para conectar su teclado, mouse e impresora, y un par de puertos USB en la parte frontal para conectar dispositivos como cámaras digitales. Y muchos teclados USB también tienen una o dos conexiones USB. Por lo tanto, si usted utiliza todos los puertos de su computadora, podrá conectar dispositivos USB adicionales al puerto USB del teclado. Si aun así no tiene suficientes puertos USB para todos sus dispositivos USB, puede comprar un hub USB de bajo costo, que le permitirá conectar cuatro o más dispositivos USB a un solo puerto USB.

Aparte de ahorrarle la molestia de desanudar una multitud de cables y conectadores, los dispositivos USB también se reconfiguran automáticamente después de que los conecta a su computadora. Ya no tiene que molestarse con las configuraciones IRQ y direccciones DMA. Puede incluso agregar o eliminar dispositivos USB sin apagar su computadora o reiniciar Windows. Cuando conecta un dispositivo USB a su computadora, Windows automáticamente reconoce el dispositivo y lo configura para su uso.

Puede también utilizar el USB para conectarse a la red sin tener que instalar una tarjeta de interfaz de red separada dentro de su computadora utilizando un adaptador USB Ethernet, aunque esta no es una ruta muy eficiente, ya que los puertos USB reducen la velocidad de conexión a la red.

Cuando imprime en una red, puede hacer muchas cosas con los trabajos de impresión. Es posible indicarle al servidor de impresión que imprima más de una copia de su trabajo, o pedirle imprimir un báner del tamaño de una página al principio de su trabajo de impresión para que su trabajo sea fácil de encontrar en una pila grande de trabajos, o pedirle que termine de imprimir cuando su trabajo se ponga al frente de la fila, de manera que pueda cambiar a otro tipo de papel o a facturas o cheques pre-impresos. Usted maneja estos trucos desde los recuadros de diálogo estándar Print de Windows.

Agregar una Impresora de la Red

 Antes de que pueda imprimir en una impresora de la red, debe configurar su computadora para que acceda a la impresora que desea utilizar. Desde el menú de Start, escoja Settings⇨Printers para abrir la carpeta Printers. Si su computadora ya está configurada para trabajar con una impresora de la red, aparece un icono para la impresora en la carpeta Printers (refiérase al icono en el margen). Puede diferenciar una impresora de la red de una local por la forma del icono. Los iconos de las impresoras de la red tienen un tubo adjunto en la parte inferior.

Si no tiene una impresora de la red configurada para su computadora, puede agregar una utilizando el Add Printer Wizard. Abra el icono Add Printer en la carpeta Printers para iniciar el Add Printer Wizard. Cuando el Wizard le pida agregar una impresora local o de la red, escoja la red. Luego, cuando el Wizard le pida especificar una impresora, seleccione la opción Browse y haga clic sobre el botón Next. Aparece un recuadro de diálogo similar al de la Figura 3-2 que muestra las computadoras y recursos compartidos disponibles en My Network Places.

Figura 3-2:
El Add Printer Wizard desea saber cuál impresora de la red desea utilizar.

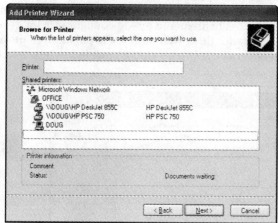

Revise este recuadro de diálogo hasta que encuentre la impresora que desea utilizar desde su computadora. Haga clic sobre esta impresora y luego sobre OK para regresar al Add Printer Wizard.

 Si no puede encontrar la impresora que desea utilizar, solicíteselo a su administrador de la red por el nombre de la impresora de la red. Luego, en lugar de buscar por la impresora, digite su nombre cuando el Asistente Add Printer le solicite especificar una impresora.

Luego, el Wizard copia el driver correcto para la impresora de la red a su computadora. Dependiendo del sistema operativo que utiliza su computadora y la versión de Windows que tenga, puede pedirle insertar su CD-ROM de Windows para
que Windows pueda localizar los archivos del driver o quizás deba insertar el
disco que viene con la impresora. En muchos casos, sin embargo, Windows copia
los archivos del driver directamente desde la computadora servidor a la que está
conectada la impresora, de manera que no tendrá que molestarse con el CD de
Windows o los discos del driver de la impresora.

Finalmente, el Asistente Add Printer le solicita si desea designar la impresora
como su impresora predeterminada, como se muestra en la Figura 3-3. Marque
Yes si esta es la impresora que utilizará la mayor parte del tiempo. Si tiene una
impresora local que utiliza bastante y simplemente está creando una conexión a
la impresora de la red, la cual empleará solo en ocasiones especiales, marque No.
Luego, haga clic sobre Next para continuar y terminar con el Wizard.

Muchas impresoras de la red, especialmente las más nuevas, están
conectadas directamente a la red por medio de una tarjeta Ethernet
incorporada. Configurar estas impresoras puede ser delicado, ya que
puede necesitar solicitarle al administrador de la red que le ayude.
(Algunas impresoras que están conectadas directamente a la red
tienen su propia dirección Web, como Printer⇨Cleaver⇨Family.com.
Si ese es el caso, frecuentemente puede configurar la impresora utilizando su explorador de la Web para ir a la página Web de la impresora y luego hacer clic sobre un vínculo que le permite instalarla.

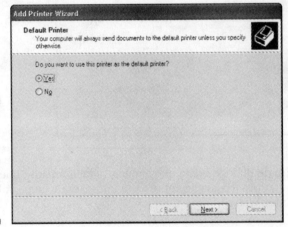

Figura 3-3:
Decidir si
utilizar esta
impresora
como su
impresora pre-
determinada.

Utilizar una impresora de la red

Después de que haya instalado la impresora de la red en Windows, imprimir allí es muy fácil. Puede imprimir en la impresora de la red desde cualquier programa de Windows utilizando el comando File⇒Print para abrir el recuadro de diálogo Print. Por ejemplo, la Figura 3-4 muestra el recuadro de diálogo Print para WordPad (el programa procesador de palabras gratis que incluye Windows). Cerca de la parte superior del recuadro de diálogo hay una lista llamada Name, la cual enumera todas las impresoras que están instaladas en su computadora. Escoja la impresora de la red desde la lista y luego haga clic sobre OK para imprimir su documento.

Figura 3-4:
Un recuadro de diálogo típico de Print.

Jugar con la Cola de Impresión

Después de que envíe su documento a una impresora de la red, por lo general, no tiene que preocuparse por él. Tan solo vaya a la impresora de la red y su documento impreso está esperándolo.

Eso es lo que ocurre en el mundo ideal. Sin embargo, en el mundo real donde usted y yo vivimos, pueden ocurrirle todo tipo de cosas a su trabajo de impresión entre el tiempo que lo envía a la impresora de la red y el tiempo en que realmente se imprime:

✔ Usted descubre que alguien más había enviado un reporte de 50 trillones de páginas antes que usted y tardará a que termine de imprimirse hasta que la deuda externa sea completamente pagada.

✔ El precio de las válvula sube $2 por unidad, volviéndo como tontas las recomendaciones que hizo en el reporte.

✔ Su jefe llama y le dice que su cuñado asistirá a la reunión, así que le pide que por favor imprima una copia extra de la propuesta para él. Ah, y una fotocopia no será suficiente. Solo originales, por favor.

✔ Usted decide ir a almorzar, de manera que no desea que el trabajo se imprima hasta que regrese.

Afortunadamente, su trabajo de impresión no está del todo más allá de su control solo porque ya lo ha enviado a la impresora de la red. Puede fácilmente cambiar el estado de los trabajos que ya ha enviado. Puede cambiar el orden en que se imprimen, retener un trabajo para que no se imprima hasta que usted lo diga o cancelarlo del todo.

Puede probablemente hacer que sus trabajos de impresión hagan otros trucos, como darse la mano, dar vuelta y jugar de muerto; sin embargo, los trucos básicos, retener, cancelar y cambiar el orden de impresión, son suficientes para empezar.

Utilizar Trucos de la Cola de Impresión de Windows

Para jugar con la cola de la impresora, abra Control Panel (Start⇨Control Panel) y haga clic sobre Printers and Faxes. Luego, abra el icono de la impresora que desea administrar. Aparece una ventana similar a la mostrada en la Figura 3-5. Si usted resulta ser Wally, puede ver las malas noticias: algún usuario llamado Beaver ha metido el reporte de 145 páginas desde Microsoft Word delante de su memo pequeño de 1 página.

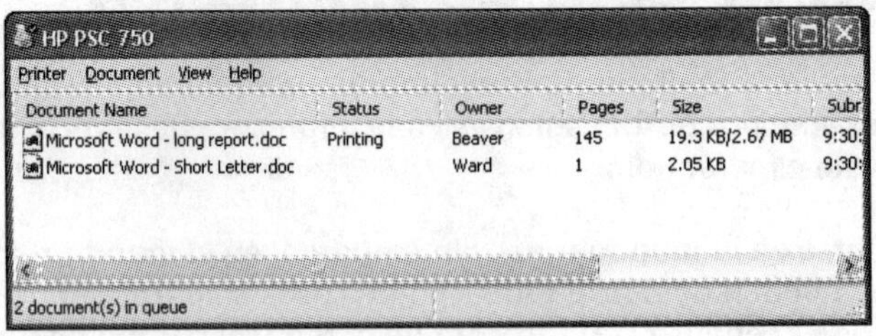

Figura 3-5:
Administrar
una cola de
impresión.

Para manipular los trabajos de impresión que aparecen en la cola de impresión o en la impresora en sí, utilice los siguientes trucos:

✔ Para detener temporalmente un trabajo de impresión, seleccione el trabajo y escoja el comando Document➪Pause Printing. Escoja el mismo comando de nuevo para reiniciar el trabajo.

✔ Para eliminar un trabajo de impresión, seleccione el trabajo y escoja el comando Document➪Cancel Printing.

✔ Para detener la impresora, escoja el comando Printer➪Pause Printing. Para reiniciar, escoja el comando de nuevo.

✔ Para eliminar todos los trabajos de impresión, escoja el comando Printer➪ Purge Print Documents.

✔ Para ponerse al frente de la fila, arrastre el trabajo de impresión que desea imprimir a la parte superior de la lista.

Note que dependiendo de cómo esté configurada su red, quizás no pueda jugar con trabajos de impresión de otros usuarios.

Lo mejor acerca de la administración de la impresión en Windows es que lo protege de los detalles de trabajar con diferentes sistemas operativos de red. Ya sea que imprima en una impresora de NetWare, una impresora de red Windows 2000, o una impresora compartida Windows XP, el icono de la ventana Printer administra todos los trabajos de impresión en la misma forma.

¿Qué Hacer cuando la Impresora se Congestiona?

Las únicas tres cosas seguras en la vida son: Las películas originales de *Star Wars* son mejores que las nuevas, los actores más viejos como Harrison Ford siempre actúan con mujeres treinta años menores y la impresora siempre se congestiona cuando su trabajo llega al principio de la fila.

¿Qué hace cuando la impresora de la red está imprimiendo todas las 133 páginas de su reporte en la misma línea?

1. **Empiece por gritar "¡Fuego!"**

   Nadie viene en su rescate si grita "¡Impresora!"

2. **Encuentre el botón en línea de la impresora y presionelo.**

Este paso pone a la impresora fuera de línea, de manera que el servidor deja de enviarle información y la impresora se detiene. Esto no remedia nada, pero detiene el ruido. Si puede, apague la impresora.

3. **Saque el papel atascado y reinserte el papel bueno en la impresora.**

4. **Presione el botón en línea para que la impresora empiece de nuevo a imprimir.**

Si la impresora deshace completamente una o más páginas de su documento, puede imprimir de nuevo solo las páginas que se estropearon, abriendo el recuadro de diálogo Print desde el programa que utilizaba para imprimir el documento y seleccionando las páginas que desea reimprimir. Si la impresora se comió todo el trabajo, tendrá que reimprimirlo. (Si está utilizando Windows 2000, puede utilizar el Print Queue para reiniciar el trabajo de impresión desde la primera página).

Si prefiere no lidiar con descongestionar el atascamiento de la impresora, simplemente cancele el trabajo de impresión. Después, imprima su documento de nuevo utilizando otra impresora. Cuando escuche a alguien gritar que la primera impresora está llena de hojas atascadas, proceda a actuar sorprendido.

Capítulo 4

Convertirse en Servidor

Como probablemente lo sabrá, las redes incluyen dos tipos de computadoras: las computadoras cliente y las computadoras servidor. En la economía de las redes de computadoras, las *computadoras cliente* son los consumidores – los que no tienen recursos de la red, como impresoras compartidas y discos duros. Los *servidores* son los proveedores – los que ofrecen sus propias impresoras y discos duros a la red, de manera que las computadoras cliente puedan utilizarlas.

Este capítulo le muestra cómo convertir su humilde computadora cliente de Windows en una computadora servidor, para que otras computadoras en su red puedan utilizar su impresora y cualquier carpeta que decida compartir. En este sentido, su computadora funciona como computadora cliente y computadora servidor al mismo tiempo. Su computadora es un cliente cuando envía un trabajo de impresión a una impresora de red o cuando accede a un archivo almacenado en el disco duro de otro servidor. Su computadora es servidor cuando alguien más le envía un trabajo de impresión o accede a un archivo almacenado en su disco duro.

Compartir Archivos e Impresoras

Antes de que pueda compartir sus archivos o su impresora con otros usuarios de la red, debe instalar una opción Windows conocida como *File and Printer Sharing*. Sin esta opción instalada, su computadora puede ser cliente de la red, pero no servidor.

Si es afortunado, la opción File and Printer Sharing ya está instalada en su computadora. Para descubrirlo, haga doble clic sobre el icono My Computer en su escritorio. Seleccione el icono para su unidad C y luego haga clic sobre File en la barra del menú para revelar el menú de File. Si el menú incluye un comando Sharing, entonces File and Printer Sharing ya está instalado, así que puede saltarse el resto de esta sección. Si no puede encontrar un comando Sharing en el menú de File, entonces debe instalar File and Printer Sharing antes de poder compartir un archivo o una impresora con otros usuarios de la red.

Generalmente, File and Printer Sharing es instalado en sistemas Windows XP. Para instalar File and Printer Sharing en una computadora Windows 9x/Me, siga estos procedimientos:

1. **En el menú de Start, escoja S̲ettings⇨C̲ontrol Panel.**

   El Control Panel cobra vida.

2. Haga doble clic sobre el icono Network.

   Aparece el recuadro de diálogo Network, como se muestra en la Figura 4-1.

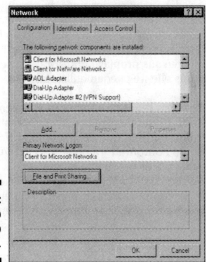

Figura 4-1:
El recuadro
de diálogo
Network.

3. **Haga clic sobre el botón File and Print Sharing.**

   Esta acción abre el recuadro de diálogo File and Print Sharing, como se muestra en la Figura 4-2.

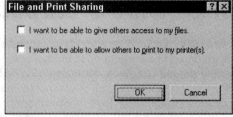

Figura 4-2:
El recuadro
de diálogo
File and
Print
Sharing.

4. **Haga clic sobre las opciones de File and Print Sharing que desea habilitar para su computadora.**

   La primera opción le permite compartir sus archivos con otros usuarios de la red; la segunda le permite compartir su impresora. Para compartir tanto sus archivos como su impresora, marque ambas opciones.

5. **Haga clic sobre OK para quitar el recuadro de diálogo File and Print Sharing.**

   Usted regresa al recuadro de diálogo Network.

6. **Haga clic sobre OK para quitar el recuadro de diálogo Network.**

   El recuadro de diálogo se desvanece y aparece el recuadro de diálogo Copy Progress para permitirle saber que Windows está copiando los archivos requeridos para habilitar File and Print Sharing. Si se le indica insertar el CD-ROM de Windows, hágalo con una sonrisa.

   Después de que se han copiado todos los archivos necesarios, usted ve un recuadro de diálogo que le informa que debe reiniciar su computadora para que tomen vigencia las nuevas configuraciones.

7. **Haga clic sobre Yes para reiniciar su computadora.**

   Su computadora se cierra y luego se reinicia. Su computadora puede tomar un minuto aproximadamente para reiniciar, cuando lo haga, estará lista para compartir sus archivos a su impresora.

Mientras está en el recuadro de diálogo Network, no juegue con ninguna de las otras configuraciones de la red. Puede cambiar en forma segura las opciones File and Print Sharing, pero debería dejar sin alterar el resto de las configuraciones en el recuadro de diálogo Network.

Compartir un Disco Duro o Carpeta

Para permitirles a los otros usuarios de la red acceder a archivos que residen en su disco duro, debe designar toda la unidad o una carpeta en la unidad como unidad o carpeta compartida. Si comparte una unidad completa, otros usuarios de la red pueden acceder a todos los archivos y carpetas en la unidad. Si comparte una carpeta, los usuarios de la red pueden acceder a cualquier archivo que permanezca en la carpeta que comparte. (Si la carpeta que comparte contiene otras carpetas, los usuarios de la red también pueden acceder a archivos en esas carpetas).

No recomiendo compartir un disco duro completo, a menos que desee otorgarle a todo el mundo en la red la libertad de husmear todos sus archivos en él. En lugar de esto, debería compartir solo la carpeta o carpetas que contienen los documentos específicos que desea que otras personas accedan. Por ejemplo, si almacena todos sus documentos de Word en la carpeta My Documents, puede compartir su carpeta My Documents para que los otros usuarios de la red puedan accederlas.

Para compartir una carpeta en una computadora Windows, siga estos procedimientos:

1. **Haga doble clic sobre el icono My Computer en su escritorio.**

   La ventana My Computer aparece en el centro.

2. **Seleccione la carpeta que desea compartir.**

   Haga clic sobre el icono de la unidad que contiene la carpeta que desea compartir, luego encuentre la carpeta específica y haga clic sobre ella.

3. **Escoja el comando File⇨Sharing and Security Command.**

   Aparece el recuadro de diálogo Properties para la carpeta que desea compartir. Note que las opciones de compartir están grises.

4. **Haga clic sobre Share This Folder en la opción Network.**

   Después de que haga clic sobre esta opción, el resto de las opciones de compartir aparecen, como se muestra en la Figura 4-3.

Si lo prefiere, puede saltar a los pasos del 2 al 4. En lugar de ello, haga clic en el botón derecho sobre la carpeta que desea compartir y luego escoja Sharing en el menú que aparece.

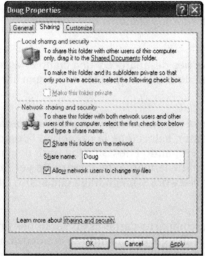

Figura 4-3:
Las opcio-
nes Sharing
se activan
apenas
hace clic
sobre la op-
ción Share
This Folder
On the
Network.

5. **Cambie el Nombre Compartido (Share Name) si no le gusta el nombre que propone Windows.**

   Nombre compartido, es el nombre que otros usuarios de la red utilizan para acceder a la carpeta compartida. Puede utilizar cualquier nombre, pero este no puede tener más de 12 caracteres de longitud. Las letras en mayúscula y minúscula son tratadas igual, así que el nombre `My Documents` se convierte en `MY DOCUMENTS`.

   Windows propone un nombre compartido basado en el nombre real de la carpeta. Si el nombre de la carpeta tiene 12 o menos caracteres, el nombre de compartida propuesto es el mismo del nombre de la carpeta. Pero si el nombre de la carpeta tiene más de 12 caracteres, Windows lo abrevia; por ejemplo, el nombre `Multimedia Files` se convierte en `MULTIMEDIA F`.

   Si el nombre que Windows escoge no tiene sentido o parece enigmático, puede cambiar el nombre de compartida por algo mejor; por ejemplo, probablemente utilizaría `MEDIA FILES`, en lugar de `MULTIMEDIA F`.

6. **Si desea permitirles a otros usuarios en la red cambiar los archivos en esta carpeta, ponga una marca en el cuadro de verificación de la opción Allow Network Users to Change My Files.**

Si deja esta opción sin activar, otros usuarios de la red serán capaces de abrir sus archivos, pero no podrán guardar los cambios que realicen.

7. **Haga clic sobre OK.**

 El recuadro de diálogo Properties desaparece y una mano es agregada al icono de la carpeta, con el fin de mostrar que esta es compartida, tal como se muestra en el margen.

Si cambia de opinión y decide que ya no desea compartir una carpeta, haga doble clic sobre el icono My Computer, seleccione la carpeta o la unidad que ya no desea compartir y seleccione el comando File⇨Sharing para llamar al recuadro de diálogo Properties. Elimine la marca del cuadro de verificación de la opción Share This Folder on the Network y luego haga clic sobre OK.

 Este procedimiento para compartir carpetas en versiones previas de Windows es similar; sin embargo, el comando se conoce como Sharing, en lugar de Sharing and Security.

Compartir una Impresora

Compartir una impresora es mucho más traumático que compartir un disco duro. Cuando comparte un disco duro, otros usuarios de la red acceden a sus archivos de vez en cuando. Cuando lo hacen, usted escucha a su disco duro hacer clic unas cuantas veces y su computadora puede tardar uno o dos segundos. Las interrupciones causadas por otros usuarios que acceden a su unidad son algunas veces notorias, pero rara vez molestas.

Sin embargo, cuando comparte una impresora es factible que su compañero de oficina haya enviado un reporte de 40 páginas a su impresora justo antes de que intentara imprimir un memo de 1 página que debe estar en el escritorio del jefe en dos minutos. La impresora puede quedarse sin papel o, peor aún, puede congestionarse durante el trabajo de impresión de alguien más, y se esperará que usted atienda el problema.

Aunque estas interrupciones pueden ser molestas, compartir su impresora tiene mucho sentido en algunas situaciones. Si tiene la única impresora decente en su oficina o grupo de trabajo, todos querrán estar molestándolo para que les permita usarla. Así que es mejor compartirla en la red. Al menos, de esta forma, no estarán alineándose en su puerta para imprimir sus documentos.

El siguiente procedimiento le muestra cómo compartir una impresora en Windows:

1. **Del menú Star, seleccione Control Panel; escoja Printers and Faxes.**

   Aparece la carpeta Printers and Faxes, como se muestra en la Figura 4-4. En este ejemplo, la carpeta Printers muestra una sola impresora, llamada HP PSC 750.

2. **Seleccione la impresora que desea compartir.**

   Haga clic sobre el icono para seleccionar la impresora.

3. **Escoja el comando File⇨Sharing.**

   Tiene razón: esto no tiene sentido. Usted está compartiendo una impresora, no un archivo, pero el comando Sharing se encuentra en el menú de File.

   Cuando escoja el comando File⇨Sharing aparece el recuadro de diálogo Properties para la impresora.

4. **Haga clic sobre la opción Share This Printer.**

   La Figura 4-5 muestra el recuadro de diálogo Printer Properties que aparece después de que hace clic sobre la opción Shared As.

5. **Cambie el Nombre Compartido si no le gusta el nombre sugerido por Windows.**

   Otras computadoras utilizan el nombre de compartida para identificar la impresora compartida, así que escoja un nombre con significado o descriptivo.

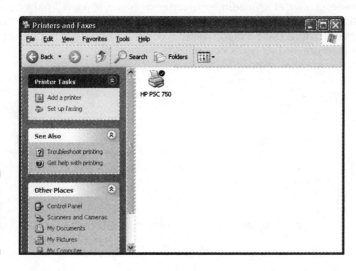

Figura 4-4:
La carpeta
Printers and
Faxes.

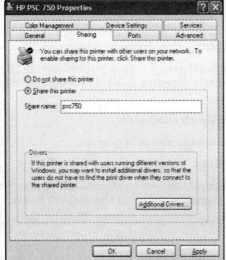

Figura 4-5:
El recuadro
de diálogo
Properties
para una
impresora
compartida.

6. **Haga clic sobre OK.**

 Usted regresa a la carpeta Printers, donde una mano es agregada al icono de la impresora como se muestra en el margen, para mostrar que la impresora es ahora una impresora de red compartida.

Para sacar su impresora compartida de la red para que los otros usuarios no puedan accederla, siga el procedimiento anterior hasta el paso 3 para abrir el recuadro de diálogo Printer Properties. Marque Not Shared en lugar de Shared As y luego haga clic sobre OK. La mano desaparece del icono de la impresora para indicar que la impresora ya no es compartida.

Capítulo 5

La Guía del Sr. McFeeley acerca del Correo Electrónico

En este capítulo

▶ Utilizar el correo electrónico

▶ Leer y enviar mensajes de correo electrónico

▶ Programar y conferenciar electrónicamente

▶ Ver emoticonos y etiquetas de correo electrónico

Regresa usted a menudo a su oficina, después de un largo almuerzo, y encuentra su escritorio lleno de esas notitas rosadas "Mientras Estaba Fuera" y la pantalla de su computadora empapelada con notas adhesivas?

Si eso ocurre, quizás ha llegado el momento de que usted descubra cómo utilizar el correo electrónico o programa de *e-mail* de su red de computadoras. La mayoría de las redes de computadoras tienen uno. Si la suya no lo tiene, insista al administrador de la red hasta que le dé uno.

Este capítulo le explica lo que es posible lograr con un buen programa de correo electrónico. Hay tantos programas de correo electrónico disponibles que no podemos mostrarle cómo utilizarlos todos, así que nos concentraremos en Microsoft Outlook, el programa que incluye Microsoft Office. Otros programas de correo electrónico son similares.

El Correo Electrónico y por qué Es Tan Increíble

El correo electrónico no es más que el equivalente en edad de computadoras al Sr. McFeeley, el cartero de *Mr. Rogers' Neighborhood*. El correo electrónico le permite enviar y recibir mensajes de otros usuarios en la red. En lugar de escribirlos en papel, sellarlos en un sobre y luego entregárselos al Sr. McFeeley para que los entregue, los mensajes de correo electrónico son almacenados en disco y enviados electrónicamente al usuario adecuado.

Enviar y recibir correo electrónico

Para enviar un mensaje de correo electrónico a otro usuario de la red, debe activar el programa de correo electrónico, escribir el mensaje utilizando un editor de texto y suministrar una dirección que, por lo general, es el ID del usuario de la red al que desea enviarle el mensaje. La mayoría de los programas de correo electrónico también requieren que usted escriba un pequeño comentario para especificar el asunto del mensaje.

Cuando recibe un mensaje de otro usuario, el programa de correo electrónico copia el mensaje a su computadora y luego lo despliega en la pantalla para que usted pueda leerlo. Puede luego eliminar el mensaje, imprimirlo, guardarlo en un archivo de disco o reenviarlo a otro usuario. Puede también responder el mensaje escribiendo uno nuevo para ser enviado al usuario que envió el original.

A continuación, presentamos algunas indicaciones adicionales acerca de enviar y recibir correo electrónico:

✔ Cuando alguien le envía un mensaje, la mayoría de los programas de correo electrónico inmediatamente despliega un mensaje en la pantalla de su computadora o hace un sonido para indicarle que revise su correo electrónico. Si su computadora no está en la red cuando el mensaje es enviado, entonces se le notifica la próxima vez que se registra en la red.

✔ Los programas de correo electrónico pueden estar configurados para verificar en forma automática nuevos mensajes cuando ingresa a la red y periódicamente durante el día, es decir cada 10 ó 15 minutos.

✔ Puede adjuntar archivos fácilmente a sus mensajes, utilizando esta opción para enviar un documento de procesamiento de texto, una hoja electrónica o un archivo de programa a otro usuario de la red.

Tenga cuidado con los archivos adjuntos que le envían otras personas. Los documentos adjuntos de correo electrónico son la forma en la que se propagan los virus de computación. Así que no abra uno a no ser que lo esté esperando y conoce a la persona que lo envió.

✔ Puede mantener una lista de los usuarios a los que comúnmente envía correos electrónicos en una libreta de direcciones. De esa manera, no tendrá que digitar nuevamente la dirección del usuario todas las veces que desea comunicarse con él o ella.

✔ Puede dirigir un mensaje a más de un usuario — la equivalencia electrónica de una copia al carbón. Algunos programas también le permiten crear una lista de usuarios y asignarle un nombre a esta. Luego puede enviar un mensaje a cada usuario, dirigiéndolo con el nombre de la lista que los incluye. Por ejemplo, June puede crear una lista incluyendo a Ward, Wally y Beaver, y denominar a esta lista como Los Chicos. Para enviar un correo electrónico a todos los chicos en su red familiar, simplemente dirige el mensaje a Los Chicos.

✔ Algunos programas de correo electrónico pueden soportar sus correos de la Internet, así como los de las LAN. Sin embargo, existen diferencias leves entre el correo electrónico de la Internet y LAN. El correo electrónico LAN es intercambiado con otros usuarios en su red local. Para enviar un mensaje a otro usuario de red, simplemente debe especificar el nombre de usuario de esa persona. Por otra parte, puede intercambiar correos de la Internet con cualquier persona en el mundo que tenga una conexión a esta y una cuenta de correo electrónico. Para enviar mensajes de correo electrónico por la Internet, debe dirigirlo a la dirección del destinatario.

Comprender el servidor de correo

Los programas de correo electrónico de una computadora servidor de la red instalada como servidor de correo, la cual funciona como una oficina electrónica de correo donde los mensajes son almacenados mientras se envían al destinatario. Un servidor de la red utilizado como servidor de correo no tiene que estar dedicado a este propósito, aunque esto es algunas veces cierto para redes más grandes. En redes más pequeñas, un servidor de archivo de la red y un servidor de impresión pueden actuar como servidor de correo.

A continuación, presentamos algunos detalles que debería conocer acerca de los servidores de correo:

✔ Windows 2000 y NetWare incluyen dos programas de servidor de correo básicos que le permiten instalar un sistema de correo electrónico para su red. Para funciones más avanzadas de correo electrónico, puede comprar e instalar un servidor de correo separado, como Microsoft Exchange Server. (Desafortunadamente, el servidor de correo que viene con Windows 2000 es considerado más difícil de instalar y utilizar que el que viene con Windows NT).

✔ El espacio en disco en un servidor de correo es a menudo muy cotizado. Asegúrese de eliminar mensajes innecesarios después de que los lee.

✔ Administrar el servidor de correo puede convertirse en una de las tareas que más tiempo consume al administrar una red. Esté preparado para pasar tiempo administrando cuentas de usuario, arreglando carpetas rotas de mensajes y arreglando varias configuraciones y opciones.

Microsoft Outlook

Debido a que es parte de Microsoft Office, Microsoft Outlook es uno de los programas más populares para acceder a correos electrónicos. Aunque muchos programas de correo están disponibles, la mayoría de ellos trabajan similarmente a Outlook para las tareas básicas de lectura y redacción de mensajes de correo electrónico.

Internet Explorer (incluido en Windows) contiene una versión menos reciente de Outlook, llamada *Outlook Express*. Outlook Express está diseñada para trabajar solo con correos electrónicos que envía y recibe a través de la Internet, no para correo electrónico que intercambia con otros usuarios en una red de área local. Como resultado, Outlook Express generalmente no es utilizado como un programa de correo electrónico para usuarios de la red. (Sin embargo, si cada usuario de la red tiene una conexión de Internet y una cuenta de correo electrónico en ella, Outlook Express funciona bien).

Las siguientes secciones describen algunos procedimientos básicos para utilizar Microsoft Outlook y enviar y recibir correo electrónico.

Enviar correo electrónico

Para enviar un mensaje de correo electrónico a otro usuario de la red, inicie Microsoft Outlook escogiendo Microsoft Outlook en el menú de Start⇨Programs. Outlook aparece en su propia ventana, como se muestra en la Figura 5-1.

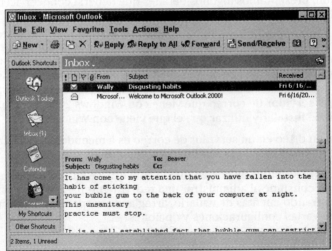

Figura 5-1:
Microsoft
Outlook.

Para elaborar un mensaje y enviarlo a otro usuario, haga clic sobre el botón New Mail Message. Aparece una ventana en la cual digita la dirección de correo electrónico del destinatario (por lo general, el ID del usuario receptor de la red), el asunto del mensaje y luego el mensaje en sí.

La Figura 5-2 muestra un mensaje que ha sido compuesto y ahora está listo para ser entregado.

Después de que termina de digitar el mensaje, haga clic sobre el botón Send. El mensaje es enviado al usuario indicado en el espacio de To.

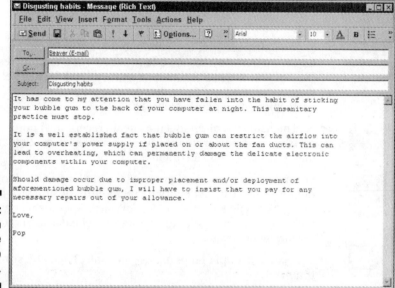

Figura 5-2:
Crear un
mensaje de
correo
electrónico.

A continuación, presentamos algunos puntos adicionales acerca de enviar correo electrónico:

✔ El destinatario debe ejecutar Outlook u otro programa de correo electrónico en su computadora para revisar si hay algún correo. Cuando ejecuta su programa de correo electrónico, su mensaje es enviado.

✔ Puede mantener una lista de direcciones personalizada utilizando el Address Book (Libro de Direcciones), disponible en el menú de Tools en Outlook.

✔ Puede utilizar Outlook para enviar correo electrónico a otros usuarios de su red local y enviar y recibir correo electrónico de usuarios de la Internet. Sin embargo, es necesario un módem o algún otro tipo de conexión a la Internet para enviar correo electrónico a una dirección de correo de la Internet.

Leer su correo electrónico

Para leer correo electrónico que le han enviado otros usuarios, simplemente inicie Microsoft Outlook escogiéndolo en el menú de Start➪Programs. Después de iniciar Outlook, el programa revisa automática y regularmente si tiene algún correo nuevo. Cualquier mensaje nuevo que reciba aparece en la ventana principal de Outlook, destacado con negrita. Además, Outlook reproduce un sonido especial para informarle cuando reciba un nuevo correo.

Para leer un mensaje que le han enviado, solo haga doble clic sobre él en la ventana principal de Outlook. El texto del mensaje aparece en una ventana separada.

Después de que lea el mensaje, tiene varias opciones para manejarlo:

- ✔ Si desea responderlo, haga clic sobre el botón Reply. Aparece una nueva ventana de mensaje que le permite escribir una respuesta. El nuevo mensaje es automáticamente dirigido a quien envió el mensaje original y el texto del mensaje original es insertado en la parte inferior del nuevo mensaje.

- ✔ Si el mensaje fue dirigido a más de un receptor, el botón Reply to All le permite enviar una respuesta a todos los destinatarios enumerados en el mensaje original.

- ✔ Si el mensaje era para alguien más, o si piensa que alguien más debería verlo (quizás contiene un montón de chismes buenísimos), haga clic sobre el botón Forward. Aparece una nueva ventana que le permite digitar el nombre del usuario al que le enviará el mensaje.

- ✔ Si desea una copia en papel del mensaje, haga clic sobre el botón Print.

- ✔ Si no le interesa guardar el mensaje, haga clic sobre el botón Delete. ¡Vaya! El mensaje se va a toda velocidad a una carpeta llamada Deleted Items (Elementos Eliminados). (Puede utilizar el comando Edit➪Empty "Deleted Items" Folder para eliminar en forma permanente los contenidos de la carpeta Deleted Items).

- ✔ Si tiene más de un mensaje en espera, puede leer el siguiente mensaje en fila al hacer clic sobre el botón Next.

Lidiar con documentos adjuntos

Un documento *adjunto* es un archivo que se envía junto con un mensaje de correo electrónico. Este puede ser cualquier tipo de archivo: un documento de

Word, una hoja electrónica, un programa, un archivo de base de datos o cualquier otro tipo de archivo.

Para enviar un documento adjunto como parte de un mensaje saliente, simplemente haga clic sobre el botón Insert File (que semeja un clip) para llamar al recuadro de diálogo Insert File. Luego, seleccione el archivo que desea adjuntar y haga clic sobre OK.

Si alguien le envía un correo con un documento adjunto, un clip aparece al lado del mensaje en su Bandeja de Entrada y verá el icono que representa el archivo adjunto una vez que lea el mensaje. Puede abrirlo haciendo doble clic sobre el icono. Sin embargo, antes de hacerlo, asegúrese de conocer quién se lo está enviando y en qué consiste el documento adjunto. Los documentos adjuntos son el medio principal por el cual se propagan los virus, así que tenga sus sospechas de cualquiera que no esté esperando.

Para proteger su computadora (y su red) de virus propagados por correos electrónicos, considere instalar un programa de anti-virus como Norton AntiVirus (`www.symantec.com`) o McAfee VirusScan (`www.mcafee.com`).

Etiqueta de Correo Electrónico

Comunicarse con alguien por medio del correo electrónico es diferente a hablar con esa persona por teléfono. Necesita estar consciente de estas diferencias o puede terminar insultando a alguien sin querer. Por supuesto, si quiere insultar a alguien, no preste atención a esta sección.

Los siguientes párrafos resumen los puntos más importantes de la etiqueta de correo electrónico:

✔ Siempre recuerde que el correo electrónico es tan privado como le gustaría que fuera. No es difícil para alguien usurpar electrónicamente su correo electrónico y leerlo. Así que tenga cuidado con lo que dice, a quién decirlo y sobre qué hablar.

✔ No olvide que todas las reglas de la etiqueta social y el decoro de la oficina también aplican al correo electrónico. Si no toma el teléfono y llama al CEO de la compañía, tampoco le envíe ningún correo electrónico.

✔ Cuando responda el correo electrónico de alguien más, tenga en mente que la persona a la que le está respondiendo quizás no recuerde los detalles del mensaje que le envió. Anotar algún contexto para su respuesta es muy bien visto. La mayoría de los sistemas de correo electrónico (incluyendo Outlook) hacen esto añadiendo automáticamente el mensaje original al final de la respuesta. Si el suyo no hace esto, asegúrese de brindar algún contexto, como incluir un trozo relevante del mensaje original entre comillas, de manera que el receptor sepa de qué está hablando.

✔ El correo electrónico no tiene la ventaja de las inflecciones de la voz. Esta limitación puede llevarlo a todo tipo de mal entendidos. Debe asegurarse de que las personas saben cuándo está bromeando y cuándo no. Los nerdos del correo electrónico desarrollaron una manera peculiar de transmitir el tono de la voz: ponen símbolos en el teclado de la computadora para crear emotioconos. La Tabla 5-1 muestra algunos de estos emoticonos más corrientemente utilizados (o abusados).

Tabla 5-1	Emoticonos Corrientemente Utilizados y Abusados
Emoticono	*Significado*
: -)	Estoy bromeando
; -)	Guiñar un ojo
: - (	Situación desagradable
: - 0	Bueno, ¡yo nunca!
: - x	Mis labios están sellados

✔ Si no comprende, incline su cabeza a la izquierda y vea los emoticonos de lado.

✔ A los nerdos del correo electrónico también les gustan las abreviaciones de taquigrafía para palabras y frases comunes, como FYI para "For Your Information (para su información)" y ASAP para "As Soon As Possible (tan pronto sea posible)". La Tabla 5-2 enumera las más comunes.

✔ Note que las abreviaciones que se refieren a gestos o expresiones faciales son digitadas entre un signo de menor que y mayor que: <g>. Otros gestos son deletreados, como <sniff>, <groan> o <sigh>.

✔ Usted no puede poner en cursiva o subrayar texto en muchos programas de correo electrónico (aunque puede hacerlo en Exchange, Outlook o Outlook Express). Digite un asterisco antes y después de una palabra que *desearía* poner en cursiva. Digite el carácter enfatizar _antes_ y _después_ de una palabra que le gustaría subrayar.

✔ Esté consciente de que si utiliza cursiva, subrayado o cualquier otra opción de formato disponible en Exchange, Outlook o Outlook Express, la persona que recibe su correo quizás no pueda ver el formato si utiliza un programa de correo electrónico diferente.

Tabla 5-2	Abreviaciones Comunes de Correo Electrónico
Abreviación	*Qué Representa*
BTW	By the Way (Por cierto)
FWIW	For What It's Worth (Por lo que vale la pena)
IMO	In My Opinion (En mi opinión)
IMHO	In My Humble Opinion (En mi humilde opinión)
IOW	In Other Words (En otras palabras)
PMJI	Pardon Me for Jumping In (Perdón por entrometerme)
ROFL	Rolling on the Floor, Laughing (Rodar por el suelo, reír)
ROFL,PP	Rolling on the Floor Laughing, Peeing My Pants (Rodar por el suelo, reír, orinarme en mis pantalones)
TIA	Thanks in Advance (Gracias por adelantado)
TTFN	Ta Ta for Now (quoting Tigger) (Ta Ta por ahora) (citando a Tigger)
TTYL	Talk to You Later (Nos hablamos más tarde)
<g>	Grin (Gruñido)
<bg>	Big Grin (Gruñido grande)
<vbg>	Very Big Gin (Gruñido muy grande)

✔ Las letras mayúsculas son el equivalente electrónico de GRITAR. DIGITAR UN MENSAJE ENTERO EN MAYÚSCULAS PUEDE SER MUY MOLESTO Y HACER QUE OBTENGA EL EQUIVALENTE ELECTRÓNICO DE LARINGITIS.

✔ No sea crédulo acerca de las bromas y cartas en cadena. Si recibe un correo electrónico con una advertencia sobre nuevos virus que limpian su disco duro si estornuda cerca de su computadora o un correo electrónico que le dice que hará un billón de dólares si reenvía el mensaje a diez de sus mejores amigos, simplemente elimínelo. No lo reenvíe.

✔ Enviar frecuentemente correo electrónico con grandes archivos adjuntos puede ser molesto.

Capítulo 6

¡Ayuda! ¡La Red Está Caída!

* *

En este capítulo

▶ Revisar las cosas obvias

▶ Descubrir si tiene un problema en la red o no

▶ Reiniciar la red

▶ Arreglar problemas comunes de la red

▶ Cuidar y alimentar a su gurú de la red

* *

*E*nfréntelo: las redes tienden a estropearse.

Tienen sencillamente demasiadas partes: cables, conectadores, tarjetas. Todas estas partes deben mantenerse unidas en un balance delicado; el equilibrio de la red es demasiado fácil de perturbar. Aun las redes de computadoras mejor diseñadas algunas veces actúan como si fueran sujetadas juntas con hilo dental, goma de mascar y "duct tape".

Para hacer las cosas peor, las redes producen sospechas. Después de que su computadora sea conectada a una red, usted está tentado a culpar a la red cada vez que algo sale mal, sin importar si el problema tiene algo que ver con ella. ¿No puede hacer que las columnas se alineen en un documento de Word? Debe ser la red. ¿Su hoja electrónica no suma? la @#$% red está fallando de nuevo.

Este capítulo ni siquiera empieza a señalar todas las cosas que pueden salir mal con una red de computadoras. Si lo hiciera, usted devolvería este libro y demandaría un reembolso después leer 40 páginas sobre "Las cosas que pueden salir mal con IPX.COM".

En lugar de eso, este capítulo se enfoca en las cosas más comunes que pueden salir mal con una red y que un usuario ordinario puede arreglar (ese es usted). Y lo mejor de todo, indicamos la dirección correcta cuando ocurre algún problema que no puede arreglar usted solo.

Cuando les Ocurren Cosas Malas a las Computadoras Buenas

¿Qué hacer cuando su computadora empieza a parpadear? Aquí presentamos algunas ideas generales para identificar el problema y decidir si usted puede arreglarlo solo:

1. **Asegúrese de que su computadora y todo lo agregado a ella estén conectados.**

   Los fanáticos de la computación disfrutan cuando un usuario llama pidiendo ayuda y le dicen a este que la computadora no está conectada. Lo escriben en sus bitácoras para contárselo a sus amigos fanáticos más tarde. Quizás incluso deseen tomar su fotografía para que la puedan mostrar. (La mayoría de los "accidentes" que involucran a los fanáticos de computación son un resultado directo de esta clase de comportamiento).

2. **Asegúrese de que su computadora esté conectada adecuadamente a la red.**

3. **Note cualquier mensaje de error que aparezca en la pantalla.**

4. **Intente el localizador de averías de la red de Windows.**

   Para más información, refiérase a la sección "El Networking Troubleshooter (Localizador de Averías) de Windows" más adelante en este capítulo.

5. **Haga un poco de experimentación para descubrir si el problema es de hecho un problema de la red o tan solo de su computadora.**

   Refiérase a la sección "Tiempo para Experimentar", más adelante en este capítulo, para obtener algunos consejos sencillos que puede aplicar para aislar un problema de red.

6. **Intente reiniciar su computadora.**

7. **Intente reiniciar toda la red.**

   Esto es algo que debe probar solo si sabe cómo hacerlo y está debidamente autorizado. Refiérase a la sección "Cómo Reiniciar un Servidor de la Red" más adelante en este capítulo.

8. **Si ninguno de estos pasos corrige el problema, grite pidiendo ayuda.**

   Tenga un soborno preparado que motive al gurú de su red a trabajar rápidamente. (Puede encontrar una útil lista de sobornos adecuados al final de este capítulo).

¡Mi Computadora Está Muerta!

Si su computadora parece totalmente muerta, aquí presentamos algunas cosas por revisar:

- ✔ ¿Está conectada?

- ✔ Si su computadora está conectada a un supresor de picos o a una regleta de poder, asegúrese de que el supresor de picos o la regleta de poder estén conectados y encendidos. Si el supresor de picos o la regleta de poder tienen una luz, esta debería estar brillando.

- ✔ Asegúrese de que el interruptor On/Off de la computadora esté en On. Esto suena demasiado básico para incluirlo aquí, pero muchas computadoras están instaladas de manera que su interruptor de poder está siempre en posición On y la computadora se enciende o apaga por medio del interruptor en el supresor de picos o la regleta de poder. Muchos usuarios de computadoras se han sorprendido por descubrir que sus computadoras tienen interruptores On/Off en la parte trasera de las cajas.

- ✔ Para complicar las cosas aún más, las computadoras más recientes tienen una opción Sleep, con la cual parece que están apagadas pero en realidad están solo durmiendo. Todo lo que tiene que hacer para despertarla es agitar un poco el mouse. (Yo tuve un tío que era así). Es fácil asumir que la computadora está apagada, pulsar el botón de arranque, cuestionarse por qué nada ocurre y luego oprimir el botón de arranque y sostenerlo, esperando que algo suceda. Si sostiene el botón de arranque lo suficiente, la computadora se apagará. Luego, cuando la enciende de nuevo, recibirá un mensaje que le indica que la computadora no fue debidamente apagada. ¡Por Dios! La moraleja de la historia es agitar el mouse si la computadora parece estar tomando una siesta.

- ✔ Si piensa que su computadora no está conectada, pero luce como si lo estuviera, escuche el abanico. Si el abanico está girando, la computadora está obteniendo poder y el problema es más serio que un cordón de poder desconectado. (Si el abanico no está girando, pero la computadora está conectada y el poder está encendido, el abanico pudo haber salido a almorzar).

- ✔ Si la computadora está conectada, encendida y aún no corre, conecte una lámpara en el enchufe para asegurarse de que la energía está llegando a este. Quizás necesita reajustar un interruptor de circuito suelto o reemplazar un supresor de picos defectuosos. O bien, puede necesitar llamar a la compañía de energía. (Si vive en California, ni se le ocurra llamar a la compañía de electricidad. Probablemente, no obtendrá resultados).

Los supresores de picos tienen una vida útil limitada. Después de unos cuantos años de uso, muchos continúan suministrando energía eléctrica para su computadora, pero los componentes que protegen a su computadora de picos de energía ya no funcionan. Si está utilizando un supresor de picos que tiene más de dos o tres años, reemplácelo por uno nuevo.

✔ El monitor tiene un cordón de energía y un interruptor separados. Asegúrese de que el monitor está conectado y encendido. (El monitor realmente tiene dos cables que deben estar conectados. Uno corre desde la parte trasera del monitor a la parte trasera de la computadora; el otro es un cordón de energía que viene desde la parte trasera del monitor y debe conectarse al enchufe eléctrico).

✔ Si su teclado, monitor, mouse e impresora están conectados a la parte trasera de su computadora por medio de cables, asegúrese de que estos cables están todos conectados en forma segura.

✔ Asegúrese de que los otros extremos de los cables del monitor y la impresora están conectados adecuadamente.

✔ La mayoría de los monitores tiene perillas que puede utilizar para ajustar el contraste y brillo del monitor. Si la computadora está encendida, pero su pantalla está oscura, intente ajustar estas perillas. Quizás fueron giradas completamente hacia abajo.

Formas de Revisar su Conexión a la Red

Los gurús de computación a menudo dicen que el 95 por ciento de los problemas de la red son problemas de cable. El cable que conecta su computadora al resto de la red es una bestia melindrosa. Puede quebrarse en cualquier momento, y por quebrarse no necesariamente me refiero a " físicamente quebrarse en dos". Los problemas de cable pueden aparecer de un momento a otro y no son generalmente visibles al ojo humano.

✔ Si su red utiliza el cable par trenzado (*twisted-pair cable*) (el cable que se ve como un alambre telefónico y es algunas veces llamado "cable 10baseT", "UTP" o "Cat-5"), puede rápidamente saber si la conexión de cable a la red es buena con solo mirar la parte trasera de su computadora. Una pequeña luz está cerca de donde el cable se conecta, si esta brilla en forma fija, el cable está bien; si la luz es oscura o si está brillando en forma intermitente, usted tiene un problema de cable.

Si la luz no está brillando en forma fija, intente quitar el cable desde su computadora y reinsertarlo. Esta acción puede remediar la conexión débil.

✔ Detectar un problema de cable en una red que está alambrada con *cable coaxial (coaxial cable),* el tipo que se ve como cable de TV, es más difícil. El conectador en la parte trasera de la computadora forma una T. El extremo inferior de la T se conecta a su computadora. Uno o dos cables coaxiales se conectan a los extremos externos de la T. Si utiliza solamente un cable coaxial, debe utilizar un enchufe especial llamado *exterminador (terminator)* en lugar de un cable en el otro extremo de la T. Si no puede encontrar un exterminador, intente conjurar uno del siglo veintiuno. ***Advertencia:*** no haga esto si su nombre resulta ser Sarah Connor.

No desconecte un cable coaxial de la red mientras la red está corriendo. La información viaja alrededor de una red coaxial en la misma forma en que la estafeta viaja alrededor de la pista en una carrera de relevos. Si una persona la tira, la carrera ha terminado. La estafeta nunca llega a la próxima persona. De igual forma, si usted desconecta del cable de la red de su computadora, la información de la red nunca llega a las computadoras que están "fila abajo" desde su computadora.

Bueno, en realidad, la Ethernet (refiérase al Capítulo 10) no es lo suficientemente tonta como para tirar la toalla a la primera señal de un rompimiento de cable. Puede desconectar el cable por unos cuantos segundos sin difundir permanentemente los mensajes de la red a través de la galaxia y puede desconectar el conectador T desde la tarjeta de la red mientras no desconecte los cables desde el conectador T. Pero no intente ninguna acción a menos que tenga una buena razón y un soborno realmente bueno para el administrador de la red, quien está seguro de descubrir al que ha estado jugando con los cables.

✔ Algunas redes son alambradas para que su computadora esté conectada a la red con un cable corto añadido (aproximadamente de un pie). Un extremo del cable añadido se conecta a su computadora y el otro extremo a un conector de cable montado en la pared. Intente rápidamente desconectar y conectar el cable añadido. Si eso no funciona, intente encontrar un cable añadido extra que pueda utilizar.

Si no puede encontrar un cable añadido extra, intente pedir prestado un cable añadido de un usuario de la red. Si el problema desaparece cuando utiliza el cable añadido de su vecino, puede asumir que el suyo está malo y necesita ser reemplazado. La buena noticia es que puede comprar un cable añadido de reemplazo en su tienda de computación local.

✔ Si llega tarde en la noche cuando no hay nadie, puede cambiar su cable defectuoso por el de alguien más y nadie se dará cuenta. Al día siguiente, ese vecino particular querrá pedirle prestado este libro para averiguar qué le ocurre a la red. Al día siguiente, alguien más necesitará el libro. Quizás nunca reciba de vuelta el libro. Mejor compra otra copia para todos.

Nota: ni el autor ni el editor apoyan tal comportamiento egoísta. Lo mencionamos aquí solamente para que sepa lo que ocurre cuando un día alguien tenga un problema con la red y de pronto usted se vea en un problema de red al día siguiente.

✔ En algunas redes, las computadoras están conectadas entre sí por medio de una cajita llamada hub. El hub está propenso a tener problemas con el cable – especialmente esos que son alambrados en una "manera profesional" que hacen un nido de ratas con los cables añadidos. No toque ese nido de ratas. Deje los problemas del nido a la rata, o sea, el gurú de la red.

¡Acaban de Pasar un Montón de Mensajes de Error!

¿Notó algún mensaje de error en la pantalla de su computadora cuando la inició? Si es así, escríbalos. Son claves invaluables que le pueden ayudar al gurú de la red a resolver el problema.

Si usted ve mensajes de error cuando inicia su computadora, recuerde los siguientes puntos:

✔ No entre en pánico si ve muchos mensajes de error. Algunas veces un simple problema fácil de corregir puede mostrar una plétora de mensajes de error cuando inicia su computadora. Los mensajes pueden parecer como si su computadora se estuviera cayendo a pedazos, pero el arreglo puede ser muy sencillo.

✔ Si los mensajes aparecen tan rápido que no puede verlos, pulse la tecla Pause de su computadora. Esta se detiene haciendo un gran chirrido y brindándole la oportunidad de ponerse al día con la lectura de mensajes de error. Después de que haya leído suficiente, pulse la tecla Pause de nuevo para empezar a mover las cosas. (En algunas computadoras, la tecla Pause es llamada "Hold." En computadoras que no tienen la tecla Pause, pulsar Ctrl+Num Lock o Ctrl+S hace lo mismo).

✔ Si se perdió los mensajes de error la primera vez, reinicie su computadora y véalos de nuevo.

✔ Mejor aún, pulse F8 cuando vea el mensaje `Starting Windows`. Esto despliega un menú que le permite seleccionar entre varias opciones de inicio, incluyendo una que procesa cada línea de su archivo `CONFIG.SYS` en forma separada, de manera que pueda ver los mensajes desplegados por cada comando antes de proceder al siguiente.

El Networking Troubleshooter (Localizador de Averías) de Windows

Windows incluye una opción de resolución de problemas que frecuentemente le puede ayudar a señalar la causa de un problema de red. La Figura 6-1 le muestra la versión de Windows XP. Responda a las preguntas que le hace la opción de resolución de problemas haga clic sobre Next para trasladarse de una pantalla a otra. El Networking Troubleshooter no puede solucionarle todos los problemas, pero sí indica las causas de los problemas más comunes.

El procedimiento para iniciar el Networking Troubleshooter depende de cuál versión de Windows está utilizando:

✔ Para Windows 98, haga clic en el botón Start; luego seleccione Help⇨Troubleshooting⇨Windows 98 Troubleshooters, y finalmente haga clic sobre Networking.

✔ Para Windows Me, seleccione Start⇨Help⇨Troubleshooting⇨Home Networking & Network Problems. Finalmente, haga clic sobre Home Networking Troubleshooter.

✔ Para Windows XP, seleccione Start⇨Help and Support⇨Networking and the Web⇨Fixing Network o Web problems; y luego haga clic sobre Home and Small Office Networking Troubleshooter.

Windows 95 también incluye una opción de resolución de problemas de red, pero no es tan completa.

Hora de Experimentar

Si no puede encontrar soluciones obvias para sus problemas (como la computadora desconectada) necesita experimentar un poco para concretar las posibilidades. Diseñe sus experimentos para responder una pregunta básica: ¿Es este un problema de red o un problema de la computadora local?

Aquí presentamos algunas formas en las que puede ubicar la causa del problema:

✔ Intente realizar la misma operación en la computadora de alguien más. Si nadie en la red puede acceder a una unidad o impresora de la red, probablemente algo anda mal con la red. Por otro lado, si es el único que tiene problemas, la

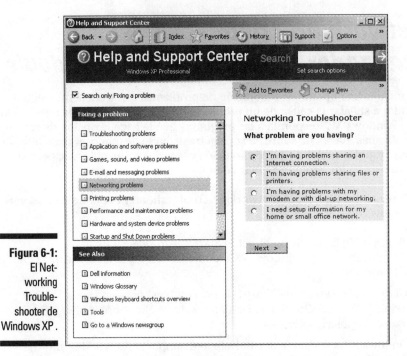

Figura 6-1:
El Net-
working
Trouble-
shooter de
Windows XP.

avería está solo en su computadora. Su computadora quizás no se está comunicando en forma confiable con la red, no está configurada adecuadamente, o el problema puede no tener que ver con la red del todo.

✔ Si puede realizar la operación en la computadora de alguien más sin problemas, intente registrarse en la red con la computadora de otra persona, utilizando su propio ID de usuario. Luego, vea si puede realizar la operación sin error. Si lo logra, el problema probablemente está en su computadora más que en la computadora servidor. Su gurú de la red deseará saberlo.

✔ Si no puede registrarse en otra computadora, espere un rato. Su cuenta quizás está temporalmente cerrada. Si no puede registrare en una hora, llame el administrador de la red y ofrézcale una dona. Esto puede ocurrir por muchas razones; sin embargo, la más común es intentar registrase varias veces con una contraseña equivocada. Si aún está bloqueado una hora más tarde llame al administrador de la red y ofrézcale una dona.

Cómo Reiniciar su Computadora

Algunas veces, los problemas de su computadora son tantos que lo único que puede hacer es reiniciarla. En algunos casos, su computadora simplemente empieza a actuar extraño: aparecen caracteres raros en la pantalla o Windows se estropea y no lo dejará salir del programa. Algunas veces, su computadora se vuelve tan confusa que no puede ni siquiera moverse, y no lo hará, sin importar cuán duro pulse la tecla Esc o Enter. Puede mover el mouse por todo el escritorio o incluso tirarlo por el cuarto, pero el puntero del mouse en la pantalla se queda completamente quieto.

Cuando su computadora empieza a actuar extraño, necesita reiniciarla. Si debe hacerlo, hágalo tan limpiamente como sea posible. Intente los siguientes pasos:

1. **Guarde su trabajo.**

   Utilice el comando File⇨Save si puede, para guardar cualquier documento o archivo que estaba editando cuando las cosas se empezaron a estropear. Si no puede utilizar los menúes, intente hacer clic sobre el botón Save en la barra de herramientas. Si eso no funciona, intente pulsar Ctrl+S, el acceso directo del teclado estándar para el comando Save.

2. **Cierre cualquier programa que se esté ejecutando.**

   Utilice el comando File⇨Exit o haga clic sobre el botón Close en la esquina superior derecha de la ventana del programa. También puede pulsar Alt+F4.

3. **Escoja el comando Start⇨Shut Down de la barra de tareas.**

   Para Windows XP, seleccione Start⇨Turn Off Computer.

   Aparece el recuadro de diálogo Shut Down Windows.

4. **Seleccione la opción Restart y luego haga clic sobre OK.**

   Su computadora se reinicia sola.

Si reiniciar su computadora no parece arreglar el problema, quizás necesite apagarla completamente y luego encenderla de nuevo. Para hacer eso, siga el procedimiento anterior hasta el paso 4. Escoja la opción Shut Down en lugar de la opción Restart y luego haga clic sobre OK. Dependiendo de su computadora, Windows la apaga o despliega un mensaje que indica que ahora puede apagar su computadora en forma segura. Si Windows no apaga la computadora, oprima el interruptor On/Off para hacerlo. Espere unos cuantos segundos y luego encienda la computadora otra vez.

Las computadoras más nuevas no se apagarán inmediatamente cuando pulse el botón Power. En su lugar, debe sostener el botón Power por varios segundos para realmente apagarlas. Esto es una medida de precaución diseñada para impedirle que accidentalmente apague su máquina.

A continuación, presentamos algunas indicaciones si tiene problemas al reiniciar su computadora:

✔ Si su computadora se rehusa a responder al comando Start⇨Shut Down, intente pulsar las teclas Ctrl, Alt y Delete al mismo tiempo. Esto se llama "saludo de tres dedos".

Cuando pulse Ctrl+Alt+Delete, Windows 9x y versiones posteriores intentan desplegar un recuadro de diálogo que le permite cerrar cualquier programa que ejecuta, o bien, apaga su computadora completamente. Algunas veces Windows 9x se confunde y no puede desplegar el recuadro de diálogo de reinicio, en cuyo caso pulsar Ctrl+Alt+Delete puede reiniciar su computadora.

✔ Si Ctrl+Alt+Delete no hace nada, ha alcanzado el último recurso. Lo único que puede hacer es pulsar el botón Reset en su computadora.

Pulsar el botón Reset es una medida drástica que solo debe utilizar cuando su computadora esté totalmente inactiva. Cualquier trabajo que no haya guardado en un disco será perdido. (¡Sniff!). (Si su computadora no tiene un botón Reset, apáguela y espere unos momentos. Luego, enciéndela de nuevo).

✔ Si es posible, guarde su trabajo antes de reiniciar su computadora. Cualquier trabajo que no haya guardado está perdido. Desafortunadamente, si su computadora está totalmente amarrada con nudos, probablemente no puede guardar su trabajo. En ese caso, no tiene más opción que tirar su computadora por el peñasco digital.

Cómo Reiniciar la Red Server

Si piensa que la red está causándole problemas, puede reiniciarla para ver si el problema desaparece.

Reiniciar un servidor de NetWare o Windows 2000 no es una buena idea, a menos que el administrador de su red le haya mostrado cómo hacerlo y le haya dado permiso. Si no sabe qué está haciendo, quizás no pueda hacer que el servidor ejecute de nuevo. En ese caso, debe meterse el rabo entre las piernas, llamar al administrador de la red y disculparse profundamente por haber estropeado la red.

Este es el procedimiento básico para reiniciar una red. Tenga en mente que para servidores NetWare o Windows 2000, quizás necesita seguir pasos adicionales para que las cosas funcionen de nuevo. Verifique con el administrador de su red para estar seguro.

1. **Haga que todos los usuarios se salgan de la red.**

   No es necesario que todos apaguen sus computadoras. Simplemente basta con que salgan de la red.

2. **Una vez que esté seguro de que los usuarios han salido de la red, apague su servidor.**

   Si utiliza Novell NetWare, digite **down** en el teclado del servidor y luego reiníciela. Para Windows NT o Windows 2000 Server, utilice el comando Start⇨Shut Down.

3. **Reinicie el servidor de su computadora o apáguelo y luego enciéndalo de nuevo. Observe que el servidor se reinicie y asegúrese de que no aparece ningún mensaje de error.**

4. **Indíqueles a los usuarios que se registren nuevamente y asegúrese de que todos puedan acceder a la red.**

Recuerde lo siguiente cuando considere reiniciar la red:

- Reiniciar la red es incluso más drástico que reiniciar su computadora individual. Asegúrese de que todos guarden su trabajo y se salgan de la red antes de que usted lo haga. Puede causar graves problemas si apaga la computadora servidor a ciegas mientras los usuarios están registrados.

- Obviamente, reiniciar la red es una inconveniencia mayor para cada usuario de la red. Mejor ofrezca dulces.

- Reiniciar la red es un trabajo para el gurú de la red. No lo haga usted mismo a menos que el gurú no ande cerca, e incluso así, hágalo después de pedirle permiso por escrito, preferiblemente en un triplicado.

El Cuidado y Alimentación del Gurú de su Red

Su activo más valioso cuando algo sale mal con la red es su gurú. Si es cuidadoso de estar en buenos términos con él, está muy adelantado en el juego cuando necesite su ayuda.

Haga un esfuerzo por resolver el problema usted mismo antes de llamar la caballería. Revise la conexión a la red. Intente reiniciarla. Intente utilizar la computadora de alguien más. Cuanta más información pueda brindarle al gurú, más aprecio obtiene.

Sea amable, pero dígale en forma asertiva cuál es el problema, qué intentó hacer para arreglarlo y qué piensa que puede estar causándolo (si tiene alguna pista). Diga algo así:

"Hola, Joe. Tengo un problema con la red: no puedo registrarme desde mi computadora. He intentado unas cuantas cosas para tratar de entender cuál es el problema. Pude registrarme desde la computadora de Wally utilizando mi ID de usuario, así que pienso que el problema puede ser tan solo mi computadora.

"Para estar seguro, revisé otras cosas. La luz verde en la parte trasera de mi computadora, donde se conecta el cable de la red, está brillando, así que no pienso que sea un problema con el cable. También reinicié mi computadora, pero aun así no pude registrarme. Creo que es algo con el controlador de la red, pero quizás deberíamos intentar reiniciar el servidor antes".

A continuación, presentamos algunas otras formas en las que puede ser simpático con el gurú de su computadora:

✔ Siempre recuerde los buenos modales. A nadie le gusta que le griten y aun los fanáticos de computación tienen sentimientos (lo crea o no). Sea amable con él, aunque esté de mal humor o piense que el problema es por culta de él. Esta sugerencia puede sonar obvia, pero usted quiere caerle bien a su gurú.

✔ No llame a su gurú cada vez que cualquier cosita sale mal. Los expertos de computación odian explicar la razón por la cual la computadora solo imprime letras mayúsculas: es que usted pulsó la tecla Caps Lock.

✔ Lea el manual. Probablemente no ayudará, pero al menos su gurú piensa que lo intentó. A los gurús les gusta eso.

✔ Sígale las bromas a su gurú de la red cuando intente explicar lo que está ocurriendo. Mueva la cabeza en forma atenta cuando le describa lo que es una carpeta o cuando diga que algo anda mal con el File Allocation Table. Sonría cuando intente simplificar la explicación utilizando una metáfora llamativa. Guiñe el ojo cuando él piense que usted lo comprende.

✔ Imite el sentido del humor de su propio gurú, si puede. Por ejemplo, a la mayoría de los fanáticos de computación le gusta la rutina vieja de *Saturday Night Live* con el chico imitador. Así que diga algo como, "Es Joe, arreglando la red. Frunciendo el cable. Jumpin' a Joe, el Net-o-Rama, rentando un apartamento en ocho cero punto tres Ethernet Lane. Capitán Joe del Good Ship NetWare, bajando el servidor". No se preocupe si no es gracioso. Él pensará que lo es.

Sobornos de Computación para los Problemas Serios en la Red

Un libro *Para Dummies* no estaría completo sin una lista de sobornos. Probablemente, usted ya sabe acerca de los productos alimenticios más comunes que la mayoría de los gurús de computación adoran: Cheetos, Doritos, Jolt Cola, Diet Coke (Quisiera que hicieran Diet Jolt (el doble de cafeína y el doble de NutraSweet), Twinkies, etcétera.

Los sobornos de este tipo son recomendables para los pequeños favores. Pero si está teniendo un problema serio con su red, quizás necesita uno un poco más halagador. Los sobornos más serios incluyen lo siguiente:

✔ Los juegos de computación, especialmente 3D de tiros.

✔ Videocintas de cualquier Pink Panther, Monty Python o películas Mel Brooks.

✔ Camisetas, sombreros o jarros de café con cosas extrañas escritas en ellas. Las camisetas, sombreros o jarras de compañías de computación son incluso mejores.

✔ Chismes de *Star Trek*. Un alto porcentaje de los gurús de computación son también Trekkies, o como algunas veces prefieren ser llamados Trekkers. A la mayoría de ellos le gusta *Star Trek, The Next Generation* y *Deep Space Nine*. A la mayoría no le importa el *Voyager* y el jurado aun está debatiendo sobre *Enterprise*.

Si desea realmente impresionar a un gurú, utilice los acrónimos de tres letras para cada serie: *TOS* para The Original Series, *TNG* para The Next Generation y *DS9* para *Deep Space Nine*. (*VOY* es para *Voyager,* pero como a nadie le gusta Voyager, no importa. *Enterprise es Net.*)

✔ Archivos de MP3 de canciones que los "nerdos" de computación les gusta escuchar. Cualquier cosa de los Monkees está bien. En el tiempo en que escribí esto, el sitio más popular para obtener archivos MP3 era Morpheus (`www.morpheus.com`).

✔ Las películas cortas quemadas en un CD-ROM son fabulosas, especialmente cosas como parodias de la *Guerra de las Galaxisas*. Existe una cantidad de estas en la Internet. Baje una, quémela en un CD y se hará de un amigo al instante. (Dos buenas fuentes para películas en línea son `www.ifilm.com` y `www.movieflix.com`.)

Parte II
Crear
su Propia Red

"SUPONGO QUE PODRÍA DECIR QUE ESTE ES EL HUB
DE NUESTRA RED".

En esta parte . . .

Usted descubre cómo crear una red, lo cual incluye
planearla e instalarla. Y usted descubre cuáles
opciones están disponibles para los tipos de cable, sistemas operativos de la red y todas las otras partes con las
que tiene que lidiar.

Sí, algo de información técnica está incluida en estos capítulos. ¡Pero no tema! ¡También le brindo noticias de gran
diversión! Una red trabajadora está a mano y usted
—sí incluso usted— puede diseñarla e instalarla solo.

Capítulo 7

Malas Noticias: Debe Planear con Anticipación

* *

En este capítulo

▶ Hacer un plan de la red

▶ Hacer inventario de su inventario de computadoras

▶ Asegurarse de saber por qué necesita una red

▶ Tomar las tres decisiones básicas de red que puede evitar

▶ Utilizar un equipo para iniciar

▶ Ver una red sencilla

* *

Está bien, ya está convencido de que necesita poner sus computadoras en red. ¿Ahora qué? ¿Se detiene en Computers-R-Us cuando va al trabajo, instala la red antes del café de la mañana y espera estar listo para operar por la tarde?

No lo creo.

Poner sus computadoras en red es como cualquier otro esfuerzo que vale la pena; para hacerlo bien se necesita un poco de planeamiento. Este capítulo le ayuda a pensar en su red antes de empezar a gastar dinero. Le muestra cómo obtener un plan de redes tan bueno como el plan por el que un consultor de redes cobraría $1,000. ¿Ve? ¡Este libro ya le está ahorrando dinero!

Hacer un Planeamiento de la Red

Si le paga a un consultor o compañía que se especializa en diseño de redes para estudiar su negocio y preparar un plan de redes, el resultado es una propuesta de 500 páginas con el único propósito, aparte de impresionarlo, de evitar que comprenda exactamente lo que el consultor propone.

La verdad es que no necesita un título en ciencias de la computación para hacer un buen planeamiento de la red. A pesar de lo que los consultores en computación quieren que usted lo piense, diseñar una pequeña red de computadoras no es ciencia de cohetes. Puede hacerlo usted mismo. Solo siga estas indicaciones básicas:

✔ No se apresure en la etapa de planeamiento. Los errores más costosos en las redes son los que comete antes de instalarlas. Piense las cosas y considere alternativas.

✔ Escriba el plan de la red. No tiene que ser un documento sofisticado de 500 páginas. (Si desea que se vea bien, escoja un portafolio de tres anillos de ½ pulgada. El portafolio es lo suficientemente grande para colocar su plan de la red, con espacio de sobra).

✔ Pídale a alguien más que lea el plan de la red antes de comprar algo; preferiblemente, pídale a alguien que conoce más acerca de lo que pueden hacer las computadoras.

Hacer Inventario

Una de las partes más desafiantes en el planeamiento de una red es descubrir cómo trabajar con las computadoras que ya tiene; en otras palabras, ¿cómo llega de aquí hasta allá? Antes de poder llegar "allá", debe saber dónde es "aquí", es decir, debe hacer un inventario completo de sus computadoras actuales.

Lo que necesita saber

Necesita conocer la siguiente información acerca de cada una de sus computadoras:

✔ **El tipo de procesador y, si es posible, su velocidad.** Espero que todas sus computadoras sean 500 MHz Pentium 4's o mejores. Pero en la mayoría de los casos, encuentra una mezcla de computadoras, algunas nuevas, algunas viejas, algunas prestadas, algunas tristes. Podría incluso encontrar unas cuantas computadoras arcaicas pre-Pentium.

Por lo general, no puede decir qué tipo de procesador tiene una computadora con solo ver su cajón. La mayoría de las computadoras, sin embargo, despliega el tipo de procesador cuando las enciende o reinicia. Si la información en la pantalla de inicio se desplaza demasiado rápido para que la lea, intente pulsar la tecla Pause para congelarla. Después de que termine de leer, pulse la tecla Pause de nuevo, de manera que su computadora pueda seguir arrancando.

✔ **El tamaño del disco duro y el arreglo de sus particiones.** En Windows, puede descubrir el tamaño del disco duro de su computadora al abrir la ventana My

Computer: haga clic en el botón derecho sobre el icono de la unidad y escoja el comando Properties en el menú del acceso directo que aparece. La Figura 7-1 muestra el recuadro de diálogo Properties para un disco duro de 24.4GB que tiene un espacio libre de 4.06GB.

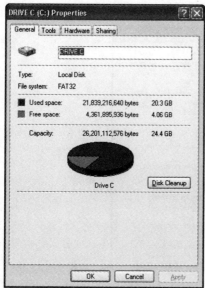

Figura 7-1: El recuadro de diálogo Properties para un disco duro muestra la capacidad total de la unidad y la cantidad de espacio disponible.

Si su computadora tiene más de un disco duro, Windows muestra un icono para cada unidad en la ventana My Computer. Tome nota del tamaño y cantidad de espacio disponible en cada uno de los discos.

✔ **Cantidad de memoria.** En Windows, puede descubrir esta información fácilmente al hacer clic en el botón derecho sobre el icono de escritorio My Computer y escoger el comando Properties. La cantidad de memoria en su computadora se ve en el recuadro de diálogo que aparece. Por ejemplo, la Figura 7-2 muestra el recuadro de diálogo System Properties para una computadora que ejecuta Windows XP Professional con 256MB de RAM.

✔ **La versión del sistema operativo.** Si está corriendo Windows 95 o versiones posteriores, puede determinar la versión marcando el recuadro de diálogo System Properties. Por ejemplo, la Figura 7-2 muestra el recuadro de diálogo System Properties para una computadora que ejecuta Windows XP Professional.

✔ **Qué tipo de impresora, si la tuviera, está enlazada a su computadora.** Generalmente, puede saberlo mirando su impresora. También puede descubrirlo investigando la carpeta Printers and Faxes (en Windows XP, seleccione Start➪Control Panel y luego haga doble clic sobre Printers and Faxes).

✔ **Cuál software se utiliza en la computadora.** ¿Microsoft Office? ¿WordPerfect? ¿Lotus 1-2-3? Haga una lista completa e incluya los números de versión.

✔ **Cualquier otro dispositivo conectado a la computadora.** ¿Una unidad de CD, DVD o CD-RW? ¿Escáner? ¿Unidad de Zip o Jazz? ¿Unidad de cinta? ¿Cámara de video?

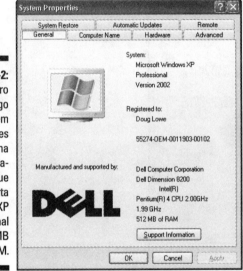

Figura 7-2: El recuadro de diálogo System Properties para una computadora que ejecuta Windows XP Professional con 256MB de RAM.

Programas que recolectan información para usted

Recolectar información acerca de sus computadoras es mucho trabajo si tiene más de unas cuantas computadoras para poner en red. Afortunadamente, varios programas de software disponibles pueden recolectar automáticamente la información para usted. Estos programas inspeccionan varios aspectos de una computadora, como el tipo y velocidad de la CPU, cantidad de RAM y el tamaño de los discos duros de la computadora. Luego, muestran la información en la pantalla y le dan la opción de guardar la información en un archivo de disco duro o imprimirla.

Windows incluye dicho programa, llamado Microsoft System Information. Microsoft System Information recolecta e imprime información acerca de su computadora. Puede iniciar Microsoft System Information escogiendo Start⇨Programs⇨Accessories⇨System Tools⇨System Information.

Cuando activa Microsoft System Information, ve una ventana parecida a la mostrada en la Figura 7-3. Inicialmente, Microsoft System Information despliega información básica acerca de su computadora, como su versión de Microsoft Windows, el tipo de procesador, la cantidad de memoria en la computadora y el espacio libre en cada uno de los discos duros de la computadora. Puede obtener información más detallada al hacer clic sobre Hardware Resources, Components, Software Environment o Applications en el lado izquierdo de la ventana.

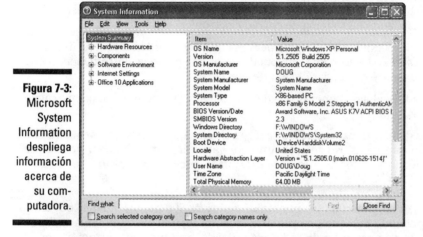

Figura 7-3: Microsoft System Information despliega información acerca de su computadora.

Si tiene Windows 95, no entre en pánico. Quizás tenga Microsoft System Information de todas formas: Microsoft lo incluye con Office. Para iniciar Microsoft System Information desde cualquier programa de Office (Word, Excel o PowerPoint), escoja el comando Help⇨About. Cuando aparece el recuadro de diálogo About, haga clic sobre el botón System Info.

Considerar por qué Necesita una Red, de Todas Formas

Un paso importante al planear su red es asegurarse de que comprende por qué desea la red en primer lugar. A continuación, presentamos algunas de las razones más comunes para necesitar una red, todas ellas bastante válidas:

🖋 Mi compañero de trabajo y yo intercambiamos archivos utilizando un disquete casi todos los días. Con una red, podríamos intercambiar archivos sin utilizar disquetes.

✔ No deseo comprarles a todos una impresora de láser cuando sé que la que tenemos ahora solo está allí ocupando espacio la mayoría del tiempo. Así que, ¿no cree que comprar una red sería mucho mejor que comprar una impresora de láser para cada computadora?

✔ Quiero brindarles a todas sus computadoras una conexión a la Internet. Varias redes, especialmente las más pequeñas, existen simplemente con el propósito de compartir una conexión a la Internet.

✔ A alguien se le ocurrió que podríamos estar destruyendo siete árboles al día al imprimir memos internos en papel, así que deseamos proteger el bosque lluvioso instalando un sistema de correo electrónico.

✔ El negocio es tan bueno que una persona que digita órdenes todo el día no puede estar al día. Con una red, puedo tener dos personas introduciendo órdenes y no tendré que pagar ningún tiempo extra.

✔ Mi cuñado acaba de poner una red en su oficina y no quiero que piense que estoy atrasado.

Asegúrese de identificar todas las razones de por qué piensa que necesita una red y luego escríbalas. No se preocupe por ganar el premio Pulitzer por su prosa impresionante, solo asegúrese de escribir lo que espera que una red haga por usted.

Si estuviera haciendo una propuesta de redes de 500 páginas, usted colocaría la descripción de por qué una red es necesaria en una sección llamada "Justificación". En su portafolio de red de ½ pulgada, archive la descripción con el título: "Por qué".

Conforme usted considera las razones de por qué necesita una red, puede concluir que no necesita una red después de todo. Eso está bien. Siempre puede utilizar el portafolio para su colección de estampillas.

Tomar las Tres Decisiones Básicas de la Red que No Puede Evitar

Cuando planea una red de computadoras, enfrenta tres decisiones inevitables. No puede instalar la red hasta que tome estas decisiones. Las decisiones son lo suficientemente importantes, así que le dedicamos a cada una una sección separada en este capítulo.

No he introducido un nuevo ATL (acrónimo de tres letras) por un tiempo, así que llamo a estas decisiones básicas de la red DBRs, que significa - adivinó - "decisiones básicas de la red".

¿Necesito una computadora-servidor dedicada?

Si el único motivo de su red es compartir una impresora e intercambiar un archivo ocasional, quizás no necesite una computadora-servidor dedicada. En ese caso, puede crear una red de igual-a-igual usando máquinas que ya tiene. Sin embargo, todas, salvo las redes más pequeñas, se benefician de tener una computadora dedicada a un servidor.

- ✔ Usar una computadora dedicada a un servidor puede hacer que la red sea más rápida, más fácil de trabajar en ella y más confiable. Considere lo que ocurre cuando el usuario de una computadora-servidor, que trabaja también como una estación de trabajo, decide apagar la cmputadora sin darse cuneta de que alguien está accediendo a archivos en su disco duro.

- ✔ No tiene que utilizar necesariamente su máquina más grande y más rápida como su computadora-servidor. Esto es particularmente cierto cuando el servidor es generalmente utilizado para compartir una impresora. Así que si necesita comprar una máquina para su red, considere elegir una de sus computadoras más antiguas para ejercer la función de servidor y utilice la nueva como una computadora-cliente.

- ✔ Cuando planea su configuración de servidor, también debe establecer cómo sus datos y archivos de programa se dispersarán en la red. Por ejemplo, ¿todos los usuarios tendrán copias de Microsoft Office en sus discos locales o habrá una copia de Office almacenada en el disco del servidor? (Por supuesto, dentro de los límites de su licencia de software).

- ✔ Planear su configuración de software también implica establecer cuáles carpetas serán compartidas y cómo se configurará la seguridad.

- ✔ La configuración de un servidor es lo suficientemente imponente para merecer su propio capítulo: el Capítulo 9.

Si necesita un servidor dedicado, ¿cuál sistema operativo debe utilizar?

Tiene varios sistemas operativos de red entre los cuales escoger, pero desde un punto de vista práctico, sus alternativas están limitadas a lo siguiente:

- ✔ Windows 2000 Server, es probablemente la elección más común. Windows 2000 Server es una versión especial de Windows que está optimizada para operar de forma eficiente un servidor de red. Uno de los beneficios de Windows

2000 Server es que debido a'que es, en realidad, una versión de Windows, puede emplearlo para ejecutar software de Windows como Microsoft Office.

✔ Novell NetWare, una vez fue el sistema operativo más popular de servidor de computadoras. NetWare requiere que le dedique al menos una computadora para actuar como un servidor de la red. Esto puede resultar ser un reto de instalación para un usuario novato, debido a que NetWare no es una versión de Windows y, por lo tanto, no puede ejecutar software de Windows. NetWare puede ser una mejor alternativa si su red consiste de computadoras-clientes más antiguas que todavía ejectuan DOS.

✔ Linux, es una opción económica del conocido sistema operativo Unix. Hay veces en las que Linux es la mejor alternativa si planea usar el servidor para hospedar un sitio Web en la Internet, ya que muchas herramientas populares de servidor de la Web están diseñadas para operar en Linux.

✔ Si no desea dedicar una computadora para que funcione como un servidor, puede crear toda la red usando Windows 95, 98, Windows Me, Windows XP, o Windows 2000 Professional en sus computadoras-clientes.

✔ Puede empezar con una red sencilla de igual a igual usando Windows 95/98, Windows Me, Windows XP, o Windows 2000 Professional ahora y luego actualizarla a NetWare o Windows NT/2000 Server más adelante. Todas las redes mostradas en esta sección, utilizan el mismo cable, tarjetas de interfaz, hubs y así sucesivamente. Cambiar de una a otra es sencillamente un asunto de reconfiguración del software. (Por supuesto, para cambiar de una red de igual-a- igual a NetWare o Windows NT/2000 Server, debe tener una computadora-servidor dedicada).

✔ Si la computadora-servidor es antigua — es decir, una de la primera generación Pentium — se aconseja optar por Linux o Netware. Estos sistemas operativos tienden a correr más eficientemente que Windows en máquinas más lentas.

✔ El Capítulo 8 describe las ventajas y desventajas de cada uno de estos sistemas para que pueda decidir cuál es la mejor opción para su red.

¿Cómo debería concetar las computadoras?

La tercera decisión básica de red es cómo conectar sus computadoras.

✔ La forma más popular de cablear su red es utilizar el cable par trenzado, también conocido como cable UTP. Otra alternativa es utilizar el cable coaxial, también conocido como cable thinnet. Sin embargo, el UTP es más fácil de instalar, más fácil de arreglar si algo sale mal y permite una transferencia más rápida. Por todas estas ventajas, le recomendamos utilizar el UTP para todas las redes. (Para información acerca de las diferencias entre el cable UTP y thinnet, refiérase al Capítulo 1).

✔ Debe también escoger las tarjetas de interfaz de la red para instalar en cada computadora. Utilizar la misma tarjeta en cada computadora es lo mejor, aunque puede también mezclar y combinarlas. La tarjeta debe ser compatible con el cable que seleccione. Por ejemplo, si opta por utilizar el cable par trenzado, asegúrese de que todas las tarjetas de su red funcionan con cable par trenzado.

✔ Si utiliza un cable par trenzado, también necesita uno o más hubs de red.

✔ Debe decidir dónde y cómo rutear el cable, de manera que alcance cada una de las computadoras que necesita poner en red, cuál tipo de concetores utilizar en la pared y cómo administrar los cables cuando se juntan en los hubs de la red. Conforme planee el cableado, necesita dibujar un plano de distribución que muestre la ubicación de cada computadora y la ruta de los cables.

✔ Si abrir hoyos en las paredes no es una opción, puede tener que optar por una red inalámbrica. Para más información, refiérase al Capítulo 20.

✔ Damos los detalles sangrientos del cableado de la red en el Capítulo 10.

Utilizar un Equipo de Inicio de Red —Redes para Llevar

Una de las partes más divertidas de crear una red es ir a la tienda de computación local y llenar un carrito de cosas: recorrer los pasillos y tomar un hub de red, tarjetas de interfaz de la red, cables, conectadores y otras "delicatessen".

Si gastar no es su meta, puede comprar una sola cajita con todas las piezas que necesita para poner en red dos o tres computadoras. Un equipo de inicio de red típico para dos computadoras incluye tarjetas de interfaz de la red Ethernet, un pequeño hub, dos pares trenzados con conectadores ya adjuntos (de manera que pueda conectar ambas computadoras) e instrucciones para enganchar todo. Un equipo de este tipo cuesta entre $75 y $250, dependiendo de dónde lo compra, quién fabrica los componentes individuales del equipo y la capacidad del hub.

El equipo de inicio acomoda las dos primeras computadoras en su red. Para cada computadora adicional que desee conectar, necesita comprar un equipo agregado que contiene una tarjeta interfaz de la red y un cable.

He aquí unos cuantos puntos adicionales por considerar relacionados con los equipos de inicio de la red:

✔ El cable que viene con el equipo de inicio tiene generalmente 25 pies de largo. Esto es, por lo general, suficiente cable para conectar las computadoras ubicadas en un mismo cuarto. Si las computadoras están en cuartos separados, probablemente necesita cable de red adicional.

✔ El hub que viene con los equipos de inicio de par trenzado por lo general tiene puertos para conectar hasta cuatro o cinco computadoras. Si sabe que necesita poner en red más que eso, probablemente debería comprar el hub y otros componentes de red por separado.

Mirar una Muestra del Plan de la Red

Considere un negocio familiar típico: el Emporio de las Tarjetas de Béisbol de los Cleavers, que compra y vende tarjetas de béisbol valiosas y sin valor y otros objetos de béisbol.

El inventario de la computadora de los Cleavers

Los Cleavers tienen cuatro computadoras:

✔ La computadora de Ward es una 2MHz Pentium 4 nueva con 512MB de RAM y un disco duro de 80GB. Ward ejecuta Microsoft Windows XP Professional y Office XP para análisis de hoja electrónica (Excel) y el procesamiento de palabras ocasional (Word). También tiene una impresora láser de alta velocidad.

✔ La computadora de June es una 1.2 GHz Pentium 4 con 128MB de RAM y un disco duro de 20GB. June ejecuta Windows 98 Second Edition y hace la mayoría del procesamiento de palabras de la compañía con una versión vieja de Word para Windows. Ella tiene una impresora de inyección de tinta que compró en una venta de garaje por $20, pero no funciona bien, entonces le gustaría utilizar la impresora láser de Ward para imprimir cartas.

✔ La computadora de Wally es una 486 con 4MB de RAM, un disco duro de 300MB y Windows 3.1.

✔ Beaver tiene una computadora 700MHz Pentium III con 64MB de RAM, un disco duro de 12GB y un puerto incorporado de Ethernet. La computadora originalmente pertenecía a Eddie Haskell, pero Beave cambió un Joe DiMaggio, un Wade Boggs y un Sammy Sosa por ella. Beaver mantiene los registros del inventario de la compañía en su computadora utilizando un programa de base de datos que él creó con la ayuda de Java.

Por qué los Cleavers necesitan una red

Los Cleavers desean poner sus computadoras en red por dos simples razones:

✔ Para que todos puedan acceder a la impresora láser.

✔ Para que todos puedan acceder a la base de datos del inventario.

✔ Para que todo el mundo pueda acceder a la Internet por medio de una conexión por cable de alta velocidad.

Sin la segunda razón, los Cleavers no necesitarían una red. Pueden compartir la impresora láser comprando un interruptor sencillo para compartir la impresora, el cual les permitiría a las cuatro computadoras accederla (vea el apartado "Indicaciones acerca de los interruptores para impresoras"). Pero para darles a todos acceso a la base de datos del inventario, se requiere una red.

El sistema operativo de la red

Los Cleavers no son genios de la computación, así que optan por un sistema operativo de red de igual a igual basado en Windows. Este sistema operativo de red les permite compartir la impresora y el disco duro que contiene la base de datos del inventario, de manera que satisfaga sus necesidades en forma adecuada.

Después de que Ward decide que una red de Windows es el camino por seguir, se da cuenta de que la computadora de Wally sencillamente no logrará el objetivo. Ward consideró actualizar la computadora de Wally agregando más memoria, pero decidió, en lugar de eso, vender la computadora en una venta de garaje (espera obtener $10) y comprarle a Wally una computadora portátil nueva que ejecuta Windows XP.

La configuración del servidor

Como los Cleavers no pueden costear una computadora separada para utilizarla como servidor, entonces dos de las computadoras hacen un doble papel de cliente y servidor. La computadora de Ward está configurada como cliente/servidor para que todos puedan acceder a la impresora, y la computadora de Beaver está configurada como cliente/servidor para que todos puedan acceder a la base de datos del inventario.

Después de que la red está instalada y operando, Ward decide mover la base de datos del inventario de la computadora de Beaver a su propia máquina; de esa forma, solamente una computadora servidor debe ser administrada. Como Ward

Indicaciones acerca de los interruptores para impresoras

Si su única razón para ponerse en red es compartir una impresora, puede haber una forma más barata: Compre una caja interruptora en lugar de una red. Las cajas interruptoras les permiten a dos o más computadoras compartir una sola impresora. En lugar de extender un cable directamente desde una computadora a la impresora, usted extiende cables desde cada computadora a la caja interruptora y luego un cable desde la caja interruptora a la impresora. Solamente una de las computadoras tiene acceso a la impresora a la vez; el interruptor decide cuál.

Puede encontrar dos tipos de interruptor de impresora:

✔ **Interruptores manuales de impresora:** Tienen una perilla en el frente que le permite seleccionar cuál computadora está conectada a la impresora. Cuando utiliza un interruptor manual, debe primero asegurarse de que la perilla esté instalada en su computadora antes de imprimir. Girar la perilla mientras alguien más está imprimiendo probablemente le costará una bolsa de donas.

✔ **Interruptores automáticos de impresora:** Tienen una oreja electrónica incorporada que escucha cada computadora. Cuando escucha una de las computadoras intentando hablarle a la impresora, la oreja electrónica automáticamente conecta esa computadora a la impresora. El interruptor también tiene un lapicero electrónico llamado búfer que puede retener el resultado de la impresora desde una computadora si otra computadora está utilizando la impresora. Los interruptores automáticos no son a prueba de tontos, pero funcionan la mayoría del tiempo.

Naturalmente, un buen interruptor automático cuesta más que uno manual. Por ejemplo, un interruptor manual que puede habilitar cuatro computadoras para compartir una impresora cuesta alrededor de $20. Un interruptor automático decente para habilitar cuatro computadoras para compartir una impresora puede costarle cerca de $75. Aun así, es mucho más barato y fácil de instalar que una red.

no utiliza su computadora a menudo, a él probablemente no le importará la pequeña reducción en desempeño mientras los otros pueden acceder a su disco duro. (Por supuesto, como Ward es CEO de la compañía y la cabeza de la vivienda, él no considerará intercambiar su computadora de alta potencia con June, que utiliza su computadora seis o siete horas al día).

Cableado de la red

Por el bien de la simplicidad, los Cleavers optan por cablear su red con cable par trenzado. Las cuatro computadoras se encuentran en lugares espaciosos, de manera que el plano de distribución no presenta ningún problema inusual. El hub puede ser colocado en el escritorio junto a cualquiera de las cuatro máquinas.

Afortunadamente, solo tres de las computadoras necesitan tarjetas de red, porque la de Beave tiene un puerto de red incorporado. Para simplicar la compra, los Cleavers deciden adquirir un equipo de inicio de red para las máquinas de Ward y June.

Para la computadora portátil nueva de Wally, los Cleavers decidieron optar por una inalámbrica para que Wally pudiera usar su máquina desde cualquier lugar en la casa. Así que compraron una tarjeta de red inalámbrica para lacomputadora portátil y un dispositivo llamado punto de acceso inalámbrico para conectar la máquina a la red. El punto de acceso inalámbrico sirve de doble propósito como un hub de cuatro puertos y un ruteador de firewall a la Internet que les permitirá compartir su conexión a la Internet.

Una vez que los Cleavers tengan todo configurado y en operación, ellos serán capaces de compartir la impresora, la base de datos y la conexión a la Internet con gran facilidad.

Capítulo 8

Escoger su Arma
(O, ¿Cuál Sistema Operativo
Servidor Debería Utilizar?)

. . . .

En este capítulo

▶ Considerar Novell NetWare

▶ Considerar Windows NT Server y Windows 2000 Server

▶ Considerar otros sistemas operativos servidor, incluyendo OS/2, UNIX, Linux y el Mac OS X Server

▶ Considerar hacer redes de igual-a-igual con Windows

. . . .

*U*na de las opciones básicas que debe elegir antes de ir demasiado lejos, es decidir cuál sistema operativo de red utilizar como base para su red. Este capítulo ofrece un vistazo general de las ventajas y desventajas de los sistemas operativos de red más populares.

Sistemas Operativos Servidor de Microsoft

En la actualidad, Microsoft soporta dos versiones de su sistema operativo de servidor: Windows NT Server 4 y Windows 2000 Server. Windows 2000 Server es la versión más novedosa y avanzada. Aunque Microsoft todavía soporta Windows NT Server 4, ya no vende este sistema operativo. Incluso, existen bastantes redes que aún funcionan perfectamente con NT.

Unidades NTFS

NT Server puede utilizar discos duros formateados en la misma forma que las unidades estándar de Windows y MS-DOS. (El término técnico para este tipo de formato de unidad es *FAT*, que significa File Allocation Table, Tabla de Asignación de Archivos). Para un mejor desempeño, Windows NT Server le permite formatear sus discos duros utilizando un tipo de formato de disco diferente, llamado *NTFS* (para NT File System). Las unidades NTFS tienen las siguientes ventajas sobre las unidades FAT:

✔ Las unidades NTFS pueden ser más grandes que las unidades FAT. FAT utiliza direcciones de disco de 32-bits, lo que significa que el disco duro más grande puede ser 4GB. NTFS utiliza direcciones de disco de 64-bits, que pueden teóricamente dar soporte a unidades varios millones de veces más grandes que las unidades más grandes fabricadas actualmente.

✔ NTFS es mucho más eficiente al utilizar el espacio en su disco duro. Como resultado, las NTFS pueden abarrotar más información en un disco duro que la FAT.

✔ Las unidades NTFS brindan mejor seguridad que las unidades FAT. Las NTFS almacenan información de seguridad en disco para cada archivo y directorio. En contraste, la FAT tiene solamente opciones de seguridad rudimentarias.

✔ Las unidades NTFS son más confiables porque mantienen copias duplicadas de información importante, como la ubicación de cada archivo en el disco duro. Si se desarrolla un problema en una unidad NTFS, Windows NT Server probablemente puede corregirlo sin perder ninguna información. En contraste, las unidades FAT tienden a perder información.

En el momento de publicar de este libro, Microsoft estaba preparando una nueva versión llamada Windows.NET Server. Sin embargo, por ahora, Windows 2000 Server es lo más actual.

Windows NT 4 Server

Windows NT 4 Server presenta la misma interfaz de usuario que Windows 95, así que si ya conoce su camino a Windows 95, NT 4 Server le parecerá familiar. A diferencia de Windows 95, NT 4 Server incluye una serie de opciones de red avanzadas que lo hacen apto para utilizarlo como servidor de la red para redes grandes o pequeñas.

Windows NT 4 Server contiene un montón de herramientas gratuitas de la Internet. Estas herramientas le permiten conectarse a la Internet e instalar su propio sitio Web. Además, puede utilizarlas para instalar una Intranet, que es sencillamente un sitio Web que puede ser accedido solamente desde las computadoras que están en su LAN.

A continuación, presentamos un resumen de las opciones más pertinentes de NT:

✔ El procesador del servidor debe ser al menos un 486, con 16MB de memoria. Sí, claro. Yo no lo utilizaría en nada más pequeño que una 200MHz Pentium con 64MB de RAM.

✔ Algunos de los límites del sistema de archivo son:

- Número máximo de usuarios: ilimitado

- Número de volúmenes: 25

- Tamaño máximo de un volumen: 17,000GB

- Espacio máximo en disco duro por servidor: 408,000GB

- Archivo más grande: 17 billones GB. Eso es más que el espacio máximo en disco duro para un servidor, ¡lo que es imposible!

- Cantidad máxima de RAM en servidor: 4GB

- Número máximo de archivos abiertos: ilimitado.

Windows 2000 Server

El sistema operativo de servidor más actual de Microsoft es Windows 2000 Server. Windows 2000 Server se basa en las fortalezas de Windows NT 4 Server, agregando nuevas opciones que lo hacen más fácil de manejar, más confiable y fácil de usar en redes grandes y pequeñas por igual.

La opción más significativa de Windows 2000 Server es llamada *Active Directory (Directorio Activo)*, que ofrece un directorio sencillo de todos los recursos de la red y les permite a desarrolladores del programa incorporar sus programas. El Active Directory integra varios servicios de directorio, como los servicios propios de directorio de NDS y NT de Novell, también le permiten manejar toda la información del directorio en su red utilizando una sola interfaz que simula la World Wide Web de la Internet.

Windows 2000 Server cuenta con tres versiones:

✔ **Windows 2000 Server** es el servidor básico, diseñado para redes de pequeñas a medianas. Incluye todas las opciones básicas de servidor, como compartir archivos e impresora, y actuar como un servidor de correo electrónico de la Web en Internet.

Qué se anticipa con Windows .NET Server

Al publicarse este libro, Microsoft estaba en la etapa final de desarrollo de una nueva variedad de servidores de Windows, llamados Windows.NET Server (.NET se pronuncia punto-net.). Windows .NET Server se creará sobre Windows 2000 Server, con las siguientes opciones adicionales:

✔ Una nueva y mejorada versión de Active Directory, con una mayor seguridad, un uso más fácil de la interfaz y un mejor rendimiento.

✔ Un cambio significativo en la manera en que operan los programas de Windows, conocido como el Marco .NET.

✔ Soporte para una unidad de asignación más grande de computadoras. Una unidad de asignación es un conjunto de computadoras que trabajan juntas como si fueran un solo servidor. Las versiones previas soportaban grupos de asignación de cuatro servidores; mientras que Windows .NET Server podrá soportar ocho. (Por supuesto, este es un beneficio solamente para las redes muy grandes. Al resto de nosotros solo nos queda sonreír y decir, "¡Cool!")

✔ Un Distributed File System mejorado que le permite combinar las unidades en varios servidores para crear un solo volumen compartido.

✔ Un firewall de la Internet incorporado para asegurar su conexión a esta.

✔ **Windows 2000 Advanced Server** es el próximo paso, diseñado para redes más grandes. Advanced Server puede darles soporte a computadoras servidor que tienen hasta 8GB de memoria (no disco duro, ¡RAM!) y cuatro procesadores integrados en lugar del procesador sencillo que tienen las computadoras de escritorio y la mayoría de las computadoras servidor.

✔ **Windows 2000 Datacenter Server** es el sistema operativo más ambicioso de Microsoft. Puede darles soporte a servidores que tienen hasta 32 procesadores con 64GB de RAM y está especialmente diseñado para grandes aplicaciones de base de datos. (En el momento en que escribí esto, Windows 2000 Datacenter Server no había salido, pero se esperaba en los próximos meses).

Para redes pequeñas con 50 o menos computadoras, Microsoft ofrece un paquete especial llamado Small Business Sever, que incluye los siguientes componentes por un precio muy bajo:

✔ Windows 2000 Server, el sistema operativo para su servidor de la red.

✔ Exchange Server 2000, para correo electrónico y servicio de mensajería.

✔ Internet Security and Acceleration Server 2000, brinda una seguridad y rendimiento mejorado para sus aplicaciones de la Web.

✔ SQL Server 2000, un servidor de base de datos.

✔ FrontPage 2000, utilizado para crear sitios.

✔ Outlook 2000 se utiliza para leer mensajes de correo electrónico.

Novell NetWare

NetWare es uno de los sistemas operativos de red más populares, especialmente para las redes grandes. Tiene una excelente reputación en relación con su confiabilidad; además, algunos administradores de red aseguran que tienen servidores de NetWare en sus redes que han estado corriendo continuamente, sin un solo reinicio, desde que Teddy Roosevelt fue presidente de los Estados Unidos.

Novell actualmente vende dos versiones de NetWare: 5.1 y 6. NetWare 6, la última y más grande. Es naturalmente la mejor y más costosa de las dos. Muestra una serie de opciones avanzadas que la hacen apta para redes más grandes. NetWare 5.1 es apta para redes más pequeñas pero también puede ser usada en redes más grandes.

¿Qué tiene de maravilloso NetWare?

A lo largo de este libro, criticamos el NetWare un poco por ser sumamente complicado. Sin embargo, puede decirse mucho a favor de este. NetWare puede ser complicado de instalar y administrar, pero aún es el sistema operativo de red más popular en uso. ¡Debe haber algo bueno acerca de este programa! Aquí va:

✔ Cuando Novell diseñó NetWare allá en los años 80, la compañía reconoció que el viejo sistema operativo DOS simplemente no cumplía un buen papel para crear redes. En lugar de vivir con las limitaciones de DOS, Novell decidió evitar el DOS completo. Los servidores del archivo NetWare no ejecutan DOS o Windows; en lugar de eso, NetWare es el sistema operativo para el servidor del archivo. Esto libera a NetWare de las muchas limitaciones de DOS y Windows.

✔ Como los servidores de NetWare no ejecutan DOS o Windows, los servidores de NetWare deben ser servidores dedicados; en otras palabras, usted no puede tener un servidor NetWare funcionando también como estación de trabajo del usuario. Esta instalación cuesta más porque debe comprar una computadora servidor separada. Sin embargo, el arreglo es más eficiente porque la computadora servidor puede concentrarse en darle servicio a la red.

✔ Los clientes en una red NetWare pueden incluir computadoras que ejecutan DOS, Windows, OS/2 o la Mac OS. Si tiene una mezcla de PCs y Macintosh, NetWare puede ser su mejor opción.

No recibo ni un centavo por promocionar Redes con *NetWare Para Dummies*

Si piensa que NetWare es el sistema de redes para usted, asegúrese de obtener una copia de *Redes con NetWare Para Dummies*, 4ta Edición, por Ed Tittel, James E. Gaskin y Earl Follis (Wiley Publishing, Inc.). Este es un libro maravilloso que le muestra cómo instalar, utilizar y administrar su red.

Pensé que debería obtener algo así como el dos por ciento de comisión por promover *Redes con NetWare Para Dummies*, 4ta Edición, aquí, pero no tuve esa suerte. Cómprelo de todos modos.

✔ El servidor de archivo NetWare utiliza una estructura más eficiente para organizar archivos y directorios que la que utiliza DOS o Windows.

✔ Todas las versiones de NetWare brindan opciones para System Fault Tolerance (SFT), que mantienen la red operando aun cuando ocurra un problema con el hardware.

✔ NetWare es muy confiable y estable. Aunque NetWare puede ser difícil de instalar, después de que pone un servidor NetWare en operación y configurado de la forma que desea, el servidor se hará cargo de él mismo con poco mantenimiento.

NetWare 5.1

Aun cuando esta no sea la última versión, Novell todavía vende NetWare 5.1 para uso de redes más pequeñas. A continuación, presentamos unas cuantas opciones nuevas de NetWare 5.1:

✔ Una interfaz gráfica de usuario basada en Java que le permite administrar el servidor en una forma más amigable parecida a Windows.

✔ Mejor soporte para TCP/IP, el protocolo de redes utilizado para la Internet.

✔ Opciones avanzadas del sistema operativo, como protección de memoria, memoria virtual y mejor soporte multiprocesador (hasta 32 procesadores en un solo servidor).

✔ Los archivos pueden ser tan grandes como 8 terabytes (o sea 8,000GB) y NetWare 5 puede soportar billones de archivos en un solo disco duro.

Un servidor NetWare 5.1 requiere de al menos un procesador Pentium, 128MB de RAM y 1.3MB de espacio libre en disco duro. Lo más probable es que desea una computadora aún más poderosa que esa para su servidor NetWare 5.1. A continuación, se brinda la configuración mínima requerida:

CONSEJO

¿Tiene usted el conocimiento para instalar NetWare?

¿Cómo sabe si tiene lo que se necesita para competir con NetWare? Haga esta pequeña prueba. Si sabe todas (o casi todas) las respuestas a estas preguntas, probablemente tiene suficiente conocimiento para comprender NetWare. Si no, no se sienta mal. Como dice el Buen Libro (más o menos), "Algunos son profetas, algunos son evangelistas, algunos son maestros, algunos son administradores de NetWare, algunos son Dummies de Computación. . ."

1. ¿Cuál comando utiliza para copiar todos los archivos, incluso archivos en subdirectorios, de la unidad A al directorio actual?

   A. `FDISK`

   B. `DELETE A:\*.*`

   C. `FORMAT C:`

   D. `XCOPY A:\*.* /S`

2. ¿Cuál de estos archivos es procesado cada vez que inicia su computadora?

   A. `LETSGETGOING.BAT`

   B. `GETUPYOULITTLESLEEPYHEAD.COM`

   C. `COMEBACKTOMORROW.BAT`

   D. `AUTOEXEC.BAT`

3. ¿Cuál de los siguientes sobornos es adecuado al conseguir la ayuda de un gurú de computación?

   A. Cheetos

   B. Doritos

   C. Donas

   D. Todas las anteriores

4. ¿Quién es el hombre más peligroso en toda Francia?

   A. Jacques Cousteau

   B. Marcel Marceau

   C. Big Bird

   D. Inspector en Jefe Jacques Clouseau

Si contestó D en tres o más de estas preguntas, probablemente tiene el conocimiento para instalar NetWare usted mismo, a menos que la pregunta que falló fuera la #3, en cuyo caso no tiene salvación.

✔ procesador 500MHz Pentium II

✔ 256MB RAM

✔ 10GB espacio libre en disco

Note que la recomendación de espacio en disco de 10GB es solo para soportar el sistema operativo. Necesitará de más espacio en disco para que sus usuarios almacenen sus archivos.

NetWare 6

La última y más novedosa versión de NetWare es la versión 6. NetWare 6 está diseñada para redes más grandes que NetWare 5.1. Aunque la puede utilizar para redes pequeñas, esta brinda más opciones de red de las que probablemente necesite.

A continuación, le brindamos las opciones más importantes y novedosas de NetWare 6:

✔ Un sistema de administración de disco mejorado llamado Novell Storage Services que puede manejar mil millones de archivos en un solo volumen. Si guardar mil millones de archivos en un solo volumen es buena idea, es una pregunta aparte; si decide hacerlo, NetWare 6 le permitirá.

✔ Un acceso basado en la Web a carpetas e impresoras de la red.

✔ Un soporte incorporado para sistemas de archivos de Windows, Linux, Unix y Macintosh para que pueda acceder a datos en el servidor desde estos sistemas operativos, sin instalar software de cliente especial.

✔ Una carpeta, cuya novedosa opción le permite almacenar sus archivos sincronizados entre su computadora en la oficina y la de su casa o la portátil.

NetWare 6 también se encuentra disponible en una edición especial de Pequeña Empresa, que incluye el sistema operativo NetWare 6 básico junto con una colección de opciones diseñadas para que la creación de redes sea más fácil para las pequeñas empresas. Entre las "extras" que obtendrá con NetWare for Small Business están las siguientes:

✔ GroupWise 6, un programa de correo electrónico y agenda similar a Microsoft Outlook y Exchange.

✔ ZENWorks, una herramienta para administrar software y hardware en su red.

✔ BorderManager, una secuencia de programas de seguridad para salvaguardar el acceso a la Internet de su red.

✔ Una cantidad de programas para acceder a la Internet y crear un servidor de la Web.

Otros Sistemas Operativos Servidor

Aunque NetWare y Windows NT/2000 Server son las opciones más populares para los sistemas operativos de la red, no son las únicas disponibles. Las siguientes secciones describen brevemente otras dos opciones de servidor: Linux y el Macintosh OS/X Server.

Linux

Quizás el sistema operativo más interesante disponible actualmente, es Linux. Linux es un sistema operativo gratuito basado en UNIX. Fue iniciado por Linus Torvalds, quien pensó que sería divertido escribir una versión de UNIX en su tiempo libre, como entretenimiento. Él consiguió ayuda de cientos de programadores en todo el mundo, quienes ofrecieron su tiempo libre y esfuerzos por medio de la Internet. Hoy día, Linux es una versión completa de UNIX; sus usuarios lo consideran tan bueno o mejor que Windows. De hecho, hoy en día hay casi tantas personas usando Linux como los que utilizan las computadoras de Macintosh.

Linux ofrece los mismos beneficios de red de UNIX y puede ser una opción excelente como un sistema operativo servidor. Para más información, refiérase al Capítulo 25.

Apple Mac OS X Server

Todos los otros sistemas operativos servidor que describo en este capítulo operan en PCs basadas en Intel con procesadores Pentium o compatibles con Pentium. Pero ¿qué ocurre con las computadoras Macintosh? Después de todo, los usuarios de Macintosh también necesitan redes. Para redes de Macintosh, Apple ofrece un sistema operativo servidor de red especial conocido como Mac OS X Server. Mac OS X Server tiene todas las opciones que le gustaría que tuviera un sistema operativo servidor: compartir archivos e impresora, opciones de Internet, correo electrónico, etcétera. Para más información, refiérase al Capítulo 24.

Crear Redes de Igual-a-Igual con Windows

Si no está a favor de la complejidad de NetWare o Windows 2000, quizás desee optar por una red sencilla de *igual-a-igual* basada en Windows.

Ventajas de las redes de igual-a-igual

La principal ventaja de una red de igual a igual es que es más fácil de instalar y utilizar que una red NetWare o NT/2000, sobre todo porque la de igual a igual se basa en las opciones de red incorporadas en Windows. Después de que instale Windows en una computadora, todo lo que tiene que hacer es ajustar unas cuantas configuraciones para empezar su red y ponerla a operar.

Otra ventaja de las redes de igual a igual es que pueden ser menos costosas que las basadas en servidor. A continuación, exponemos algunas razones por las cuales las redes de igual-a-igual no son costosas:

✔ Las redes de igual-a-igual no requieren que utilice una computadora servidor dedicada. Cualquier computadora en la red puede funcionar como servidor de red y estación de trabajo de usuario. (Sin embargo, puede configurar una computadora como servidor dedicado si lo desea. Al hacer esto, obtiene un mejor rendimiento pero se niega el beneficio de no tener una computadora servidor dedicada).

✔ Las redes de igual-a-igual son más fáciles de instalar y utilizar, lo que significa que puede gastar menos tiempo descubriendo cómo hacer que funcione y mantenerla funcionando. Y, como comprobó Einstein, el tiempo es dinero (de ahí su famosa ecuación, $E=M\$^2$).

✔ Luego está el costo del sistema operativo servidor en sí. Tanto NetWare como Windows 2000 Server pueden costar hasta $200 por usuario. Y el costo total aumenta conforme su red crece, aunque el costo por usuario baje. Para un servidor de Windows de igual-a-igual, usted paga por Windows una vez. No hay cargos adicionales basados en el número de usuarios en la red.

Inconvenientes de las redes de igual-a-igual

Sí, las redes de igual-a-igual son más fáciles de instalar y administrar que las NetWare o NT, pero tienen muchos inconvenientes:

✔ Como las redes de igual-a-igual están basadas en Windows, ellas se sujetan a las limitaciones inherentes de Windows. Windows está diseñado principalmente para ser un sistema operativo para una computadora de escritorio con un solo usuario, en lugar de funcionar como parte de una red, así que Windows no puede administrar un servidor de archivo o impresora tan eficientemente como un sistema operativo de una red verdadera.

✔ Si no instala un servidor de red dedicado, alguien (esperamos que no usted) puede tener que vivir con el inconveniente de compartir su computadora con la red. Con NetWare o NT/2000 Server, las computadoras servidor están dedicadas al uso de la red, de manera que nadie tiene que soportar este inconveniente.

✔ Aunque una red de igual-a-igual puede tener un costo menor por computadora en redes más pequeñas, la diferencia de costo entre las redes de igual-a-igual y NetWare o NT/2000 es menos significante en redes más grandes (digamos, 20 o más clientes).

✔ Las redes de igual-a-igual no funcionan bien cuando su red empieza a crecer. Los servidores de igual-a-igual sencillamente no tienen las opciones de seguridad o rendimiento requeridas para una red creciente.

Windows XP

Windows XP es la versión más reciente y novedosa de Windows. Windows XP viene en dos sabores: Home Edition y Professional Edition. Como el nombre en inglés lo indica, el Home Edition está diseñado para usuarios dentro de una casa. Incluye fabulosas opciones de multimedia como un editor de películas caseras llamado Windows Movie Maker y soporte incorporado para quemadores de CD-ROM, escaners, cámaras de video y muchas otras funciones. Windows XP Professional Edition fue creado para usuarios con necesidades mayores de red.

Lo mejor de Windows XP es que utiliza lo que los gurús de tecnología llaman la base de código de 32 bits de Windows NT/2000, en lugar de la antigua base de código de 16 bits de Windows 95. Por lo tanto, Windows XP es más rápido y confiable que Windows 95, 98 o Me. Si alguien me preguntara mi opinión, yo no daría ni dos bits por un sistema operativo de 16 bits.

Windows 2000 Professional

Windows 2000 también viene en una versión de escritorio conocida como Windows 2000 Professional. Windows 2000 Pro incorpora la interfaz de usuario de Windows 98 , así que es incluso más fácil de utilizar que Windows NT 4 Workstation.

Una de las mayores ventajas de utilizar Windows 2000 Professional como servidor de red de igual a igual es que su sistema de seguridad de Windows 2000 Pro le permite implementar la seguridad basada en usuario, en lugar de seguridad basada en compartir. En otras palabras, con Windows 2000 Pro, puede instalar cuentas de usuario que requieren que los usuarios se registren para acceder a la red. (Windows XP también le permite usar el sistema de seguridad de Windows 2000).

Capítulo 9

Planear sus Servidores

. . . .

. . . .

*U*na de las decisiones claves que debe tomar cuando enlaza en red sus computadoras es cómo hacer uso de las computadoras servidor. Aunque utilice un
sistema de red de igual a igual, como Windows XP, siempre tiene que lidiar con el
asunto de los servidores.

Este capítulo le ayuda a asegurarse el mejor uso de su servidor de red, primero
convenciéndolo de usar un servidor dedicado si es posible y luego, sugiriendo formas de usar el servidor eficientemente.

Dedicar o No Dedicar

En caso de que no lo haya notado, soy un gran creyente de las computadoras servidor dedicadas, aunque utilice una red de igual-a-igual. Sí, una de las fortalezas de
una simple red de igual-a-igual de Windows es que puede utilizar cualquier computadora en la red como una computadora servidor y una estación de trabajo de
usuario. ¿Eso significa que tiene que convertir todas las computadoras en un servidor? De ninguna manera.

Renuncia a mucho cuando una computadora de escritorio juega el papel de un
servidor de red también:

✔ Cada vez que alguien accede a datos en su disco duro, su propio trabajo es
temporalmente suspendido. Si los datos en su disco duro son populares, se
sentirá frustrado con los retrasos frecuentes.

✔ Pierde el sentido de privacidad que viene con tener su propia computadora. ¿Recuerda aquella nota odiosa acerca de su jefe? Mejor no la deje en su disco duro . . . alguien más podría tomarla de la red.

 Puede configurar su disco duro para que tenga algún espacio privado donde otros usuarios no puedan husmear. Pero asegúrese de que lo configure bien y recuerde almacenar los archivos confidenciales en un espacio privado. Asimismo, cerciórese de que usted sepa más acerca del software de red que cualquiera en la oficina. Alguien que sepa más que usted probablemente podrá descifrar una forma de saltarse las medidas de seguridad.

✔ Pierde la independencia de tener su propia máquina. Tiene que dejar su computadora encendida todo el día, hasta cuando no la esté usando porque alguien más puede hacerlo. Si desea apagarla porque el sonido que emite le impide tomar su siesta en la tarde... No puede hacerlo. ¿Desea borrar archivos innecesarios para liberar espacio en disco duro? No puede — en aquellos casos en los que los archivos no le pertenecen.

✔ Su computadora no está inmune a los daños causados por otros usuarios de red. ¿Qué ocurre si alguien accidentalmente borra un archivo importante en su disco duro? ¿Qué pasa si alguien copia un archivo de 100MB en su disco duro mientras no está viendo, para que ningún espacio libre en disco esté disponible cuando intenta guardar la hoja electrónica con la que ha estado trabajando toda la tarde? ¿O qué pasa si alguien infecta su disco duro con un virus?

Espero que esté convencido. Si puede costeárselo, deje de lado una computadora para utilizarla como un servidor dedicado. Suplique, pida prestado o róbese una computadora si tiene que hacerlo.

A continuación, otros pensamientos por considerar acerca de usar servidores dedicados:

✔ Las redes de igual-a-igual le permiten ajustar ciertas opciones de configuración para servidores de la red. Si utiliza una computadora como servidor y cliente, debe balancear estas opciones para que brinden un desempeño razonable, tanto para las funciones del servidor como para las funciones de cliente. Pero si dedica la computadora como servidor, puede desvirtuar estas opciones en favor de las funciones del servidor. En otras palabras, usted es libre de modificar la configuración del servidor para un desempeño máximo de la red. Puede encontrar detalles para hacer esto en el Capítulo 14.

✔ Como regla general, intente limitar el número de servidores en su red. Hacer que un servidor comparta una unidad de 80GB es mejor que dos servidores que compartan una unidad de 40GB. Cuanto menos servidores tenga en su red, menos tiempo debe gastar administrándolos.

✔ En una red más grande, quizás desee utilizar dos computadoras servidor dedicadas: una como servidor de archivo y la otra como servidor de impresión. Esto mejora el desempeño para las operaciones del archivo y la impresión en la red. (Como alternativa, puede utilizar una impresora para la red, de manera que no tenga que unir una computadora servidor para impresión).

✔ Si usted es del tipo avaro, ofrezca donar su vieja computadora Pentium II de 200MHz como servidor de la red si la compañía le compra una nueva Pentium 4 de 2GHz para su escritorio.

En realidad, esta idea tiene mérito: el servidor de archivo no tiene que ser la computadora más rápida en la cuadra, especialmente si es utilizada en su mayoría para almacenar y recuperar archivos de procesadores de palabras, hojas electrónicas y otros tipos, en lugar de ser utilizada para procesamiento intenso de base de datos.

¿Cuánto Espacio en Disco Necesita?

La regla general para una red es que nunca puede tener suficiente espacio en disco. No importa cuánto espacio tenga, eventualmente puede quedarse sin nada. No se forje falsas esperanzas en pensar que 80GB es dos veces el espacio que podrá alguna vez necesitar. Ese espacio disponible para la red se llenará en un momento.

La buena noticia es que las unidades de disco cada vez se hacen más grandes y más económicas. Esta es la sexta edición de este libro, y cada vez que lo reviso, he aumentado el tamaño de la unidad de disco citado en el párrafo anterior. En la primera edición, que redacté en 1994, escribí que quizás usted pensará que 200MB es el doble del espacio en disco que necesitará. ¡Lo cual me recuerda aquella escena en *Austin Powers* en la que el Dr. Evil amenaza tomar el mundo de rehén por *un millón* de dólares!

¿Luego qué? ¿Debería mantenerse agregando un nuevo disco duro a su servidor de archivo cada vez que se quede sin espacio? Ciertamente no. La clave para administrar el espacio en disco de la red es manejarlo. Alguien tiene que firmar sobre la línea de puntos que se compromete a mantener tabulaciones en el disco de la red y les hará a todos saber cuándo están a punto de estallar sus costuras. Y todos los usuarios de la red deben darse cuenta de que el espacio en disco es un recurso precioso, debe ser utilizado juiciosamente y no derrocharlo.

A continuación, presentamos unos cuantos consejos adicionales que pueden ayudarle a sacar el máximo provecho de su espacio en disco servidor:

✔ Si utiliza Windows 98 para la computadora servidor, considere activar la opción Windows DriveSpace en la unidad de red compartida. Al configurar DriveSpace adecuadamente, este comprime la información en su disco duro para que su capacidad sea efectivamente duplicada. El único problema al comprimir su información es que vuelve el servidor un poco lento. Para un mejor desempeño de servidor, compre un disco duro más grande y no lo comprima.

Windows NT/2000 y NetWare también le permiten utilizar la compresión para extender el espacio en disco en sus servidores.

✔Motive a todos los usuarios de la red para que recuerden que sus computadoras tienen discos duros locales además de las unidades de la red. ¡Que usted tenga una red no significa que todo debe ser almacenado en una unidad de red!

✔ Si utiliza Windows NT/2000 o NetWare para su servidor de archivos, puede establecer cuotas para limitar la cantidad de espacio en disco que cada red puede utilizar.

✔ Hace varios años, algunos administradores de red decidieron reducir costos utilizando *clientes sin discos*, es decir, computadoras-clientes que no tienen unidades de disco locales. Para que esto funcionara, un chip especial fue requerido en la tarjeta de interfaz de la red para que la computadora pudiera iniciarse sin un disco duro. Los clientes sin discos eran indudablemente más económicos, pero forzaban a los usuarios a almacenar todo en la red. Adicionalmente, saturaban la red debido a que los accesos de disco de rutina, como buscar archivos de programa, tienen que viajar a través del cable de red. Afortunadamente, los clientes sin discos son prácticamente cosa del pasado.

¿Qué Poner en un Servidor de Archivo?

Por supuesto, la única forma de predecir cuánto espacio en disco necesita en la red es planear cuáles archivos va a almacenar en el servidor. Usted necesita suficiente espacio para acomodar la red en sí, archivos de datos compartidos, archivos de datos privados y programas de aplicación compartidos.

La red en sí

No puede hacer todo el espacio del disco duro del servidor de la red disponible para los usuarios de la red; debe reservar parte de él para el sistema operativo. No es irracional apartar unos cuantos gigabytes de espacio en la unidad para el sistema operativo de la red, imprimir archivos en cola, cera sellante y otras cosas sofisticadas.

Una red puede ocupar una cantidad asombrosa de espacio en disco. Revise estos números:

- ✔ NetWare 5.1 consume aproximadamente 1.3GB.

- ✔ NetWare 6 requiere cerca de 2GB.

- ✔ Windows NT Server necesita cerca de 125MB.

- ✔ Windows 2000 Server requiere cerca de 1GB.

- ✔ Windows 98 y Windows necesitan cerca de 200MB.

- ✔ ¡Windows XP requiere de un enorme espacio en disco de 1.5GB!

Archivos de datos compartidos

Disponga de suficiente espacio en el servidor de archivo para los archivos de datos que los usuarios de la red comparten. Un archivo de base de datos grande, cientos, o incluso miles de archivos pequeños de procesador de palabras u hojas electrónicas, pueden ocupar la mayoría de este espacio. De cualquier forma, no escatime en espacio aquí.

Estime la cantidad de espacio que necesita para archivos compartidos. La única forma en que puede hacerlo es sumar el tamaño de los archivos que deben ser compartidos. Ahora, duplique el resultado. Si puede costearlo, duplíquelo de nuevo.

Archivos de datos privados

Cada usuario desea acceso al espacio en disco de la red para el almacenamiento de archivos privados, quizás porque sus propios discos están llenándose y desea la seguridad de saber que sus archivos son respaldados regularmente, o tan solo desea probar la red.

Tiene dos enfoques separados para suministrar este espacio privado:

- ✔ Crear una carpeta para cada usuario de la red en un disco de red compartido. Por ejemplo, los Cleavers configuran las siguientes carpetas para almacenamiento privado:

  - • Ward   \WARD
  - • June   \JUNE
  - • Wally   \WALLY
  - • Beaver   \BEAVER

  Ahora, solo dígale a cada usuario de la red que almacene archivos privados en su propia carpeta. El problema con esta configuración es que estas carpetas no son realmente privadas, nada evita que Beaver vea los archivos en el directorio de Wally.

Para hacer esos directorios más seguros, puede protegerlos con contraseña utilizando las opciones de seguridad de su sistema operativo de la red.

✔ Elabore un mapeo de disco de la red separado para cada carpeta privada. Por ejemplo, puede mapear la unidad P a cada directorio privado del usuario de la red. Luego, puede decirle a cada usuario que almacene archivos privados en su unidad P. Para Wally, la unidad P se refiere a la carpeta \WALLY, pero para Beaver, la unidad P se refiere a \BEAVER. Esta configuración mantiene a Beaver fuera de los archivos de Wally.

El efecto neto de esta configuración es que cada usuario parece tener una unidad P separada en el servidor. En realidad, estas unidades son meramente carpetas en la unidad del servidor.

Estimar el espacio en disco requerido para el almacenamiento de archivos privados es más difícil que estimar el espacio para almacenamiento de archivos compartidos. Después de que sus usuarios descubren que aparentemente tienen espacio ilimitado de almacenamiento en el servidor de la red, empiezan a llenarlo. Por eso, es una buena idea establecer las cuotas de disco de usuario en servidores NetWare y Windows 2000.

Programas compartidos

Si varios usuarios utilizan el mismo programa de aplicación, considere comprar una versión de red del programa y almacenar el archivo de programa en el servidor de la red. La ventaja de compartir el programa, en lugar de almacenar una copia separada en la unidad local de cada usuario, es que tiene que manejar solamente una copia del software. Por ejemplo, si aparece una nueva versión del software, debe actualizar solo la copia en el servidor, en lugar de copias separadas en cada estación de trabajo.

La versión de la red de la mayoría de los programas le permite a cada usuario de la red establecer las opciones del programa de acuerdo con sus referencias. Así, un usuario puede ejecutar el programa utilizando la configuración predefinida con colores aburridos, mientras otro usuario puede preferir cambiar los colores de la pantalla para que el programa despliegue texto magenta sobre fondo cyan.

Muchos programas de aplicación crean archivos temporales de los que usted no está al tanto y normalmente no necesita preocuparse. Cuando utilice estos programas en una red, asegúrese de configurarlos para que los archivos temporales sean creados en una unidad local en lugar de una unidad de la red. Esta configuración no solo le brinda mejor desempeño, sino que le asegura al usuario que los archivos temporales no interfieran con los de los demás.

Planear el Mapeo de la Unidad de su Red

Si planea utilizar letras de unidad mapeadas para acceder a unidades de red, debería pensar en cuáles letras utilizará. A continuación, presentamos algunas reglas generales por seguir:

✔ Sea consistente. Si una unidad de red es accedida como unidad Q desde una estación de trabajo, mapéela como unidad Q desde todas las estaciones de trabajo que acceden a la misma unidad. No tenga un usuario refiriéndose a una unidad de red como Q y otro utilizando la misma unidad pero con una letra diferente.

✔ Utilice letras de unidad lo suficientemente grandes para evitar conflictos con las letras de unidad utilizadas por unidades locales. Por ejemplo, suponga que una de sus computadoras tiene tres particiones de disco, una unidad de CD-ROM y una unidad de CD-RW. Esta computadora ya tendría letras de unidad de la C a la G asignadas. Por lo general, empiece la asignación de la unidad de red con la unidad M y continúe con N, O, P y así sucesivamente.

Novell NetWare, por lo general, empieza las asignaciones de unidad en la unidad F.

✔ Si utiliza DriveSpace en una computadora servidor Windows 98, esté consciente de que DriveSpace utiliza letras de unidad que pueden afectar la asignación de la letra de unidad de su red. Para protegerse, empiece su red antes de instalar DriveSpace de manera que DriveSpace pueda encontrar su camino en las asignaciones de la unidad de su red. Y siempre lleve puesto un casco y gafas de seguridad al utilizar DriveSpace.

✔ Para computadoras cliente de Windows, tenga en mente que el mapeado de la letra de unidad no es un requisito. Los usuarios pueden acceder a cualquier unidad de red compartida por medio del icono Network Neighborhood que aparece en el escritorio de Windows. Pero configurar una unidad mapeada hace más fácil el acceder los datos compartidos por medio de My Computer.

Compartir Unidades de CD o DVD

Las unidades de CD se han convertido en equipo estándar en las computadoras de escritorio y muchas de las nuevas incluyen unidades de DVD, las cuales tienen una mayor capacidad y le permiten ver películas, como *La Guerra de las Galaxias*, desde la comodidad de la silla de su oficina. Si su máquina es la única en la oficina con una unidad de DVD, puede ser que tenga una fila de usuarios esperando ansiosamente a tomar tiempo prestado en su computadora para que puedan usarla.

Afortunadamente, todos los sistemas operativos de la red descritos en este libro le permiten configurar una unidad de CD o de DVD como una unidad de red compartida para que los usuarios en toda la red puedan accederla. De hecho, compartir una unidad de CD o de DVD no es diferente a compartir una unidad de disco regular.

Sin embargo, un problema molesto surge cuando usted comparte la unidad de CD de una computadora de escritorio con otros usuarios de la red. Imagine que está utilizando su unidad de CD para un trabajo importante (como divertirse con ese juego increíble que compró anoche), cuando algún payaso en ventas desea acceder al CD de la lista maestra de precios recién enviada desde las oficinas centrales. Usted obtiene un mensaje molesto que dice algo así `Please Insert the Master Price List CD in Drive D`. Y ese no será el último, tampoco. Usted va a ser molestado por interrupciones como estas todo el día.

Si va a compartir una unidad de CD o de DVD, asegúrese de que esté ubicada en una computadora servidor dedicada y que el disco que necesita compartir esté dedicado a una unidad en particular. Por ejemplo, si las oficinas centrales realmente le envían un DVD que contiene la lista maestra de precios y los usuarios de la red necesitan acceder a este disco frecuentemente, dedique toda una unidad de DVD solo para este disco. Luego, no tendrá que luchar con mensajes molestos acerca de cambiar las unidades.

Si tiene más de un CD o un DVD por compartir, solo instale más de una unidad en la computadora servidor. Con el costo tan bajo de las unidades de CD y de DVD – las buenas cuestan menos de $50 – esta solución no es irreal. Si comparte varios discos, puede incluso comprar torres especiales con pilas de CD o DVD incorporadas. Estas torres son servidores auto-contenidos con software de red incorporado, de manera que pueda conectarlas directamente a su red.

Una alternativa a una torre de CD es una *jukebox*. Una jukebox es una sola unidad de CD o de DVD que puede tener varios discos y automáticamente cambiarlos conforme son accedidos. Las jukeboxes son menos costosas que las torres, pero son más lentas; cuando un usuario accede a un disco que no está actualmente en la unidad de CD, la jukebox debe cambiar discos. Si dos usuarios acceden simultáneamente a dos discos, la jukebox gasta mucho tiempo moviendo discos de un lado a otro. (Para evitar este problema, puede adquirir jukeboxes que tengan más de una lectora de CD o de DVD incorporada – por más dinero, por supuesto).

Si no desea preocuparse por unidades de CD o de DVD compartidas, torres de CD o jukeboxes, puede simplemente copiar los contenidos de sus discos más populares al disco duro del servidor.

Utilizar un Servidor de Impresión por Separado

Si tiene una red más grande (digamos, una docena o más de computadoras) y la impresión compartida es una de las razones principales por la que está entrando en una red, quizás desee utilizar dos computadoras servidor, una como servidor de archivo y la otra como servidor de impresión. Al utilizar computadoras servidor separadas para compartir los archivos y la impresión, mejora el desempeño general de su red.

A continuación, presentamos algunos aspectos para tener presentes cuando utiliza un servidor de impresión por separado:

✔ Si la impresora es utilizada exclusivamente para la producción de texto, el servidor de la impresora puede ser la computadora más lenta en la red y aún no notará ningún retraso en el desempeño. Si imprime muchos gráficos en una impresora láser de alta calidad, no utilice una computadora mala para el servidor de impresión. He visto trabajos de impresión de diez minutos que se han demorado hasta una hora o más por un servidor de impresión barato.

✔ Como alternativa a dedicar una computadora separada como servidor de impresión, puede conectar la mayoría de las impresoras directamente a la red por medio de un dispositivo no costoso de servidor de impresión. El dispositivo más corrientemente utilizado de este tipo es llamado *HP JetDirect,* hecho por Hewlett-Packard (los mismos amigos que hacen todas esas impresoras maravillosas). Una HP JetDirect externa es una pequeña cajita que contiene un puerto Ethernet (RJ-45 para par trenzado, BNC para thinnet o ambos) y un puerto paralelo al cual puede conectar una impresora. Las tarjetas internas de HP JetDirect son diseñadas para ser instaladas en impresoras de Hewlett-Packard, lo cual le permite conectar la impresora directametne a la red. Puede obtener una impresora externa de HP JetDirect por cerca de $150.

Comprar una Computadora Servidor

Si tiene una computadora extra en algún lado que puede utilizar como servidor; maravilloso! La mayoría de nosotros no tiene computadoras extra en el closet. Si planea comprar una nueva computadora para utilizarla como servidor de red, aquí hay algunos consejos para configurarla adecuadamente:

✔ Una computadora servidor de la red no necesita tener el más moderno monitor a color de pantalla grande, o tarjetas de gráfico supercargadas. Un monitor ordinario de 15 pulgadas con una tarjeta de video no costosa será suficiente.

✔ Por otro lado, no escatime en el procesador y la memoria. Compre el procesador Pentium 4 más rápido que pueda costear y equípelo con al menos 512MB de RAM; 1GB es mejor. Cada byte de memoria extra puede ser puesto para ser bien usado en el servidor.

✔ Compre el disco duro más grande que pueda costear. El precio de almacenamiento de disco duro ha bajado tanto en años recientes que puede fácilmente equipar una computadora servidor con al menos 100GB de almacenamiento en disco duro. Hay unidades de 60GB anunciadas por menos de $80 y puede obtener una unidad de 160GB por aproximadamente $250.

✔ Mientras usted está en eso, compre unidades de SCSI, en lugar de unidades de IDE. SCSI ofrece un mejor desempeño para servidores de red, ya que varios usuarios pueden acceder a la unidad simultáneamente. SCSI es más cara que la IDE, pero el beneficio del desempeño bien vale la diferencia. Para más información acerca de los beneficios de la SCSI sobre la IDE, refiérase al Capítulo 14.

✔ Haga que la computadora se encuentre incorporada en un gabinete de estilo torre que tenga suficiente espacio para expansión — varios puertos abiertos para colocar unidades adicionales y una fuente de energía más que adecuada. Debe asegurarse de que puede ampliar el servidor cuando se dé cuenta de que no compró suficiente espacio en disco.

Mantener la Energía Encendida

Una opción que las personas a menudo omiten al configurar un servidor de la red, es la energía. Puede simplemente conectar la computadora servidor en la pared o a un supresor de picos para amortiguar los picos de energía antes de que dañen su computadora. Utilizar un supresor de picos es una buena idea, pero una idea mucho mejor es conectar su computadora servidor a un dispositivo llamado *uninterruptible power supply (suministro de energía ininterrumpido)*, o UPS.

Dentro del cajón de la UPS hay una batería que está constantemente cargada y algunos elementos electrónicos que condicionan la energía proveniente del enchufe de la pared. Si ocurre una falla de energía, la batería mantiene la computadora operando. La batería no puede operar la computadora infinitamente, pero sí puede mantenerla funcionando lo suficiente – cualquier punto entre diez minutos y más de una hora, dependiendo de cuánto pagó por la UPS – para apagar las cosas en una forma tranquila (decentemente y en orden). Para la mayoría de las pequeñas redes, una UPS que la mantenga operando por diez minutos es suficiente. Solo debe asegurarse de que cualquier disco en proceso (I/O) tenga tiempo para terminar. Una UPS decente que es capaz de proteger una sola computadora servidor puede obtenerse por cerca de $150.

A continuación, presentamos unos cuantos puntos adicionales acerca de la UPS:

✔ Al utilizar una UPS puede evitar perder datos cuando ocurre una interrupción de energía. Sin una UPS, su computadora servidor puede ser apagada en los peores momentos, como mientras está actualizando la información del directorio que le da seguimiento a la ubicación de sus archivos. Con una UPS, la computadora puede estar encendida lo suficiente para que esas operaciones meticulosas puedan ser completadas en forma segura.

✔ En una UPS verdadera, la energía es siempre suministrada a la computadora desde la batería; la corriente del enchufe de la pared es utilizada solamente para mantener la batería cargada. La mayoría de los dispositivos no costosos de la UPS son en realidad *stand-by power supplies (suministros de energía en espera) (SPSs)*. Un SPS opera la computadora desde el enchufe de la pared, pero cambia a la batería inmediatamente cuando ocurre una falla en la energía. Con una UPS verdadera, no tiene ningún retraso entre el fallo de la energía y la toma de control de la batería, entonces una UPS verdadera desempeña un mejor trabajo que un SPS para proteger su computadora contra las interrupciones o fallos y otros incidentes de energía menores. Los SPS son menos costosos que las UPS, así que son más utilizados.

✔ La última protección contra fallos de energía es conectar una UPS a cada computadora en la red. Sin embargo, eso se vuelve un poco costoso. Al menos, debería proteger el servidor.

✔ Si ocurre una interrupción de energía y su servidor es protegido por una UPS, vaya al servidor tan rápido como pueda, saque a todas las personas y apáguelo. Debería también ir a cada computadora y apagar el interruptor. Luego, cuando la energía sea restablecida, puede reiniciar el servidor, reiniciar cada estación de trabajo y evaluar el daño.

✔ Mejor aún, obtenga una UPS que pueda estar conectada a la computadora servidor a través de un puerto serial, un puerto USB o un puerto red. Luego, configure la UPS para automáticamente apagar el servidor en caso de que falle la energía.

Ubicación, Ubicación y Ubicación

La última consideración de servidor de red que necesitamos abordar en este capítulo es dónde poner el servidor. En los viejos tiempos, usted ponía el servidor de la red en un cuarto con ventanas de vidrio alrededor, contrataba por tiempo completo a un técnico de laboratorio para tender todas sus necesidades y le daba un nombre como `ARDVARC` o `SHADRAC`.

En estos días, la ubicación más probable para un servidor de archivo es en el closet. Nada exige que el servidor debe estar en una ubicación central; puede estar en el closet al final del pasillo, encima de los archiveros en la bodega o en la oficina de la esquina. El servidor puede estar casi en cualquier parte, en la medida que esté cerca de un enchufe eléctrico y un cable de red pueda ser dirigido hasta él.

Por supuesto, un servidor de impresión es diferente. Idealmente, el servidor de impresión debería estar cerca de la impresora, la cual debería estar en una ubicación accesible con espacio de almacenamiento para papel y tinta (para impresoras láser), un lugar para dejar impresiones que pertenecen a otros usuarios y una caja para tirar papeles de desecho para que puedan ser reciclados.

Algunas malas ubicaciones para el servidor:

✔ En el ático. Demasiado sucio.

✔ En el baño. Demasiada humedad.

✔ En la cocina. Sus gurús de computadora van a su refrigeradora cada vez que los llama. Ellos empiezan a aparecer espontáneamente "solo para revisar".

✔ En la oficina de su jefe. Usted no desea que él o ella piensen en usted cada vez que el servidor hace bip.

La buena noticia es que aún debe darle nombre a su computadora servidor. Puede ponerle algo aburrido como SERVER1 o darle un nombre interesante como BERTHA o SPOCK.

Capítulo 10

Oh, ¡Qué Red más Enredada! Hemos Tejido Cables, Adaptadores y otras Cosas

El cable es la fontanería de su red. De hecho, trabajar con cable de red es muy similar a trabajar con tuberías: tiene que usar el tipo adecuado de tubos (cable), las válvulas y conectores apropiados (hubs e conmutadores), así como las instalaciones necesarias (tarjetas de interfaz de red).

Los cables de la red tienen una ventaja apremiante sobre los tubos rociadores: usted no se moja cuando gotean.

Este capítulo le dice bastante más acerca de los cables de la red de lo que probablemente necesita saber. También explica la *Ethernet*, el sistema de cableado de red más común para las pequeñas redes. Luego, usted descubre sobre cómo trabajar con los cables utilizados para unir una red Ethernet. También explica cómo seleccionar las tarjetas correctas de interfaz de la red, lo que le permite conectar los cables a sus computadoras.

¿Qué es la Ethernet?

La Ethernet es una forma estandarizada de conectar computadoras para crear una red. Puede pensar en la Ethernet como una especie de código de construcción municipal para redes: especifica cuál tipo de cables utilizar, cómo conectarlos, cuán largos deben ser, cómo las computadoras transmiten información utilizando los cables y mucho más.

Relleno inútil acerca de la topología de la red

Un libro de redes no estaría completo sin la descripción de estas tres *network topologies (topologías de la red)* básicas. El primer tipo de topología de la red es llamado bus, en el cual los nodos de la red (o sea las computadoras) son unidos en una línea, así:

Un bus es el tipo más sencillo de topología, pero tiene ciertos inconvenientes. Si el cable se rompe en alguna parte en el centro, la ruptura parte la red en dos.

El segundo tipo de topología es llamado *ring (anillo)*:

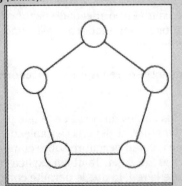

Un anillo es muy parecido a un bus excepto que no tiene final en la línea: El último nodo

en la línea está conectado al primer nodo, formando un ciclo infinito.

El tercer tipo de topología es llamado *star (estrella)*:

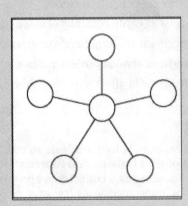

En una red estrella, todos los nodos están conectados a un hub central. En efecto, cada nodo tiene una conexión independiente a la red, de manera que una ruptura en un cable no afecta los otros.

Las redes Ethernet están basadas en un diseño de bus. Sin embargo, trucos sofisticado del cableado hacen que una red Ethernet aparezca cableada como una estrella cuando se utiliza el cable par trenzado.

Aviso histórico de pie de página: Aunque la Ethernet es en la actualidad la opción predilecta para redes, eso no siempre fue así. Hace muchas lunas, la Ethernet tenía competencia de dos otros estándares de cableado de red: Token Ring y ARCnet. Token Ring es un estándar de IBM para redes que todavía se utilizan en algunas organizaciones, especialmente donde las antiguas mainframe de IBM o los sistemas de tipo medio están incluidos en la red. ARCnet prácticamente ha desaparecido de las redes de oficina, pero aún se utiliza para aplicaciones de redes industriales, como la automatización de un edificio y control robot de una fábrica.

Algunas personas tratan a la Ethernet, a Token Ring y a ARCnet como religiones por las que estarían dispuestas a morir. Para un dios de la Token Ring, la Ethernet es como un demonio. Los fanáticos de la Ethernet a menudo reclaman que usted puede escuchar mensajes del mal si envía información hacia atrás a través de una red Token Ring. Los fanáticos de la Ethernet y Token Ring tratan a los usuarios de la ARCnet como si fueran sectarios, posiblemente debido a que los reportes de los discípulos de la ARCnet regalan flores en los aeropuertos. No se meta con un fanático de la Ethernet, Token Ring o ARCnet en una discusión sobre los méritos de las creencias de su red y las de sus oponentes. Es inútil.

Sin tomar en cuenta los méritos técnicos de la Ethernet, Token Ring o ARCnet, el hecho es que la mayoría de las redes pequeñas utilizan la Ethernet. Puede comprar componentes no costosos de la Ethernet en casi todas las tiendas de computación y hasta comprar cable y conectores de la Ethernet en tiendas de hardware. Como la Ethernet no es costosa y está disponible enseguida, es realmente la única opción para nuevas redes – grandes o pequeñas.

Aquí presentamos unos cuantos aspectos interesantes acerca de los estándares de la Ethernet:

✔ La Ethernet es un grupo de estándares para la infraestructura en la cual una red es construida. Todos los sistemas operativos de la red que explicamos en este libro, incluyendo todas las versiones de NetWare, Windows, Linux y Macintosh OS/X pueden operar en una red Ethernet. Si crea su red sobre una base sólida de Ethernet, puede cambiar sus sistemas operativos más adelante.

✔ La Ethernet es a menudo referida por los gurús de la red como 802.3 *(pronunciado eight-oh-two-dot-three)*, que es la designación oficial utilizada por el *IEEE* (pronunciado *eye-triple-e*), un grupo de ingenieros eléctricos que llevan puestos corbatines y no tiene nada mejor que hacer que discutir sobre reclutamiento todo el día. Esta situación es una buena cosa porque, si no fuera por ellos, usted no podría mezclar y empatar los componentes de la Ethernet fabricados por distintas compañías.

Deténgame antes de contarle sobre Token Ring!

Solo en caso de que entre en una discusión sobre la Ethernet con un fanático de la Token Ring, déjeme decirle de dónde viene. La Ethernet puede dejar de operar si la red se congestiona y los mensajes empiezan a chocar como locos. La Token Ring utiliza un enfoque más ordenado para enviar paquetes a través de la red. En lugar de enviar un mensaje donde desee, una computadora en una red Token Ring debe esperar su turno. En una red Token Ring, un paquete especial llamado el token es constantemente pasado a través de la red de computadora a computadora. Una computadora puede enviar un paquete de datos solamente cuando tiene el token. De esta forma, la Token Ring asegura que no ocurrirán colisiones.

Algunas veces, una computadora con una tarjeta de red defectuosa accidentalmente se traga el token. Si el token desaparece por mucho tiempo, la red asume que el token ha sido tragado y la red eructa para generar uno nuevo.

Actualmente, se usan dos versiones de Token Ring. La versión más vieja corre a 4Mbps. La más nueva a 16Mbps, que además le permite que existan dos tokens a la vez, lo que hace la red aún más rápida.

Ah, en caso de que se lo esté preguntando, la ARCnet utiliza un esquema de paso de token similar.

✔ La Ethernet estándar transmite información a una frecuencia de 10 millones de bits por segundo o 10Mbps (Mbps usualmente se pronuncia *Megabit*). Como hay 8 bits en un byte, eso se traduce a aproximadamente 1.2 millones de bytes por segundo. En la práctica, la Ethernet no puede mover información tan rápido porque esta debe ser transmitida en paquetes de no más de 1,500 bytes, llamados *packets (paquetes)*. Así que 150KB de información deben ser divididos en 100 paquetes.

La velocidad de transmisión de la Ethernet no tiene nada que ver con cuán rápido se mueven las señales eléctricas en el cable. Las señales eléctricas en sí viajan a aproximadamente 70 por ciento de la velocidad de la luz o como diría el Capitán Picard, "Factor Warp punto siete-cero. Adelante."

✔ La versión más actualizada de la Ethernet, conocida como *Fast Ethernet o 100 Mbps Ethernet*, traslada los datos diez veces más rápido que la versión normal. Como Fast Ethernet transfiere datos a una velocidad de 100Mbps y utiliza un cableado de par trenzado, frecuentemente se le conoce como *100BaseT* (y a veces *100BaseTx*).

✔ La mayoría de los componentes de red que puede comprar en la actualidad soportan 10 Mbps y 100Mbps Ethernet. A menudo, se refieren a estos como *componentes 10/100 Mbps* porque soportan las dos velocidades.

✔ Una versión todavía más rápida de la Ethernet, conocida como la *Gigabit Ether-net*, también está disponible. Los componentes de la Gigabit Ethernet son costosos, así que por lo general son utilizados para crear un backbone *(columna vertebral)* de alta velocidad de una red.

Dos tipos de Cable Ethernet

Puede crear una red Ethernet a 10/100 Mbps utilizando uno de dos diferentes tipos de cable: *cable coaxial*, que semeja al cable utilizado por la televisión y el *cable de par trenzado*, que se parece al cable del teléfono. Este último cable se conoce a veces como *UTP* o *cable10baseT*, por razones que intento no explicar más adelante (en la sección "cable de par trenzado").

¿A quién le importa qué significa CSMA/CD?

Aparte de especificar las características mecánicas y eléctricas de los cables de la red, la Ethernet especifica las técnicas utilizadas para controlar el flujo de información por los cables de la red. La técnica que utiliza la Ethernet es llamada *CSMA/CD*, que significa "Acceso Múltiple por Percepción de Portadora con Detección de Colisiones". Esta frase es muy larga, pero si la descompone pieza por pieza, se da una idea de cómo funciona la Ethernet (como si quisiera saber).

Carrier sense (percepción de portadora) significa que cuando una computadora desea enviar un mensaje por el cable de la red, primero escucha al cable para saber si alguien más está enviando un mensaje. Si no escucha ningún otro mensaje en el cable, la computadora asume que está libre para enviar uno.

Multiple access (acceso múltiple) significa que nada evita que dos o más computadoras intenten enviar un mensaje al mismo tiempo. Seguro, cada computadora escucha antes de enviar. Pero suponga que dos computadoras escuchan, no oyen nada y luego proceden a enviar sus mensajes. Imagine qué ocurre cuando usted y alguien más llegan al mismo tiempo a un alto con cuatro vías. Usted le hace señales al otro conductor, él o ella le hace señales a usted, usted mueve su mano, él o ella hace lo mismo y al final todos se lanzan al mismo tiempo.

Collision detection (detección de colisión) significa que después de que una computadora envía un mensaje en la red, escucha cuidadosamente para ver si el mensaje se estrelló contra otro mensaje. Un poco como escuchar el chillido de los frenos en un alto de cuatro vías. Si la computadora escucha el chillido de los frenos, espera un cierto tiempo e intenta enviar el mensaje de nuevo. Como el retraso es aleatorio, dos mensajes que chocan son enviados de nuevo, luego de ciertos periodos de retraso, así que es poco probable que ocurra una segunda colisión.

Bueno, ¿no fue eso una pérdida de tiempo?

Puede hallar otros tipos de cables en una red existente: un cable grueso amarillo que anteriormente era el único tipo de cable utilizado para la Ethernet, cables de fibra óptica que se extienden por largas distancias a altas velocidades, o cables de pares trenzados empaquetados juntos que incluyen conjuntos múltiples de cables de pares trenzados entre todos los paneles de alambrado de un edificio grande. Para todas las redes, salvo las más grandes, la opción es entre el cable coaxial y el cable de par trenzado.

Cable coaxial

Un tipo de cable que puede utilizar para las redes de Ethernet es el cable coaxial, generalmente llamado en inglés *thinnet*, o a veces *cable BNC*, debido al tipo de conectores empleados en cada extremidad del cable. La Figura 10-1 muestra un cable coaxial típico.

Figura 10-1:
Un cable
coaxial con
un conector
BNC.

A continuación, presentamos algunos puntos importantes acerca del cable coaxial:

✔ Usted une el thinnet a la tarjeta de interfaz de la red utilizando un conector trenzado llamado *conector BNC*. Puede comprar cables pre-ensamblados con conectadores BNC ya unidos en longitudes de 25 ó 50 pies, o comprar cable al por mayor en una bobina grande y unir los conectadores usted mismo utilizando una herramienta especial. (Sugiero que compre cables pre-ensamblados. Unir conectadores al cable en bruto puede ser difícil).

✔ Con los cables coaxiales, usted conecta sus computadoras punto-a-punto, como se muestra en la Figura 10-2. En cada máquina, se utiliza un conector T para enlazar dos cables a la tarjeta de interfaz. La Figura 10-2 muestra un arreglo típico. Una sección del thinnet conecta la computadora de Ward a la de June, una segunda medida de cable enlaza la máquina de June a la de Wally, y un tercer tanto de cable une la de Wally a la de Beaver.

✔ Un enchufe especial llamado *terminator* es requerido al final de cada serie de cable thinnet. En la Figura 10-2, los terminators son requeridos en la computadora de Ward y la computadora de Beaver. El terminator evita que los datos fluyan al final del cable y manchen la alfombra.

✔ Los cables unidos de extremo a extremo de un terminator al otro son colectivamente llamados *segmento*. La longitud máxima de un segmento thinnet es aproximadamente 200 yardas (en realidad, 185 metros). Puede conectar hasta 30 computadoras en un segmento. Para recorrer una distancia superior a 185 metros o conectar más de 30 computadoras, debe utilizar dos o más segmentos con un dispositivo llamado *repeater (repetidora)* para conectar cada segmento.

✔ Aunque el cable coaxial de la Ethernet se semeja al que se utiliza para la televisión por cable, los dos tipos no son intercambiables. No intente reducir costos enlazando su red con cable económico para televisión.

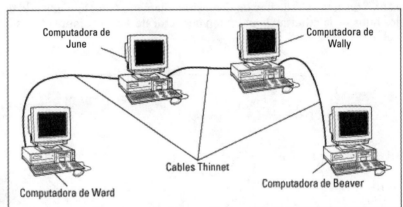

Figura 10-2: Una red instalada con cable thinnet.

Computadora de June · *Computadora de Wally* · *Cables Thinnet* · *Computadora de Ward* · *Computadora de Beaver*

Cable por trenzado

Una alternativa popular al cable thinnet es el *unshielded twisted-pair cable (cable par trenzado sin protección)*, o *UTP*. El cable UTP es aún más barato que el cable coaxial delgado y, lo mejor de todo, es que muchos edificios modernos ya están cableados con él porque este tipo de cableado es a menudo utilizado con sistemas telefónicos modernos. La Figura 10-3 muestra un cable par trenzado.

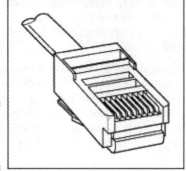

Figura 10-3:
Cable de par
trenzado.

Cuando utiliza el cable UTP para construir una red Ethernet, usted conecta las computadoras en una distribución de estrella, como ilustra la Figura 10-4. En el centro de esta estrella hay un dispositivo llamado *hub*. Dependiendo del modelo, los hubs de la Ethernet le permiten conectar de 4 a 24 computadoras utilizando cable par trenzado.

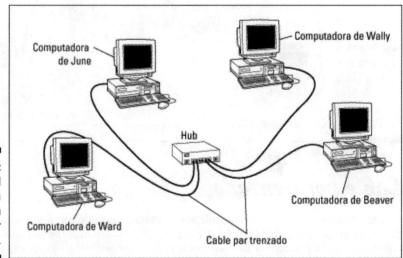

Figura 10-4:
Una red
enlazada
con un
cable de par
trenzado.

Una ventaja de la distribuición de estrella de un UTP es que si un cable se descompone, solamente la computadora unida a ese cable es afectada; el resto continúa trabajando. Con cable coaxial, un mal cable afecta a toda la red y no solo a la computadora conectada al cable en el mal estado.

A continuación, presentamos algunos otros detalles que debería conocer sobre el cable par trenzado:

✔ El cable UTP consiste en pares de alambre delgado trenzado entre sí; varios pares son reunidos dentro de una chaqueta aislante. La Ethernet utiliza dos pares de alambres, o cuatro alambres en total. El número de pares en un cable UTP varía, pero es a menudo más de dos.

✔ El cable UTP ofrece varios tipos llamados Categorías. No utilice nada menos que cable categoría 5 para su red. Aunque los cables de categorías inferiores sean más económicos, puede ser que no sean capaces de soportar redes más veloces.

Aunque los cables de categoría más alta son más costosos que los cables de categoría menor, el mayor costo para instalar el cableado de la Ethernet es la mano de obra requerida para realmente tirar los cables por la pared. Como resultado, recomiendo que siempre gaste el dinero extra para comprar cable categoría 5.

✔ Si desea sonar como si supiera de lo que está hablando, diga "cat 5", en lugar de "categoría 5."

✔Aunque el cable categoría 5 está bien para redes de 100Mbps, las redes más nuevas de 1000Mbps requieren de un cable mejor. El cable categoría 5e (la e significa *enhanced- (mejorado)*) es un tipo levemente mejorado de cable que trabajará para las redes Fast Ethernet. Y los nuevos estándares para los cables categoría 6 e incluso categoría 7 se esperan pronto.

✔ Los conectadores de cable UTP se ven como conectadores telefónicos modulares, pero un poco más grandes. Los conectadores UTP son oficialmente llamados *RJ-45 connectors (conectores RJ-45).*

✔ Al igual que el cable thinnet, el cable UTP es vendido en longitudes prefabricadas. Sin embargo, los conectores RJ-45 son mucho más fáciles de adjuntar al cable UTP que los cables BNC al cable coaxial bruto. Como resultado, sugiero que compre cable en bruto y conectadores, a menos que su red consista en solo dos o tres computadoras. Una herramienta cerradora básica para unir los conectadores RJ-45 cuesta alrededor de $50.

✔ La máxima longitud de cable permisible entre el hub y la computadora es 100 metros (alrededor de 328 pies).

Hubs y Switches

La diferencia más grande entre utilizar cable coaxial y cable par trenzado es que cuando utiliza el cable par trenzado, también debe utilizar un dispositivo separado llamado *hub*. Hace años, los hubs eran dispositivos caros — tan costosos que la mayoría de los creadores de redes independientes, quienes estaban estableciendo pequeñas redes, optaron por cable thinnet para evitar el costo y la complicación de emplear hubs.

Hubs y Switches

Los hubs y los switches le permiten conectar cuatro o más computadoras a una red de par trenzado. Los conmutadores son más eficientes que los hubs, pero no necesariamente porque sean más rápidos. Si realmente quiere saber, a continuación se indica las diferencias entre un hub y un switch:

✔ En un hub, cada paquete que llega al hub en cualquiera de sus puertos es automáticamente enviado a todos los demás puertos. Un hub tiene que hacer esto debido a que no mantiene un registro de cuál computadora está conectada a cada puerto. Por ejemplo, suponga que la computadora de Wally está conectada al puerto 1 en un hub de 8 puertos, y la de Ward está enlazada al puerto 5. Si la máquina de Ward envía un paquete de información a la de Wally, el hub recibe el paquete en el puerto 1 y luego lo envía a los puertos 2-8. Todas las computadoras conectadas al hub verán el paquete para que puedan determinar si este estaba dirigido para ellos.

✔ Un switch no mantiene un registro de cuál computadora está conectada a cada puerto. Así que si Wally en el puerto 1 manda un paquete a la computadora de Ward en el puerto 5, el conmutador recibe el paquete en el puerto 1 y luego lo envía solamente al puerto 5. Esto no solo es más rápido, sino también mejora la seguridad del sistema ya que las otras máquinas no ven los paquetes que no son para ellos.

Actualmente, el costo de los hubs ha bajado tanto que las ventajas de los cables par trenzados supera la molestia y costo de utilizar hubs. Con el cable par trenzado, puede agregar más fácilmente nuevas computadoras a la red, mover computadoras, encontrar y corregir problemas con el cable y retirar las computadoras que necesita eliminar de la red temporalmente.

Un *switch* es sencillamente un tipo más sofisticado de hub. Sin embargo, el costo de los switches ha bajado drásticamente en los últimos años y ahora la mayoría de las redes son creadas con switches en vez de hubs. Si tiene una red más antigua que utiliza hubs y parece que opera lentamente, puede mejorar la velocidad de su red reemplazando los hubs más antiguos con switches más modernos. (Para más información, refiéraseal apartado, "Hubs y Switches.")

Si decide utilizar el cable par trenzado, necesita conocer algunos de los por menores de su uso:

✔ Debido a que debe correr un cable de cada computadora al hub o switch, búsquele una ubicación central a la cual pueda dirigir fácilmente los cables.

✔ El hub o switch requiere de energía eléctrica, así que asegúrese de que haya un enchufe eléctrico a mano.

¿Diez base qué?

La IEEE, en su infinita sabiduría, ha decretado que los siguientes nombres deberán ser utilizados para designar los tres tipos de cable utilizado con redes de 802.3 (en otras palabras, con la Ethernet):

- ✔ 10base5 es el cable coaxial grueso (el cable amarillo).

- ✔ 10base2 es el cable coaxial delgado (thinnet).

- ✔ 10baseT es el cable par trenzado sin protección (UTP).

En cada tipo, el número 10 significa que el cable opera a 10Mbps y la palabra base significa que el cable es utilizado para redes de banda base en oposición a las redes de banda ancha (no pregunte). El número 5, en 10base5, es la longitud máxima de un segmento de cable amarillo: 500 metros. El número 2, en 10base2, significa 200 metros, que es *aproximadamente* una longitud de segmento de 185-metros para cable thinnet. (Para un grupo de ingenieros, la IEEE es extraña; no sabía que la palabra aproximadamente puede ser parte del vocabulario de un ingeniero). Y la letra T, en 10baseT, significa *twisted (trenzado)*.

De estos tres tipos oficiales, 10baseT es el único utilizado frecuentemente; 10base5 y 10base2 son por lo general llamados *thick (grueso)* y *thin (delgado)*, respectivamente.

Asimismo, la Fast Ethernet que corre en el cableado 10baseT utiliza la designación 100baseT.

- ✔ Cuando compra el hub o switch, adquiera uno con al menos el doble de conexiones de las que necesita. No compre un hub o switch de cuatro puertos si desea poner en red cuatro computadoras; cuando agrega la quinta computadora, usted tiene que comprar otro hub.

- ✔ Puede conectar hubs o switches entre sí como se muestra en la Figura 10-5; esto es llamado *cadena*. Cuando pone los hubs o switches en cadena, usted conecta un cable a un puerto estándar en uno de los hubs y el puerto en cadena en el otro hub o switch. Asegúrese de leer las instrucciones que vienen con el hub para garantizar que los pone adecuadamente en cadena.

- ✔ Puede poner en cadena no más de tres hubs o switches. Si tiene más computadoras de las que tres hubs pueden acomodar, no entre en pánico. Por un pequeño costo adicional, puede comprar hubs que tienen una conexión BNC en la parte trasera. Luego, puede unir los hubs utilizando cable thinnet. El límite de tres hubs no aplica cuando utiliza cable thinnet para conectar los hubs. Puede también obtener hubs o interruptores apilables con conexiones directas de alta velocidad que le permiten que dos o más hubs o interruptores sean conectados como un solo hub o interruptor.

✔ Cuando compra hubs de red, puede notar que los costosos tienen opciones de administración de red que soportan algo llamado SNMP. Estos hubs son llama-*hubs administrados*. A menos que su red sea muy grande y sepa lo que es un SNMP, no se moleste con los hubs administrados más costosos. Estará pagando por una opción que podría nunca utilizar.

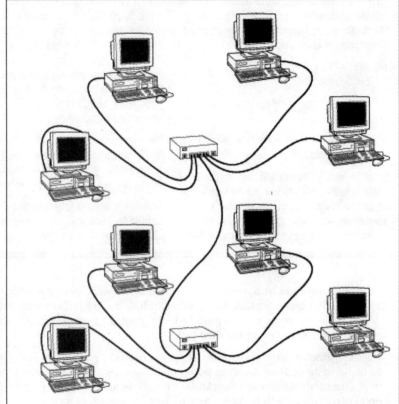

Figura 10-5:
Puede poner los hubs o switches en cadena.

Tarjetas de Interfaz de la Red

Ahora que sabe bastante más acerca del cable de red de lo que realmente necesita, deseo destacar unas cuantas cosas acerca de las tarjetas de interfaz de la red que debería considerar antes de comprarlas:

✔ Las tarjetas de interfaz de la red que usted utiliza deben tener un conectador que coincida con el tipo de cable que emplea. Si planea cablear su red
con cable thinnet, asegúrese de que las tarjetas de red tengan un conectador BNC. Para un cableado par trenzado, asegúrese de que las tarjetas
tengan un conectador RJ-45.

✔ Algunas tarjetas de red suministran dos o tres conectores. Las vemos en todas
las combinación: BNC y AUI, RJ-45 y AUI, BNC y RJ-45 y todas las tres. Seleccionar una tarjeta que tiene ambos conectores, BNC y RJ-45, no es una mala idea.
En esa forma, puede intercambiar del cable thinnet al cable par trenzado o viceversa, sin comprar tarjetas de la red. Puede obtener ambos tipos de conectadores por un costo de tan solo $5 a $10 más por tarjeta. No se preocupe por el
conector AUI. Probablemente, nunca lo necesitará.

✔ Puede obtener tarjetas de 10Mbps, tarjetas de 100Mbps o tarjetas de
10/100Mbps, que automáticamente determinan si su red está corriendo a
10Mbps o a 100Mbps e intercambia de inmediato. Sugiero que siempre compre
tarjetas auto-sensibles de 10/100Mbps. Son unos cuantos dólares más, pero
bien vale la pena el costo adicional. Aún si no necesita una red de 100Mbps,
puede eventualmente necesitarla.

✔ Mucho tiempo atrás y muy lejos de aquí, Novell fabricó una tarjeta de interfaz
de la red conocida como la *NE2000*. La tarjeta NE2000 ya no se fabrica, pero la
NE2000 tiene un estándar de compatibilidad para tarjetas de interfaz de la red.
Si una tarjeta es NE2000-compatible, puede utilizarla con casi cualquier red. Si
compra una tarjeta que no es NE2000-compatible, asegúrese de que la tarjeta
sea compatible con el sistema operativo de la red que intenta utilizar.

✔ Cuando compre una tarjeta de red, asegúrese de obtener una que sea compatible con su computadora. La mayoría de las computadoras pueden acomodar
tarjetas diseñadas para el bus estándar 16-bit ISA. Las computadoras más nuevas pueden acomodar tarjetas que utilizan el bus PCI. Si su computadora soporta PCI, debe adquirir una tarjeta de este tipo. No solo estas tarjetas son
más rápidas que las ISA, sino también son más sencillas de configurar. Así que
debe usar tarjetas ISA solo para computadoras más antiguas que no pueden
soportar tarjetas PCI.

✔ Si es posible, compre una tarjeta PCI en lugar de una más antigua ISA. Pero
primero, asegúrese de que su computadora tiene al menos una ranura PCI
disponible adentro. Por ejemplo, suponga que su computadora tiene dos
ranuras ISA y tres ranuras PCI, pero todas las tres PCI están ya en uso, mientras las ranuras ISA están disponibles. En este caso, compre una tarjeta ISA.

✔ Asegúrese de que la tarjeta sea compatible con Plug and Play. Esta opción le
permite a Windows configurar automáticamente la tarjeta, de manera que no
tenga que pasar por todas esas tediosas vueltas de configuración solo para hacer que la tarjeta funcione.

✔ Las tarjetas de la red pueden ser un poco difíciles de instalar – aun las tarjetas
Plug and Play. Cada tarjeta tiene sus propios matices. Puede simplificar su vida

un poco si utiliza la misma tarjeta para cada computadora de su red. Trate de no mezclar ni empatar tarjetas de red.

✔ Si ve las tarjetas Ethernet anunciadas en la televisión nocturna a un precio increíblemente bajo (como por $2.95, o gratis con sellos que salen en cajas de cereal), asegúrese de que estas sean tarjetas PCI. No se sentirá satisfecho con el bajo rendimiento o los problemas de configuración inherentes a ofertas de tarjetas de ISA, a menos que su computadora también sea de la variedad de oferta de sótano.

✔ Algunas computadoras incluyen puertos de red incorporados. En ese caso, no tiene que preocuparse por agregar una tarjeta de red.

Equipos de Arranque de Red

A menudo, la forma más sencilla de adquirir el equipo que necesita para crear una red es comprar el equipo arranque de red. Un equipo de arranque de red típico incluye todo lo que necesita para poner en red dos computadoras. Para agregar computadoras adicionales, compre equipos de agregado que incluyan todo lo que necesita para sumar una computadora a la red.

Por ejemplo, suponga que desea poner en red tres computadoras de una pequeña oficina. Podría empezar con un equipo de arranque de red para una red de dos computadoras, el cual incluiría los siguientes artículos:

✔ Dos tarjetas Ethernet PCI auto-cambiantes de 10/100Mbps

✔ Switch de 4 puertas puertos de 100 Mbps

✔ Dos cables par trenzados 10baseT de 25-pies de largo

✔ Software para las tarjetas

✔ Instrucciones

Este equipo, que debería costarle alrededor de $100, conecta dos de las tres computadoras. Para conectar la tercera computadora, compre un equipo de agregado que incluye una tarjeta Ethernet auto-cambiante 10/100, otro cable par trenzado de 25-pies de largo, software e instrucciones – todo por $40.

Instalar el Cable de la Red

La parte más difícil de trabajar con el cable de la red es unir los conectadores del cable. Esa es la razón por la que la forma más fácil de cablear una red es comprar cables prefabricados, con los conectadores ya unidos. El cable thinnet es corrientemente vendido en longitudes prefabricadas de 25, 50 ó 100 pies. Puede comprar un cable par trenzado prefabricado o unir los conectadores usted mismo (no es difícil de hacer).

Antes de mostrarle cómo unir los conectadores de cable, a continuación presentamos unos pocos consejos generales para trabajar con el cable:

✔ Siempre utilice más cable del que necesita, especialmente si está atravesando cable por las paredes. Deje bastante de reserva.

✔ Al tirar cable, evite fuentes de interferencia como luces fluorescentes, motores grandes, etcétera. La fuente más común de interferencia para cables que pasan detrás de paneles de cielorraso falso son las luces fluorescentes; asegúrese de evitar estos dispositivos. Tres pies de distancia deberían servir.

✔ Si debe pasar cable a través del piso donde la gente camina, cúbralo que nadie se tropiece. Los protectores de cable económicos están disponibles en la mayoría de las tiendas de hardware.

✔ Al pasar cables a través de paredes, etiquete cada uno en ambos extremos. La mayoría de las tiendas de suministros eléctricos tiene almohadillas de etiquetas de cable que son perfectas para el trabajo. Estas almohadillas contienen 50 láminas de etiquetas precortadas con letras y números. Lucen mucho más profesionales que pegar cinta adhesiva alrededor del cable y escribir en la cinta con un marcador.

También, si desea economizar aun más los gastos, compre un marcador permanente y escriba directamente sobre el cable.

✔ Cuando varios cables van juntos, únalos con uniones plásticas de cable. Evite la cinta adhesiva si puede; la cinta no dura, pero la goma sí. Es un desastre un año más tarde. Las uniones de cable están disponibles en tiendas de suministro eléctrico.

✔Las uniones de cable tienen todo tipo de propósitos útiles. En mi último viaje de mochila, utilicé un par de uniones de cable para unir el sombrero de un amigo a una rama alta de un árbol. Él no estaba impresionado con mi uso innovador de las uniones de cable, pero mis otros compañeros de caminata sí.

✔ Cuando pasa cable por encima de un cielorraso acústico, utilice uniones de cable, ganchos o prensas para asegurar el cable al cielorraso real o a la estructura metálica que soporta el cielorraso. No solo ponga el cable sobre el cielorraso.

Obtener las herramientas que necesita

Por supuesto, para hacer bien un trabajo, debe tener las herramientas correctas.

Empiece con un grupo básico de herramientas para computadora que puede obtener por cerca de $15 en cualquier tienda de computación o tienda de suministros de computación. Estos equipos incluyen los desatornilladores correctos y la llave de tubo para abrir sus computadoras e insertar tarjetas adaptadoras. (Si no tiene un equipo de herramientas de computadora, asegúrese de tener varios desatornilladores de cabeza plana Phillips de varios tamaños).

Si todas sus computadoras están en el mismo cuarto, va a pasar los cables por todo el piso y está utilizando cables prefabricados, el equipo de herramientas de la computadora contiene todo lo que necesita.

Si está utilizando cable en bruto y planea unir sus propios conectadores, necesita las siguientes herramientas, además de las herramientas que vienen con el equipo básico:

- **Cortadores de alambre.** Deben ser grandes para cable thinnet; los más pequeños están bien para cable 10baseT. Si está utilizando cable amarillo, necesita uno enorme.

- **Una herramienta cerradora adecuada para su tipo de cable.** Necesita la herramienta cerradora para unir los conectadores al cable.

- **Peladora de alambre.** Lo necesita solamente si la herramienta cerradora no incluye una peladora de alambre. Para el cable thinnet, se requiere una cortadora de alambre especial porque el conductor interno del cable, el conductor externo y el aislante externo deben ser cortados en longitudes precisas.

Si planea pasar cables a través de paredes, necesita estas herramientas adicionales:

- **Un martillo.**
- **Un timbre.**
- **Una canción para cantar.** Con estas últimas dos estamos bromeando.
- **Una sierra caladora.** Es útil si planea cortar orificios a través de las paredes para dirigir su cable.
- **Un foco.**
- **Una escalera.**
- **Posiblemente cinta metálica *tipo "fish tape"*.** Una "fish tape" es una cinta metálica rígida. Para utilizarla, introduzca la cinta en la abertura de la pared y diríjala hacia la otra abertura, donde su socio está listo para agarrarla cuando esta llegue. Luego, su socio une el cable a esta cinta y después usted enrolla la cinta y el cable. (Puede encontrar la "fish tape" en la sección eléctrica de la mayoría de las tiendas de hardware bien equipadas).

Si planea pasar un cable a través del sub-piso de concreto, necesita alquilar un backhoe y contratar a alguien para que sostenga la bandera amarilla mientras trabaja.

Unir un conector BNC al cable coaxial

Conectar adecuadamente un conector BNC al cable thinnet es una destreza adquirida. Necesita dos herramientas: una cortadora de alambre que puede atravesar varias capas del cable coaxial en la ubicación correcta y una herramienta cerradora que cierra el conector en forma ajustada al cable después de que coloca el conector en posición. Los conectores BNC tienen tres piezas separadas, como se muestra en la Figura 10-6.

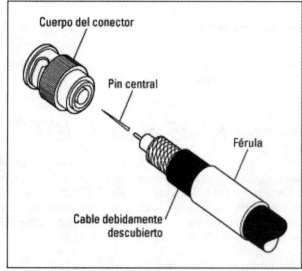

Figura 10-6: Enlazar un conector BNC a un cable coaxial.

Este es el procedimiento, en caso que ignore nuestra sugerencia e intente unir los conectores usted mismo:

1. **Deslice la porción de tubo vacío del conectador (amorosamente llamada *férula*) sobre el cable.**

   Permítale deslizarse de nuevo unos cuantos pies para quitarlo del camino.

2. **Corte el extremo del cable en forma pareja.**

3. **Utilice la herramienta peladora para pelar el cable.**

   Desenrosque la chaqueta externa hacia atrás ½ pulgada, desde el extremo del cable, quite la protección trenzada hacia atrás ¼ de pulgada desde el extremo y quite el aislante interno hacia atrás ³⁄₁₆ de pulgada desde el extremo.

4. **Inserte el conductor central sólido en el pin central.**

   Deslice el pin central hacia abajo hasta que se siente contra el aislante interno.

5. **Utilice la herramienta cerradora para cerrar el pin central.**

6. **Deslice el cuerpo conectador sobre el pin central y el aislante interno, pero debajo de la protección trenzada.**

   Después de que empuje el cuerpo de regreso lo suficiente, el pin central hace clic en posición.

7. **Ahora deslice la férula hacia adelante hasta que toque el cuerpo conectador.**

   Ciérrela con la herramienta cerradora.

No caiga en la trampa de intentar utilizar conectadores fáciles "de atornillar". No son muy confiables.

Unir un conector RJ-45 al cable UTP

Los conectores RJ-45 para cableado UTP son mucho más fáciles de conectar que los conectores thinnet. El único truco es asegurarse de que usted une cada alambre al pin correcto. Cada par de alambres en un cable UTP tiene colores complementarios. Un par consiste en un alambre blanco con una franja naranja y un alambre naranja con una franja blanca, y el otro par tiene un alambre blanco con una franja verde y un alambre verde con una franja blanca.

A continuación, presentamos las conexiones de pin adecuadas:

Número de pin	*Conexión adecuada*
Pin 1	Alambre blanco/naranja
Pin 2	Alambre naranja/blanco
Pin 3	Alambre blanco/verde
Pin 6	Alambre verde/blanco

Un tipo de red de 100Mbps, conocida como 100baseT4, requiere que usted utilice cable con cuatro pares de alambre, en lugar de dos pares, y que todos los ocho alambres sean conectados. Si está cableando una red de 100baseT4, conecte los alambres así:

Número de pin	*Conexión adecuada*
Pin 1	Alambre blanco/naranja
Pin 2	Alambre naranja/blanco
Pin 3	Alambre blanco/verde
Pin 4	Alambre blanco/azul
Pin 5	Alambre azul /blanco
Pin 6	Alambre verde/blanco
Pin 7	Alambre blanco/café
Pin 8	Alambre café /blanco

La Figura 10-7 muestra un enchufe RJ-45 adecuadamente conectado.

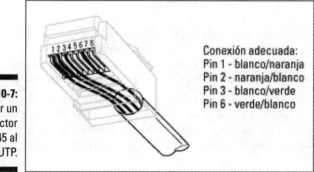

Conexión adecuada:
Pin 1 - blanco/naranja
Pin 2 - naranja/blanco
Pin 3 - blanco/verde
Pin 6 - verde/blanco

Figura 10-7:
Unir un conector RJ-45 al cable UTP.

Este es el procedimiento para unir un conector RJ-45:

1. **Corte el extremo del cable a la longitud deseada.**

   Asegúrese de que hace un corte cuadrado – no un corte diagonal.

2. **Inserte el cable en la porción peladora de la herramienta cerradora de manera que el extremo del cable esté contra la parada.**

   Comprima las agarraderas y lentamente tire el cable hacia afuera. Esto elimina la longitud correcta del aislante externo sin punzar el aislante en los alambres internos.

3. **Arregle los alambres de manera que permanezcan planos en la siguiente secuencia de izquierda a derecha: blanco/naranja, naranja/blanco, blanco/verde, verde/blanco.**

Tire el alambre verde/blanco un poco a la derecha y luego inserte el cable en la parte trasera del enchufe, de manera que cada alambre se deslice al canal para el pin correcto.

4. **Asegúrese de que los alambres estén en los canales de pin correctos; especialmente asegúrese de que el cable verde/blanco esté en el canal para el pin 6.**

5. **Inserte el enchufe y el alambre en la porción cerradora de la herramienta y luego apriete la agarradera para cerrar el enchufe.**

Quite el enchufe de la herramienta y revise de nuevo la conexión.

A continuación, presentamos unos cuantos puntos para recordar al lidiar con los conectores RJ-45 y cable par trenzado:

✔ Los pines en los conectadores RJ-45 no son numerados, pero puede decir cuál es el Pin 1 sosteniendo el conector, de manera que los conductores metálicos estén viendo hacia arriba, como se muestra en la Figura 10-7. El Pin 1 está a la izquierda.

✔ Algunas personas alambran el cable 10baseT en forma diferente - utilizando pares verde y blanco para los Pines 1 y 2 y el par naranja y blanco para los Pines 3 y 6. Eso no afecta la operación de la red (la red es daltónica) ¡en la medida que los conectadores en ambos extremos del cable sean cableados igual!

✔ Sí, sabemos que cualquier persona normal configuraría los conectadores RJ-45 utilizando los Pines del 1 al 4, y no los Pines 1, 2, 3 y 6. Pero recuerde, gente de la computación no es normal en ningún sentido, así que ¿por qué esperaría que el cuarto alambre se conectara al cuarto pin? Eso es bastante ingenuo, ¿no cree?

✔ Si está instalando cable para un sistema Fast Ethernet, debería ser extra cuidadoso al seguir las reglas del cableado categoría 5. Eso significa, entre otras cosas, asegurarse de que utiliza componentes categoría-5 en todo el cable y todos los conectadores deben tener las especificaciones de la categoría-5. Cuando une los conectadores, no desenrolle más de $1/2$ pulgada de cable. Y no intente estirar los trechos del cable más allá de 100-metros máximo. Cuando tenga duda, haga que le instalen cable para un sistema Ethernet de 100Mbps en forma profesional.

Acabados Profesionales

Si la mayoría de lo que hemos explicado en este capítulo tiene sentido para usted y desea impresionar a sus amigos, considere agregar los siguientes acabados extra a su instalación de red. Estos acabados extra hacen que el trabajo luzca pro-

fesionalmente hecho. (Si encuentra este capítulo muy confuso, debería probablemente concentrarse en instalar su red y ponerla a funcionar. Preocúpese en ha-
cerla verse bien más tarde).

La Figura 10-8 muestra algunos de los siguientes acabados profesionales:

✔ Utilice el cableado 10baseT, eso es lo que la mayoría de los profesionales de la
red está haciendo actualmente.

✔ Pase el cableado a través del cielorraso y las paredes, en lugar del piso, y
coloque un enchufe en la pared cerca de cada computadora. Luego conecte cada computadora al enchufe de la pared utilizando un trecho corto
(10 pies aproximadamente) de cable. Asegúrese de utilizar enchufes de
categoría 5 de alta calidad y de que cada par de alambres dentro del cable
esté trenzado hasta el punto donde los alambres se unan al enchufe. En
otras palabras, no los destrence más de lo necesario para hacerlos más
fáciles de manipular.

✔ Cuando pase el cableado por las paredes y el cielorraso, ponga especial atención en evitar cordones de poder, lámparas fluorescentes y otros dispositivos
eléctricos que pueden interferir con las señales que viajan dentro del cable de
la red. Y no retuerza el cable: cúrvelo gentilmente alrededor de las esquinas.
Dentro de cielos falsos, cuélguelo desde los soportes metálicos utilizando
uniones de cable, ganchos o prensas para cable.

✔ Para realmente hacerlo bien, pase cable 10baseT a cada ubicación posible
de las computadoras en su oficina, incluso si no tiene todavía una computadora allí. De esa forma, cuando decida llevar una computadora a esta ubicación, el cableado difícil (hasta el cielorraso y a través de la pared) ya estará
hecho. Todo lo que tiene que hacer es unir la computadora al enchufe de la
pared con un parche.

✔ Designe una esquina de un closet o una bodega para que sea su closet de cables. Ponga todos los cables y únalos al panel parche, que no es más que una
serie de enchufes RJ-45 arreglados nítidamente en una fila.

✔ Conecte los enchufes adecuados en el panel parche a su hub de la red con
cables parche cortos. Todo se ve como un nido de ratas, pero puede fácilmente reconfigurar la red en un momento. Si alguien cambia las ubicaciones, todo lo que tiene que hacer es ajustar los cables parche en el closet del
cableado de inmediato.

✔ Tenga cuidado al hacer que su red se vea demasiado bien. Las personas pueden
asumir que es un fanático de la redes y empezar a ofrecerle Cheetos para que
les resuelva sus problemas.

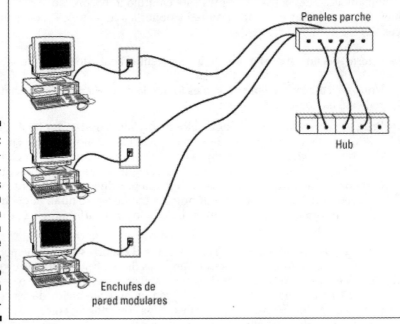

Pasar a Inalámbrico

Si toda la explicación de cables de red, hubs y siwtches, y paneles parche le provocan sudoración fría, puede considerar crear una red inalámbrica en su lugar. Para una red inalámbrica, necesita dos componentes básicos:

✔ Tarjetas de red inalámbricas, las cuales agregan un conjunto de antenas a su computadora para que pueda comunicarse con las demás computadoras inalámbricas.

✔ Un *punto de acceso inalámbrico*, o *WAP*, que conecta sus computadoras inalám- bricas al resto de su red. Necesita este dispositivo solo si algunas de sus com- putadoras están cableadas de forma tradicional y otras son inalámbricas. Si todas las máquinas son inalámbricas, no necesita un WAP.

Para más información acerca de redes inalámbricas, refiérase al Capítulo 20.

Capítulo 11

Configurar las Computadoras de su Red

• •

En este capítulo

▶ Instalar una tarjeta de la red

▶ Instalar un sistema operativo servidor

▶ Configurar una computadora de Windows para acceder a la red

▶ Revisar su instalación

• •

Después de unir todo el cable, empieza la diversión: usted realmente conecta sus computadoras a la red y las configura para que su red opere adecuadamente. Prepárese para arrollarse las mangas y meter las manos en las entrañas de sus máquinas. Asegúrese de lavarlas bien antes.

Instalar una Tarjeta Interfaz de la Red

Debe instalar una tarjeta interfaz de la red en cada computadora antes de poder conectar las computadoras a los cables de la red. Instalar una tarjeta de red es una tarea manejable, pero debe estar dispuesto a arrollarse las mangas.

Si ha instalado una tarjeta adaptadora, ha instalado todas. En otras palabras, instalar una tarjeta de red es como instalar un módem, una tarjeta controladora de video, una tarjeta de sonido o cualquier otro tipo de tarjeta. Si alguna vez ha instalado una de estas, puede probablemente instalar una tarjeta de red a ciegas.

Si no ha instalado una tarjeta, a continuación presentamos el procedimiento paso a paso:

1. **Cierre Windows, luego apague la computadora y desconéctela.**

¡Nunca trabaje en las partes internas de su máquina con la energía conectada o cordón enchufado!

2. **Quite la tapa de su computadora.**

La Figura 11-1 muestra los tornillos que por lo general debe quitar para abrir la tapa. Ponga los tornillos en algún lado donde no los pierda de vista.

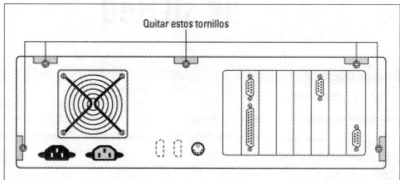

Figura 11-1: Quitar la tapa de su computadora.

3. **Encuentre una ranura de expansión no utilizada dentro de la computadora.**

Las ranuras de expansión están alineadas en una fila cerca de la parte trasera de la computadora; no se pierden. La mayoría de las computadoras modernas tiene al menos dos o tres ranuras conocidas como ranuras *PCI*.

Muchas computadoras, especialmente las que tienen un año o más años, también tienen ranuras conocidas como *ISA*. Puede distinguir las ranuras ISA de las PCI por su tamaño. La ranuras PCI son más pequeñas que las ISA, así que no puede insertar accidentalmente una tarjeta en una ranura ISA o viceversa.

Algunas computadoras también tienen otros tipos de ranuras, principalmente ranuras VESA y EISA. Las tarjetas de red ISA o PCI estándar no calzan en estos tipos de ranuras, así que no intente forzarlas.

4. **Cuando encuentre el tipo adecuado de ranura que no tiene tarjeta, remueva el protector metálico de la ranura de la parte trasera del chasis de la computadora.**

Un pequeño tornillo retenedor sujeta el protector de la ranura en posición. Remueva el tornillo, saque el protector de la ranura y colóquelo en una caja con todos los otros protectores viejos. No pierda el tornillo. (Después de un tiempo, tendrá un montón de protectores de ranura. Consérvelos como recuerdo).

5. **Inserte la tarjeta de red en la ranura.**

Alinee los conectores en la parte inferior de la tarjeta con los conectores en la ranura de expansión y luego pulse la tarjeta hacia abajo. Algunas veces, debe presionar muy duro para deslizar la tarjeta en la ranura.

6. **Asegure la tarjeta de red con el tornillo que quitó en el paso 4.**

7. **Ensamble el cajón de la computadora.**

   Fíjese de no dejar cables sueltos dentro de la computadora; no desea pellizcarlos con el cajón cuando la desliza de nuevo en posición. Asegure el cajón con los tornillos que quitó en el paso 2.

8. **Encienda la computadora de nuevo.**

   Si está utilizando una tarjeta Plug and Play con Windows, la tarjeta es automáticamente configurada después de que inicia la computadora de nuevo. De lo contrario, quizás necesite ejecutar un programa de instalación de software adicional. Refiérase a las instrucciones de instalación que vienen con la tarjeta de interfaz de la red para encontrar más detalles.

Instalar un Sistema Operativo Servidor

Después de que instale las tarjetas de red y el cable, todo lo que falta es instalar el software de la red. Los procedimientos para realizar esta tarea varían considerablemente, dependiendo de la red que utilice, así que necesita consultar su manual de software de la red para los detalles. Aquí describimos algunas recomendaciones generales que debe mantener presentes cuando instale software en una computadora servidor.

Instalar NetWare

Si está utilizando NetWare, instalar el software servidor es la parte más difícil al instalar la red. Lea el manual cuidadosamente, colóquelo ceremoniosamente en su librero más alto y tome una copia de *Redes Con NetWare Para Dummies*, 4ta Edición, por Ed Tittel, James E. Gaskin y Earl Follis (Wiley Publishing, Inc.).

La parte difícil de instalar NetWare es que debe primero quitar completamente cualquier sistema operativo que ya esté instalado en su computadora. Luego, utiliza el disco DOS 7 que viene con NetWare para iniciar su computadora y crear una partición de DOS de 50 MB en el disco duro del servidor. Puede luego instalar NetWare desde el CD-ROM de distribución. Después de que empieza el programa de instalación, puede simplemente seguir las instrucciones que aparecen en la pantalla para completar la instalación. (Instalar NetWare es más fácil si la computadora tiene una unidad de CD-ROM iniciable).

Durante la instalación de NetWare, el programa de instalación le pide un montón de información detallada acerca de cómo desea tener el servidor NetWare instalado. Por ejemplo, si está instalando NetWare 5.1, se le pide suministrar la siguiente información:

✔ La versión de NDS que desea utilizar (Versión 7 o Versión 8). Escoja NDS 7 solamente si está instalando el servidor en una red existente y aun no ha actualizado la red a NDS 8.

✔ El número ID del servidor. El programa de instalación crea un ID de servidor predefinido para usted, pero puede suministrar su propio número si desea utilizar algún tipo de esquema de numeración para identificar sus servidores.

✔ La cantidad de espacio en disco duro para asignar a la partición NetWare y el volumen SYS.

✔ El nombre para el servidor.

✔ El nombre y tamaño de cualquier volumen adicional que desea crear en la partición NetWare.

✔ Los protocolos de la red que desea habilitar. Puede habilitar IP, IPX o ambos. IP es el protocolo utilizado para la Internet e IPX es el protocolo de NetWare original. Para la mayoría de las redes, debería habilitar tanto el IP como el IPX.

En la mayoría de los casos, puede simplemente escoger las opciones predefinidas para crear un servidor funcional.

Instalar Windows 2000 Server

Instalar Windows 2000 Server es relativamente sencillo. Sin embargo, debería tomar unas cuantas decisiones antes de empezar el proceso Setup, en particular:

✔ El arreglo de particiones para el disco del servidor. Puede instalar todo el disco como una sola partición o dividirlo en varias particiones más pequeñas y fáciles de manejar.

✔ El sistema de archivo que desea utilizar para cada volumen de Windows 2000. Windows 2000 Server soporta tres sistemas de archivo: NTSF, FAT y FAT32. En la mayoría de los casos, debería crear volúmenes de NTSF.

✔ El nombre del dominio al que pertenece el servidor y si el servidor es un controlador de dominio. (Un *dominio* es un grupo de computadoras en red que se administran juntas).

✔ El nombre de la computadora servidor.

✔ La contraseña para la cuenta administrador.

Después de que empiece el programa Setup, simplemente siga las instrucciones que aparecen en la pantalla y suministre cualquier información que le solicite. En la mayoría de los casos, el programa Setup le brinda las opciones predefinidas que le permiten crear un servidor que funcione.

Configurar Windows 9x/Me/XP para compartir los archivos y la impresora

Si su computadora servidor ejecuta Windows 95, 98 Millennium Edition o XP, debe ajustar la configuración de Windows para permitirle compartir el archivo y la impresora. Para información acerca de hacer esto, refiérase al Capítulo 4.

Configurar Computadoras Cliente

Antes de que la instalación de su red esté completa, debe configurar las computadoras cliente de la red. En particular, tiene que configurar la tarjeta de interfaz de la red de cada cliente para que funcione adecuadamente, y los protocolos correctos para que los clientes puedan comunicarse con otras computadoras en la red.

Afortunadamente, configurar computadoras cliente para la red es juego de niños con Windows. Primero, Windows automáticamente reconoce su tarjeta de interfaz cuando inicia su computadora. Todo lo que queda por conectar a la red en Windows es asegurarse que Windows haya instalado los protocolos de red y el software de cliente debidamente. Así se hace con Windows 98 o Me:

1. **Escoja el comando Start➪Settings➪Control Panel para llamar el Control Panel. Luego, haga doble clic sobre el icono Network.**

    Aparece el recuadro de diálogo Network, como se muestra en la Figura 11-2.

2. **Asegúrese de que el protocolo de la red que está utilizando aparece en la lista de recursos de la red.**

    Si está creando una red basada en Windows, asegúrese de tener el protocolo NETBEUI enumerado. Para una red NetWare, asegúrese de que el protocolo compatible con IPX/SPX está enumerado. Para habilitar el acceso a la Internet o un servidor de la intranet, también asegúrese de que el TCP/IP esté enumerado.

    Si así lo desea, simplemente puede activar TCP/IP y utilizarlo para acceso a la Internet así como compartir archivos e impresoras de Windows y Netware. En muchos casos, esto puede simplificarle su administración de red.

Figura 11-2:
El panel de
control
Network.

3. **Si un protocolo que necesita no aparece, haga clic sobre el botón Add para agregarlo.**

   Aparece un recuadro de diálogo que le pregunta si desea agregar un cliente de la red, adaptador, protocolo o servicio, como se muestra en la Figura 11-3. Haga clic sobre Protocol y luego sobre Add. Aparece una lista de protocolos disponibles. Seleccione el que desea agregar y luego haga clic sobre OK. (Quizás le pida insertar el disco o el CD-ROM de Windows).

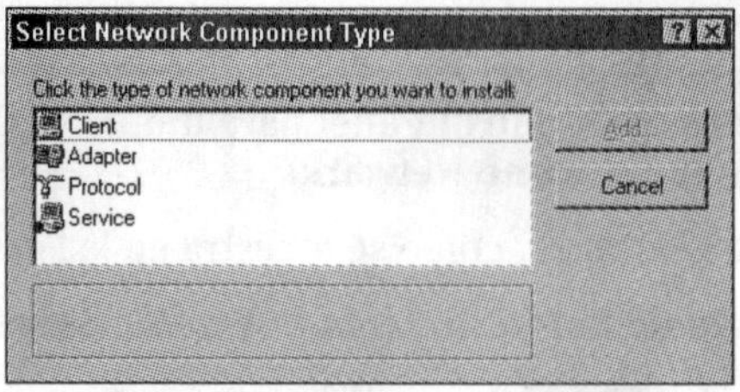

Figura 11-3:
Agregar un
componente
de la red.

4. **Asegúrese de que el cliente de la red que desea utilizar aparece en la lista de recursos de la red.**

   Para una red basada en Windows, asegúrese de que aparezca Client for Microsoft Networks. Para una red NetWare, asegúrese de que aparezca Client for NetWare Networks. Si su red utiliza ambos tipos de servidores, puede escoger ambos clientes.

Si tiene servidores NetWare, utilice el software cliente NetWare que viene con NetWare, en lugar del cliente suministrado por Microsoft con Windows.

5. **Si el cliente que necesita no aparece, haga clic sobre el botón Add para agregarlo.**

   El recuadro de diálogo en la Figura 11-3 aparece de nuevo. Esta vez, haga clic sobre Client y luego sobre Add. Seleccione el cliente de la red que desea agregar y luego haga clic sobre OK.

6. **Haga clic sobre el cliente que acaba de agregar y luego sobre Properties.**

   Esto llama al recuadro de diálogo Properties, cuya apariencia varía levemente dependiendo de cuál cliente seleccionó.

7. **Llene la información de registro y luego haga clic sobre OK.**

   Para el cliente de Microsoft Networks, puede especificar el nombre del dominio de Windows NT o 2000 al que desea registrarse. Para clientes de NetWare, puede digitar el nombre del servidor preferido y una letra de unidad para la unidad de la red. Para una red de igual-a-igual de Windows que carece de un servidor dedicado, necesita especificar el nombre del grupo de trabajo de Windows.

8. **Haga clic sobre OK para cerrar el recuadro de diálogo Network.**

   ¡Ya terminó! Su computadora se reinicia sola e incluye las nuevas opciones de la red que acaba de instalar.

Configurar una computadora Windows XP para redes es aún más fácil ahora con el nuevo Asistente Network Setup. Inícielo haciendo clic sobre Start, luego seleccione All Programs⇨Accessories⇨Communications ⇨Network Setup Wizard. Seguidamente, conteste a las preguntas y sonría mientras el Asistente configura su red por usted.

Probar su Instalación de la Red

Su red no está terminada hasta que la pruebe y esté seguro de que funciona. Contenga la respiración mientras enciende sus computadoras, empezando con el servidor y luego procediendo con los clientes. Busque mensajes de error conforme inicia cada computadora. Luego, regístrese a la red para ver si funciona. Si no funciona, los siguientes párrafos deberían ayudarle a encontrar el problema:

✔ Si tiene un problema, del que primero debe sospechar es del cable de la red. Revise todas las conexiones, especialmente a las que usted les dio forma. Si está utilizando thinnet, asegúrese de que los terminators estén bien conectados. Si está utilizando UTP, asegúrese de que el hub esté enchufado y encendido.

✔ Si está utilizando UTP, puede encontrar un cable malo al revisar la luz en la parte de cada tarjeta de red y cada conexión al hub. La luz debería estar brillando constantemente. Si no está brillando del todo o si lo hace en forma intermitente, reemplace el cable o junte de nuevo el conector.

✔ Asegúrese de que las configuraciones del recurso de la tarjeta de red sean las adecuadas escogiendo System en el Control Panel (Start⇨Settings⇨Control Panel) y haciendo clic sobre la pestaña Device Manager. Si la tarjeta está configurada adecuadamente, aparecerá un signo de exclamación junto al icono para la tarjeta de la red.

✔ Llame el programa Network Control Panel y revise cuidadosamente todas las configuraciones de la red. Asegúrese de que ha unido los protocolos necesarios - NetBEUI, IPX/SPX o TCP/IP - a su tarjeta de red.

✔ Si la red no funciona, podría beneficiarse si ejecuta el Networking Troubleshooter incorporado en Windows, como se muestra en la Figura 11-4. Para acceder al Networking Troubleshooter, haga clic sobre el botón Start y luego escoja el comando Help. Cuando aparece la ventana Help, haga clic sobre Troubleshooting y luego encuentre el localizador de averías que desea ejecutar.

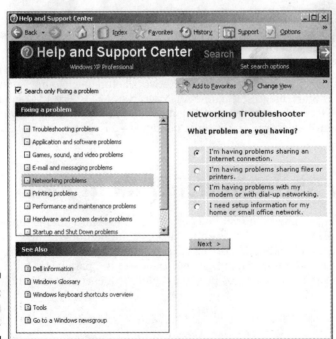

Figura 11-4:
El Networking Troubleshooter.

Parte III

La Guía Dummies para Administración de Redes

La 5a Ola   **Por Rich Tennant**

"ESTA PARTE DE LA PRUEBA NOS INDICA SI ESTÁ PERSONALMENTE
APTO PARA EL TRABAJO DE ADMINISTRADOR DE LA RED".

En esta parte . . .

Usted descubre que hay más con las redes que instalar el hardware y el software. Luego de que instala la
red y está en operación, debe mantenerla corriendo. Eso
se llama administración de la red.

Los capítulos en esta sección le muestran cómo configurar el sistema de seguridad de la red, mejorar su desempeño y proteger su red de un desastre. Incluyo un
poco de aspectos técnicos aquí, ya que nadie dijo que
la vida era fácil.

Capítulo 12

Se Necesita Ayuda: Descripción del Puesto de Administrador de la Red

* *

En este capítulo

▶ Descubrir quién es el administrador de la red

▶ Crear la *Biblia de la Red*

▶ Administrar el hardware y software de la red

▶ Sacudir, aspirar y trapear

▶ Administrar los usuarios de la red

▶ Escoger las herramientas correctas para los administradores de la red

* *

*S**e necesita ayuda. Administrador de la red para ayudar a una empresa pequeña a controlar una red que se volvió loca. Debe tener sentido organizacional y destrezas administrativas. Solamente, se requiere experiencia moderada en computación . Medio tiempo solamente.*

¿Suena esto como un anuncio de su compañía? Cada red necesita un administrador de la red , ya sea que la red tenga 2 computadoras ó 200. Por supuesto, administrar 200 computadoras es un trabajo de tiempo completo, mientras que administrar una red de 2 computadoras no lo es. Al menos, no debería.

Este capítulo lo introduce al trabajo aburrido de administración de la red. ¡Ups! . . . probablemente está leyendo este capítulo porque ha sido elegido como administrador de la red, así que mejor lo digo de otra forma: Este capítulo lo introduce al maravilloso y emocionante mundo de la administración de la red ¡Oh Dios! ¡Esto va a ser divertido!

Identificar al Administrador de la Red: Un Fanático de Computación en el Closet

La mayoría de las pequeñas compañías no puede costear y no necesita un fanáti-co de computación de tiempo completo. Entonces, el administrador de la red es, por lo general, un fanático de medio tiempo. El administrador de la red ideal es un *fanático de computación en el closet*: alguien que tiene un interés secreto en las computadoras, pero que no le gusta admitirlo.

El trabajo de administrar una red requiere de algunas destrezas de computación, pero no es un trabajo enteramente técnico. Mucho del trabajo realizado por el ad-ministrador de la red es rutinario. Básicamente, sacude, aspira y trapea la red pe-riódicamente para evitar que se desordene.

A continuación, presentamos algunas ideas adicionales para escoger un adminis-trador de la red:

✔ El administrador de la red necesita ser una persona organizada. Realice una inspección sorpresa de la oficina y nombre a la persona con el escritorio más ordenado a cargo de la red. (No lo anuncie de antemano, o todos pueden de-sordenar sus escritorios adrede la noche anterior a la inspección).

✔ Deje suficiente tiempo para la administración de la red. Para una red pequeña (digamos, no más de una docena de computadoras), una o dos horas cada se-mana es suficiente. Se necesita más tiempo conforme el administrador de la red se establece en el trabajo y descubre los pros y contras de la red. Pero des-pués de un periodo inicial de establecimiento, la administración de la red para una oficina pequeña no ocupa más de una o dos horas por semana. (Por su-puesto, las redes más grandes toman más tiempo).

✔ Asegúrese de que todos sepan quién es el administrador de la red y de que tiene la autoridad para tomar decisiones sobre la red, como por ejemplo cuá-les derechos de acceso tiene cada usuario, cuáles archivos puede o no almace-nar, cuán a menudo puede hacer las actualizaciones, etcétera.

✔ Escoja a alguien asertivo y dispuesto a irritar a los demás. Un buen administra-dor de red debe asegurarse de que los respaldos estén funcionando antes de que una unidad falle, y también debe cerciorarse de que todas las personas en la red están siguiendo buenas prácticas de anti-virus antes de que uno se infil-tre y la dañe toda. En general, muchos usuarios se irritan con esto, pero es en beneficio de ellos.

✔ En la mayoría de los casos, la persona que instala la red también es el administrador. Eso es apropiado porque nadie comprende la red mejor que la persona que la diseña y la instala.

✔ El administrador de la red necesita un suplente – alguien que sabe casi todo sobre la red, que está ansiosa de hacer una marca y sonríe cuando los peores trabajos de la red son "delegados".

✔ El administrador de la red tiene una especie de título oficial, como Jefe de la Red, Zar de la Red, Vicepresidente a Cargo de las Operaciones de la Red o Dr. Red. Una insignia, un protector de bolsillo personalizado o un equipo de orejas de Spock pueden ayudar.

Seguir el Libro

Uno de los trabajos principales del administrador de la red es mantener el libro de la red actualizado. En el Capítulo 7, sugerimos que mantenga toda la información importante sobre su red en un portafolio de $^1/_4$ de pulgada. Dele a este portafolio un nombre inteligente, como *La Biblia de la Red* o *Mi Red y Bienvenida a Ella*. A continuación, presentamos algunas cosas que debería incluir:

✔ Un diagrama actualizado de la red. Este diagrama puede ser tan detallado como un plano que muestra la ubicación de cada computadora o algo más abstracto como un Picasso. En cualquier momento que cambie la distribución de la red, actualice el diagrama. También incluya una descripción detallada del cambio, la fecha en que se hizo y la razón de este.

Microsoft vende un programa llamado *Visio* especialmente diseñado para crear diagramas de la red. La Figura 12-1 muestra un ejemplo de un diagrama de red creado con Visio.

✔ Un inventario detallado del equipo de computación. A continuación, presentamos un formulario que muestra lo que puede utilizar para darle seguimiento a su equipo de computación:

Lista de verificación del equipo

Ubicación de la computadora:

Usuario:

Fabricante:

Número de modelo:

Número de serie:

Fecha de compra:

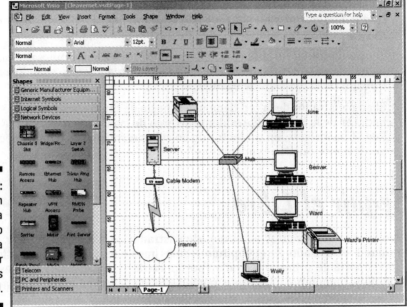

Figura 12-1:
Visio es un programa fabuloso para esbozar diagramas de red.

Tipo y velocidad de la CPU:

Memoria:

Tamaño del disco duro:

Tipo de video:

Tipo de impresora:

Otro equipo:

Versión del sistema operativo:

Software de aplicación y versión:

Tipo de tarjeta de red:

Conectador (BNC/RJ-45):

✔ Una impresión del Microsoft System Information para cada computadora. (Para más información acerca de Microsoft System Information, refiérase al Capítulo 7).

✔ Una lista detallada de los recursos de la red y asignaciones de unidad.

✔ Cualquier otra información que piense que pueda ser útil, como detalles acerca de cómo debe configurar un programa de aplicación particular para que trabaje

con la red y copias de 5 las facturas originales de los componentes de cada red –
en caso de que algo se quiebre y usted necesite buscar servicio de garantía.

✔ Programación de actualizaciones.

✔ ¡No ponga contraseñas en el portafolio!

Quizás desee darle seguimiento a la información en su red utilizando
un programa de hoja electrónica o base de datos. Sin embargo, asegúrese de mantener a mano una copia impresa de la información.

Administrar la Red

La tarea más obvia del administrador de la red es administrar la red en sí. El hardware -los cables, tarjetas adaptadoras de la red, hubs, etcétera - necesita supervi-
sión, al igual que el sistema operativo. En una red, estas responsabilidades
pueden convertirse en un trabajo de tiempo completo. Las redes grandes tienden
a ser volubles: los usuarios vienen y van, el equipo falla, los cables se rompen y la
vida en general parece tener crisis tras crisis.

Las redes más pequeñas son mucho más estables. Después de que termine su
red y esté operando, probablemente no tendrá que gastar mucho tiempo administrando su hardware y software. Algún problema adicional puede surgir, pero
con solo unas cuantas computadoras en la red, los problemas deberían ser pocos y esporádicos.

Sin importar el tamaño de la red, todos los administradores deben realizar varias
tareas comunes:

✔ El administrador de la red debería estar involucrado en todas las decisiones
sobre la compra de nuevas computadoras, impresoras u otro equipo. En particular, debería estar preparado para ejercer presión adquirir el equipo de red
más amigable posible, como nuevas computadoras que tienen tarjetas de red
instaladas y configuradas e impresoras que están listas para la red.

✔ El administrador de la red debe ponerse el protector de bolsillo cuando una
nueva computadora es agregada a la red. Su trabajo incluye considerar cuáles
cambios hacer para la configuración del cableado, cuál nombre de computadora e ID de usuario asignar al nuevo usuario, cuáles derechos de seguridad
otorgarle al usuario, etcétera.

✔ De vez en cuando, su confiable proveedor del sistema operativo (en otras
palabras Microsft y Novell) lanza una nueva versión del sistema operativo
de la red. El trabajo del administrador de la red es leer sobre la nueva versión y decidir si estas opciones son lo suficientemente beneficiosas para

solicitar una actualización. En la mayoría de los casos, la parte más difícil al actualizar una nueva versión del sistema operativo de su red es determinar la *ruta de migración* – o sea cómo actualizar su red entera con la nueva versión y a la vez evitar al máximo trastornos a la red o a sus usuarios. Actualizarse a una nueva versión del sistema operativo de la red es una tarea considerable, así que necesita considerar cuidadosamente las ventajas que puede traer la nueva versión.

✔ Entre las actualizaciones, Microsoft y Novell tienen una costumbre pésima de sacar al mercado unos paquetes de parches y de servicio que arreglan problemas menores con sus sistemas operativos de servidor. Para más información, refiérase a la sección "Ponerles Parches a las Cosas" más adelante en este capítulo.

✔ Una de las trampas más difíciles en las que puede quedar atrapado es la búsqueda de velocidad de la red. La red nunca es lo suficientemente rápida y los usuarios siempre culpan al administrador de la red. Así que el administrador gasta horas y horas afinando y modificando la red para exprimir el último 2 por ciento de desempeño. Usted no desea quedar atrapado aquí, pero en caso que lo desee, el Capítulo 14 puede ayudar, ya que le indica los aspectos básicos de afinar su red para un mejor desempeño.

Hacer la Rutina que Odia

Mucho del trabajo del administrador de la red es rutinario - el equivalente de aspirar, sacudir y trapear. Sí, es aburrido, pero debe hacerse.

✔ El administrador de la red necesita asegurarse de que la red está adecuadamente actualizada. Si algo sale mal y la red no es actualizada, adivine quién es el culpable. Por otro lado, si hay un desastre, pero puede recuperar todo del respaldo de ayer y solamente se pierde una pequeña cantidad de trabajo, adivine quién recibe la palmada en la espalda, el bono enorme y las vacaciones en Bahamas. El Capítulo 15 describe las opciones para los respaldos de la red. Mejor lea esto pronto.

✔ El Capítulo 15 también describe otra tarea rutinaria de red: revisar si hay virus. Si no sabe lo que es un virus, lea el Capítulo 15 para descubrirlo.

✔ Los usuarios piensan que el servidor de la red es como el ático: quieren tirar los archivos allí y dejarlos para siempre. El administrador de la red obtiene el trabajo divertido de limpiar el ático de vez en cuando. ¡Oh, qué divertido! El mejor consejo que le podemos dar es quejarse a menudo de cuán desordenado está y advertirles a los usuarios de que pronto vendrá la limpieza de primavera.

Administrar a los Usuarios de la Red

Administrar la tecnología de la red es la parte más fácil. La tecnología de computación puede ser confusa al principio, pero las computadoras no son tan confusas como las personas. El reto verdadero de administrar una red es administrar a los usuarios de dicha red.

La diferencia entre administrar tecnología y administrar a usuarios es obvia: puede comprender a las computadoras, pero nunca puede realmente comprender a las personas. Las personas que utilizan la red son mucho menos predecibles que la red en sí. A continuación, presentamos algunos consejos para lidiar con usuarios:

✔ La capacitación es una parte clave para el trabajo de administrador de la red. Asegúrese de que todos los que utilizan la red comprenden y saben cómo utilizarla. Si los usuarios de la red no la comprenden, pueden hacer todo tipo de cosas extrañas sin querer.

✔ Nunca trate a sus usuarios de la red como si fueran idiotas. Si no comprenden la red, no es su culpa. Explíqueles. Ofrézcales una clase. Cómpreles una copia de este libro y dígales que lean los primeros seis capítulos. Pero no los trate como idiotas.

✔ Haga un listado breve que contenga todo lo que los usuarios necesitan saber acerca de utilizar la red. Asegúrese de que todos obtengan una copia.

✔ Sea tan atento como pueda cuando un usuario de la red se queja de un problema en la red. Si no arregla el problema pronto, el usuario puede intentar arreglarlo. Probablemente, usted no quiere eso.

Poner Parches a las Cosas

Una de las molestias que todo administrador de red enfrenta es colocar parches de software para mantener su sistema operativo y otro software actualizados. *Un software patch (parche de software)* es una actualización menor que arregla pequeños fallos que aparecen de vez en cuando, tales como seguridad menor o problemas de seguridad. Estos fallos no son lo suficientemente significativos para merecer una nueva versión de software, pero sí lo suficientemente importantes para necesitar ser arreglados. La mayoría de los parches corrigen los defectos de seguridad que los hackers de computación han descubierto en sus intentos continuos para probar que son más inteligentes que los programadores de seguridad en Microsoft o Novell.

Periódicamente, todos los parches recientemente puestos a la venta se combinan en un paquete de servicio. Aunque los administradores más diligentes de red aplican todos los parches conforme se lanzan, muchos de ellos simplemente esperan por los paquetes de servicio.

Para todas las versiones de Windows, puede utilizar el sitio Web, Windows Update, para aplicar los parches y mantener actualizados su sistema operativo y otros software de Microsoft. En Windows XP, puede acceder a Windows Update del Centro de Ayuda y Soporte (Start⇨Help and Support). En versiones previas de Windows, puede encontrar Windows Update en el menú Start. Si todo lo demás falla, simplemente acceda al Internet Explorer y vaya a windowsupdate.microsoft.com. Windows Update automáticamente escanea el software de su computadora y crea una lista de parches de software y otros componentes que puede bajar e instalar. También puede configurar Windows Update para que le notifique automáticamente de las actualizaciones para que no tenga que acordarse de revisar nuevos parches.

Novell periódicamente coloca parches y actualizaciones de NetWare en su sitio Web de soporte de producto (support.novell.com). Puede suscribirse a un servicio de notificación de correo electrónico que automáticamente le envía correo electrónico para permitirle saber sobre nuevos parches y actualizaciones.

Obtener las Herramientas de un Administrador de la Red

Los administradores de la red necesitan ciertas herramientas para hacer su trabajo. Los administradores de redes grandes y complicadas necesitan herramientas grandes y complicadas. Los administradores de redes pequeñas necesitan herramientas pequeñas.

Algunas de las herramientas que los administradores necesitan son herramientas de hardware, como desatornilladores, cerradores de cable y martillos. Pero las herramientas a las que nos referimos son herramientas de software.

✔ Muchas de las herramientas de software que necesita para administrar una red vienen junto con la red. Como administrador de la red, debería leer los manuales que vienen con su software de la red para ver cuáles herramientas de administración están disponibles. Por ejemplo, Windows incluye un comando net diag que puede utilizar para asegurarse de que todas las computadoras en una red pueden comunicarse entre sí. (Puede ejecutar desde el indicador net diag desde un prompt de MS-DOS). Para redes TCP/IP, puede ejecutar el comando winipcfg desde un indicador MS-DOS para verificar la configuración TCP/IP de una computadora.

✔ El programa Microsoft System Information que incluye Windows es una herramienta útil para los administradores de la red.

✔ Otra herramienta de ayuda que puede obtener de Microsoft es el Hotfix Checker, que revisa sus computadoras para ver cuáles parches necesitan ser aplicados. Puede bajar el Hotfix Checker gratuitamente del sitio Web de Microsoft. Solamente, vaya a `www.microsoft.com` y busque `hfnetchk.exe`.

✔ Sugerimos que obtenga uno de estos programas utilitarios 100-en-1, como Norton Utilities de Symantec. Norton Utilities incluye utilidades invaluables para reparar unidades de disco dañadas, reacomodar la estructura del directorio de su disco, recolectar información acerca de su computadora y su equipo, etcétera.

Nunca utilice un programa de reparación de disco que no fue diseñado para trabajar con la versión del sistema operativo que utiliza su computadora. En cualquier momento que se actualice a una versión más nueva de su sistema operativo, deberá también actualizar sus programas de reparación de disco a una versión que soporta la versión del nuevo sistema operativo.

✔ Existen más herramientas de software para redes de NetWare y Windows NT/2000 que para aquellas de igual-a-igual— no solo porque NetWare y Windows NT son más populares que las redes de igual-a-igual, sino también porque redes de NetWare y Windows NT tienden a ser más grandes y más necesitadas de herramientas de administración de software que las redes de igual-a-igual.

Capítulo 13

¿Quién Es Usted? (O, la Guía del Hermano Mayor para la Seguridad de la Red)

****

En este capítulo

▶ Decidir cuánta seguridad necesita

▶ Establecer IDs de usuario y contraseñas

▶ Proteger los recursos de la red

▶ Simplificar la seguridad de la red utilizando grupos

▶ Comprender los perfiles de usuario

▶ Lidiar con grandes redes

****

Antes de que tuviera una red, la seguridad de la computadora era fácil. Tan solo cerraba su puerta cuando salía del trabajo. Podía descansar seguro de que los chicos malos tendrían que romper la puerta para llegar a su computadora.

La red cambia todo eso. Ahora, cualquiera con acceso a una computadora en la red puede entrar en ella y robar *sus* archivos. No solo tiene que cerrar su puerta, sino también tiene asegurarse de que todos los demás también cierran las suyas.

Afortunadamente, casi todos los sistemas operativos de la red conocidos tienen dispositivos incorporados para garantizar la seguridad de la red. Esta situación hace difícil que alguien más robe sus archivos aún si rompen la puerta. Todos los sistemas operativos modernos tienen opciones de seguridad más que adecuadas para todos, excepto, para los usuarios más paranoides.

Y cuando decimos más que adecuado, queremos decir eso. La mayoría de las redes tiene opciones de seguridad que harían hasta a Maxwell Smart feliz. Utilizar todas estas opciones de seguridad es como si Smart insistiera en que el Jefe bajara el "Cono del silencio". ¡Este Cono trabajaba tan bien que Max y el Jefe no podían escucharse mutuamente! No haga su sistema tan seguro que ni siquiera los buenos chicos puedan hacer su trabajo.

Si alguna de las computadoras en su red está conectada a la Internet, entonces usted tiene todo un mundo de problemas de seguridad con los que lidiar. Para más información acerca de la seguridad de Internet, refiérase al Capítulo 17. También, si su red soporta dispositivos inalámbricos, tiene que lidiar con asuntos de seguridad. Para más información acerca de seguridad para redes inalámbricas, refiérase al Capítulo 20.

¿Necesita Seguridad?

La mayoría de las redes pequeñas está en pequeños negocios o departamentos donde todos conocen y confían en los demás. No cierran sus escritorios cuando van a tomar café y aunque todos saben dónde está la caja chica, el dinero nunca desaparece.

La seguridad de la red no es necesariamente un ambiente idílico como este, ¿no es cierto? De seguro que sí. Por eso, la red debería configurarse con al menos alguna preocupación por la seguridad:

- Incluso en el ambiente de oficina más amistoso, alguna información es y debería ser confidencial. Si esta información es almacenada en la red, usted desea guardarla en un directorio que solo esté disponible para usuarios autorizados.

- No todas las violaciones a la seguridad son maliciosas. Un usuario de la red puede revisar rutinariamente sus archivos y descubrir un nombre de archivo que no le es familiar. El usuario puede entonces llamar el archivo, solo para descubrir que contiene información confidencial, chismes jugosos de la oficina o una hoja de vida. La curiosidad, más que malicia, es a menudo la fuente de violaciones de seguridad.

- Por supuesto, todos en la oficina son confiables ahora. Pero ¿qué ocurre si alguien se disgusta, se le afloja un tornillo o decide tirar a la basura los archivos de la red antes de saltar por la ventana? O ¿qué ocurre si la misma persona decide imprimir unos cuantos cheques de $1,000 antes de empacar para irse a Tahití?

✔ Algunas veces la mera oportunidad de cometer fraude o robo puede ser demasiado para que algunas personas se resistan. Dele a las personas acceso gratuito a los archivos de la nómina y ellos pueden decidir por darse un aumento cuando nadie más está mirando.

✔ Finalmente, recuerde que nadie en la red sabe lo suficiente acerca de Windows y del trabajo de la red como para confiarle el acceso total a los discos de su red. Un clic descuidado del mouse puede eliminar un directorio completo de archivos de la red. Una de las mejores razones para activar las opciones de seguridad de su red es proteger la red de errores cometidos por los usuarios que no saben lo que están haciendo.

Dos Enfoques sobre Seguridad

Cuando planea cómo implementará la seguridad en su red, primero debe considerar cuál de los dos enfoques básicos de seguridad escogerá:

✔ Un tipo de seguridad de puerta abierta es aquel en que se brinda a todo usuario acceso a todo de forma predeterminada y luego coloca restricciones solo para aquellos recursos a los que desea limitarles el acceso.

✔ Un tipo de seguridad de puerta cerrada es aquel que empieza por denegar el acceso a todo y luego le otorga a los usuarios específicos acceso a recursos particulares que necesiten.

En la mayoría de los casos, la política de puerta abierta es más sencilla de implementar. Después de todo, típicamente, solo una pequeña porción de datos en una red requiere de seguridad, como registros confidenciales de empleados o secretos como la receta de la Coca-Cola. El resto de la información en una red puede estar disponible para todos aquellos que la acceden.

Si opta por un enfoque de puerta cerrada, configure a cada usuario para que él o ella no tenga acceso a nada. Luego, le otorga a cada usuario acceso únicamente a aquellos archivos específicos o carpetas que necesite.

Un enfoque de puerta cerrada resulta en una seguridad más estricta, pero lleva al Síndrome del Cono del Silencio: al igual que Max y el Jefe quienes no se pueden escuchar el uno al otro mientras están bajo el Cono del Silencio, sus usuarios de la red se quejarán constantemente de que no pueden acceder a la información que necesitan. Consecuentemente, se encontrará a menudo ajustando los derechos de acceso de los usuarios. Opte por el enfoque de puerta cerrada solo si su red incluye mucha información muy confidencial y únicamente si está dispuesto a invertir tiempo en administrar la política de seguridad de su red.

Dominar su Dominio

Un *dominio* es un grupo de computadoras relacionadas entre sí que se administran conjuntamente. Las más pequeñas consisten de un solo dominio, pero las más grandes pueden estar divididas en dos o más dominios para simplificar la tarea de administración. Esa opción es la razón por la cual el recuadro de diálogo de registro para una red de Windows requiere que introduzca su nombre de dominio para acceder a la red.

Una compañía con oficinas en ubicaciones diferentes probablemente creará un dominio separado para cada sitio. Por ejemplo, las oficinas de San Francisco y Los Angeles pueden tener dominios apartes. Por otra parte, diferentes departamentos pueden tener dominios independientes: las divisiones de contabilidad y mercadeo pueden tener, cada una, su propio dominio.

Los dominios pueden estar conectados por *relaciones de confianza*. Por ejemplo, el dominio del departamento de mercadeo puede estar configurado para que confíe en el dominio del departamento de contabilidad — el dominio de mercadeo reconoce los usuarios en el dominio del departamento de contabilidad.

Como puede imaginarse, la administración de dominios y las relaciones de confianza para grandes redes son cosas complicadas. Si su red es lo suficientemente grande para necesitar más de un dominio, necesitará más ayuda que esta sencilla introducción a la seguridad de redes. Sugiero que consulte *Windows NT Networking For Dummies*, by Ed Tittel, Mary Madden, and Earl Follis (Wiley Publishing, Inc.).

Cada dominio debe tener un servidor designado como un *Controlador de Dominio Primario* (también conocido como el PDC), el cual es el responsable de administrar la información del directorio para el dominio. Las grandes redes con varios servidores también pueden tener uno o más *Controladores de Dominio de Respaldo*, el cual reduce la carga de trabajo del Controlador de Dominio Primario y puede tomar el relevo en caso que el servidor del PDC falle.

Windows 2000 parcialmente alivia el dolor de administrar redes grandes de dominios múltiples con su nuevo Active Directory. *Active Directory* brinda una base de datos de directorio sencillo para cubrir la red completa, sin importar cuántos servidores o usuarios diferentes tiene e independientemente de si su red está incluida dentro de una habitación sencilla o extendida a través del planeta.

En Active Directory, los nombres de dominio son jerárquicos y semejan los nombres de la Internet. Por ejemplo, el dominio raíz para una compañía podría ser *cleaver.com*. Este dominio puede ser fraccionado en dominios hijos *marketing.cleaver.com* y *research.cleaver.com*.

Los dominios son una parte importante de su plan de seguridad porque muchos de los detalles de la seguridad de redes son administrados por estos. Por ejemplo, los dominios se utilizan para administrar cuentas de usuarios que les permiten a estos acceder a la red. Una vez que un usuario se haya registrado a un dominio, él o ella puede acceder a los recursos de la red que son compartidos por dicho dominio.

Cuentas de Usuario

El primer nivel de seguridad de la red es el uso de las *user accounts (cuentas de usuario)* para permitirles solo a usuarios autorizados accederla. Sin una cuenta, un usuario de computadora no puede registrarse y, por lo tanto, no puede utilizar la red.

Cada cuenta de usuario se asocia con un *ID de usuario*, que el usuario debe introducir al registrarse en la red. Cada cuenta tiene también otra información asociada a ella, como la contraseña del usuario, el nombre completo, los derechos de usuario que le dicen a la red lo que este puede y no puede hacer y los derechos del sistema de archivo que determinan a cuáles unidades, carpetas y archivos el usuario puede acceder.

Aparte de simplemente identificar a los usuarios de la red, las cuentas de usuario también brindan controles adicionales:

✔ Tanto NetWare como Windows NT/2000 Server le permiten especificar que ciertos usuarios pueden registrarse durante ciertos momentos del día. Esta opción le permite restringir el acceso de sus usuarios a horas de trabajo normales, de manera que no puedan meterse a las 2 a.m. a hacer trabajo no autorizado. La opción también los desmotiva a trabajar horas extra porque no pueden acceder tarde a la red, así que úsela juiciosamente.

✔ Tanto la NetWare como Windows NT/2000 Server le permiten crear *group accounts (cuentas grupales)* que puede utilizar para establecer varias cuentas con derechos de acceso idénticos. Cuando utiliza una cuenta grupal, cada usuario todavía mantiene una cuenta individual con un ID y contraseña de usuario. Además, las cuentas de usuario indican a cuál grupo o grupos de usuario pertenecen. Todas las cuentas de usuario que pertenecen a un grupo en particular "heredan" los derechos de acceso de la cuenta grupal.

✔ Las cuentas grupales son la clave para administrar sus cuentas de usuario. Establezca cuentas grupales para cada tipo distinto de usuario de la red. Por ejemplo, puede crear un tipo de cuenta grupal para el departamento de contabilidad y otra para el de ventas. Luego, puede fácilmente configurar las cuentas grupales para que los usuarios de contabilidad no puedan jugar con los archivos de ventas de los usuarios y viceversa.

✔ Un usuario puede pertenecer a más de un grupo, en cuyo caso hereda los derechos de cada grupo. Por ejemplo, suponga que tiene grupos establecidos para Contabilidad, Ventas, Mercadeo y Finanzas. Un usuario que necesita acceder a información de Contabilidad y Finanzas puede hacerse miembro de ambos grupos; otro usuario que necesita acceso a información de Ventas y Mercadeo puede hacerse miembro de esos grupos.

✔ Solamente los verdaderos sistemas operativos de servidor, como NetWare y Windows NT/2000 Server, tienen cuentas de usuario reales que evitan que los usuarios que no tienen cuentas accedan a la red. Las redes de igual a igual que utilizan Windows 95/98 Millennium Edition o XP para sus servidores no utilizan cuentas de usuario. En lugar de ello, meramente le permiten proteger con contraseña los recursos compartidos, como discos duros e impresoras. Cualquier usuario que sepa la contraseña correcta puede acceder a un recurso compartido. Esa es la razón por la que siempre debería utilizar NetWare, Windows NT/2000 o un sistema operativo servidor similar (como Unix o Linux) si le preocupa la seguridad.

✔ Windows XP tiene una nueva opción de compartir archivos llamada Simple File Sharing, la cual se olvida de la protección con contraseña para los archivos y carpetas compartidas. Si necesita de una protección con contraseña para sus archivos y carpetas compartidas, utilice Windows XP Professional Edition, que le permite desactivar Simple File Sharing.

Contraseñas

Uno de los aspectos más importantes de la seguridad de la red es el uso de las contraseñas. Los IDs de usuario por lo general no son considerados secretos. De hecho los usuarios de la red a menudo necesitan conocer los IDs de otros usuarios. Por ejemplo, si usted utiliza su red para correo electrónico, debe conocer los IDs de usuario de sus colegas para dirigir su correo adecuadamente.

Las contraseñas, por otro lado, son súper secretas. La contraseña de su red es lo que evita que un impostor se registre en ella con su ID de usuario y, por lo tanto, reciba los mismos derechos de acceso que tiene ordinariamente. *Guarde su contraseña con su vida.*

A continuación, presentamos consejos para elaborar buenas contraseñas:

✔ No utilice contraseñas obvias, como su último apellido, el nombre de su hijo o el nombre de su perro. No escoja contraseñas basadas en sus pasatiempos. Un amigo mío tiene un bote y su contraseña es el nombre de dicho bote. Cualquier persona que sepa esto puede adivinar su contrañeña después de unos cuantos intentos. Cinco latigazos por llamar su contraseña como su bote.

✔ Guarde su contraseña en su cabeza, no en papel. Especialmente malo: escribir su contraseña en una notita adhesiva en el monitor de su computadora. Diez latigazos por eso. (Si debe escribir su contraseña, hágalo en papel digerible que pueda tragar después de que la ha memorizado).

✔ La mayoría de los sistemas operativos de la red le permite especificar una fecha de expiración para las contraseñas. Por ejemplo, puede especificar que las contraseñas expiran después de 30 días. Cuando expira la contraseña de un usuario, este debe cambiarla. Sus usuarios pueden considerar que este proceso es un fastidio, pero ayuda a limitar el riesgo de que alguien robe una contraseña y luego intente entrar a su computadora.

✔ Puede también configurar las cuentas de usuario de manera que cuando ellos cambien las contraseñas, no puedan especificar otra que han utilizado recientemente. Por ejemplo, puede especificar que la nueva contraseña no pueda ser idéntica a las últimas tres contraseñas que ha tenido el usuario.

✔ Algunos administradores de la red optan por no tener contraseñas del todo porque sienten que la seguridad no es un problema en su red. Incluso, prefieren contraseñas obvias, le asignan a cada usuario la misma contraseña o las imprimen en pancartas gigantes y las guindan en todo el edificio. En mi opinión, ignorar la seguridad básica de la contraseña es rara vez una buena idea, aun en redes pequeñas. Debería considerar no utilizar contraseñas solamente si su red es muy pequeña (digamos, dos o tres computadoras), si no tiene datos importantes en un servidor de archivo o si la razón principal para la red es compartir acceso a una impresora más que compartir archivos. (Aun si no utiliza contraseñas, es posible imponer precauciones básicas de seguridad, como limitar el acceso de ciertos usuarios a ciertos directorios de la red. Solo recuerde que si las contraseñas no son utilizadas, nada evita que un usuario se registre con el ID de algún otro usuario).

Generar Contraseñas para Dummies

¿Cómo se le ocurren contraseñas que nadie puede recordar? La mayoría de los expertos en seguridad dicen que las mejores contraseñas no corresponden a ninguna palabra sino que consisten en una secuencia aleatoria de letras, números y caracteres especiales. Pero ¿Cómo diantres debe supuestamente memorizar una contraseña como `DKS4%DJ2`? Especialmente cuando tiene que cambiarla tres semanas más tarde a algo como `3PQ&X(D8`.

Aquí presentamos una solución que le permite crear contraseñas que consisten en dos palabras de cuatro letras cada una. Tome un libro y vaya a cualquier página. Encuentre la primera palabra de cuatro letras en la página. Suponga que la palabra es *When*. Luego repita el proceso para encontrar otra palabra de cuatro letras; digamos que escoge la palabra *Most* la segunda vez. Ahora combine las palabras que hacen su contraseña: `WhenMost`. Pienso que usted está de acuerdo con que `WhenMost` es más fácil de recordar que `3PQ&X(D8` y es probablemente igual de difícil de adivinar. Probablemente, no creería que los amigos del Laboratorio Nuclear Los Alamos utilicen este esquema, pero es lo suficientemente bueno para la mayoría de nosotros.

A continuación, presentamos algunas indicaciones adicionales acerca de confeccionar contraseñas de su libro favorito:

✔ Si las palabras terminan siendo la misma, escoja otra palabra. También escoja diferentes palabras si la combinación parece demasiado común, como `West-Wind` o `FootBall`.

✔ Si desea utilizar contraseñas más largas, utilice palabras más largas. Por ejemplo, si sus contraseñas pueden tener diez caracteres, utilice una palabra de cinco letras, una palabra de cuatro letras y un separador, como en `Right)Door`, `Horse!Gone`, o `Crime^Mark`. O bien, combine tres palabras de cuatro letras, como `WordGoodHard` o `WithThatYour`.

✔ Para confundir a sus amigos y enemigos, utilice contraseñas medievales escogiendo palabras de *Historias de Canterbury* de Chaucer, la cual es una buena fuente para contraseñas porque él vivió antes de los días del procesador de palabras con revisión ortográfica.

Derechos de la red que nos gustaría ver

Los derechos de la red permitidos por la mayoría de los sistemas operativos de la red son bastante aburridos. A continuación, presentamos unos cuantos derechos que nos encantaría que fueran permitidos:

✔ **Hacer trampa:** Suministra una opción especial que le permite ver cuáles tarjetas están sosteniendo los otros jugadores cuando está jugando Corazones.

✔ **Quejarse:** Automáticamente envía mensajes a los otros usuarios que explican cuán ocupado, cansado o molesto está.

✔ **Establecer el pago:** Le otorga acceso especial al sistema de la nómina para que pueda darse usted mismo un aumento.

✔ **Demandar:** En América, todos tienen derecho a demandar. Así que este derecho debería ser automáticamente otorgado a todos los usuarios.

> ✔Si utiliza cualquiera de estos esquemas de contraseña y alguien entra a su red, no lo culpe. Usted no es el único que es demasiado tonto para recordar D#SC$H4@.

✔ Si decide optar por contraseñas como KdI22UR3xdkL, puede encontrar generadores aleatorios de contraseñas en la Internet. Simplemente recurra a un servicio de búsqueda como Google (www.google.com) y busque Password Generator. Encontrará páginas Web que generan contraseñas aleatorias basado en el criterio que especifica, como qué tan largo debe ser la contraseña, si debe incluir letras, números, puntuación, letras mayúsculas y minúsculas, y así sucesivamente.

Derechos de Usuario

Las cuentas de usuario y contraseñas son solamente la línea frontal de defensa en el juego de seguridad de la red. Después de que un usuario gana acceso a la red digitando un ID de usuario y contraseña válidos, la segunda línea de defensa de seguridad entra en juego — los derechos.

En las duras realidades de la vida de la red, todos los usuarios son creados igual, pero algunos son más iguales que otros. El preámbulo a la Declaración de Independencia de la Red contiene la afirmación de, "Sostenemos estas verdades para que sean auto evidentes, que *algunos usuarios* sean dotados por el administrador de la red con ciertos derechos inalienables . . ."

Los derechos específicos que puede asignar a los usuarios de la red dependen de cuál sistema operativo de la red utiliza. A continuación, presentamos una lista parcial de los derechos de usuario que son posibles con Windows NT/2000 Server:

✔ **Registrarse localmente:** El usuario puede registrarse a la computadora servidor directamente desde el teclado del servidor.

✔ **Cambiar la hora del sistema:** El usuario puede cambiar la fecha y hora registrados por el servidor.

✔ **Apagar el sistema:** El usuario puede realizar un cierre ordenado del servidor.

✔ **Respaldar archivos y directorios:** El usuario puede realizar un respaldo de archivos y directorios en el servidor.

✔ **Restaurar archivos y directorios:** El usuario puede retaurar archivos respaldados.

✔ **Tomar posesión de archivos y otros objetos:** El usuario puede tomar el control de los archivos y otros recursos de la red que pertenecen a otros usuarios.

NetWare tiene un grupo similar de derechos de usuario.

Derechos del Sistema de Archivo (Quién Obtiene qué)

Los derechos de usuario controlan lo que un usuario puede hacer sobre una base amplia de red. El sistema de archivo le permite afinar la seguridad de la red controlando operaciones de archivo específicas para usuarios específicos. Por ejemplo, puede establecer derechos del sistema de archivo para permitirles a los usuarios acceso al departamento de contabilidad para acceder a archivos en el directorio \ACCTG del servidor. El sistema de archivo puede también permitirles a algunos usuarios leer ciertos archivos, pero no modificarlos o eliminarlos.

Cada sistema operativo de la red administra derechos de sistema de archivo en forma diferente. Sin importar cuáles son los detalles, el efecto es que puede dar permiso a cada usuario para acceder a ciertos archivos, carpetas o unidades en ciertas maneras.

Cualquier derecho de sistema de archivo que puede especificar para una carpeta afecta automáticamente a cualquiera de las subcarpetas de esta, a menos que especifique un grupo distinto de derechos para la subcarpeta.

En Novell's NetWare, los derechos de sistema de archivo son referidos como *trustee rights (derechos de administrador)*. NetWare tiene ocho derechos de administrador distintos, los cuales se enumeran en la Tabla 13-1. Para cada archivo o directorio en un servidor, puede asignar cualquier combinación de estos ocho derechos a cualquier usuario individual o grupal.

Tabla 13-1		Derechos de Admistrador de NetWare
Derecho de Admistrador	*Abreviación*	*Lo que el Usuario Puede Hacer*
Read	R	El usuario puede abrir y leer el archivo.
Write	W	El usuario puede abrir y escribir en el archivo.
Create	C	El usuario puede crear nuevos archivos o directorios.
Modify	M	El usuario puede cambiar el nombre u otras propiedades del archivo o directorio.
File Scan	F	El usuario puede enumerar los contenidos del directorio.

Tabla 13-1 (continuación)

Erase	E	El usuario puede eliminar el archivo o directorio.
Access Control	A	El usuario puede establecer los permisos para el archivo o directorio.
Supervisor	S	El usuario tiene todos los derechos del archivo.

Windows NT/2000 Server se refiere a los derechos del sistema de archivo como *permissions (permisos)*. Windows NT/2000 Server tiene seis permisos básicos enumerados en la Tabla 13-2. Al igual que con los derechos de admistrador de NetWare, puede asignar cualquier combinación de permisos de Windows NT/2000 Server a un usuario o grupo para un archivo o carpeta dados.

Tabla 13-2	Permisos Básicos de Windows NT/2000 Server	
Permiso	*Abreviación*	*Qué Puede Hacer el Usuario*
Read	R	El usuario puede abrir y leer el archivo.
Write	W	El usuario puede abrir y escribir el archivo.
Execute	X	El usuario puede ejecutar el archivo.
Delete	D	El usuario puede eliminar el archivo.
Change	P	El usuario puede cambiar los permisos para el archivo.
Take Ownership	O	El usuario puede tomar posesión del archivo.

Note el último permiso enumerado en la Tabla 13-2: Take Ownership. En Windows NT/2000 Server, el concepto de propiedad de archivo o carpeta es importante. Cada archivo o carpeta en un sistema Windows NT/2000 Server tiene un propietario. El *propietario* es por lo general el usuario que crea el archivo o carpeta. Sin embargo, la posesión puede ser transferida de un usuario a otro. Entonces, ¿por qué el permiso Take Ownership? Este permiso evita que alguien cree un archivo fantasma y ceda la posesión de él sin su permiso. Windows NT/2000 Server le impide darle la posesión de un archivo a otro usuario. En lugar de ello, puede darle a otro usuario el derecho de tomar posesión del archivo. Ese usuario debe luego tomar posesión explícitamente del archivo.

Puede utilizar permisos de Windows NT/2000 Server solamente para archivos o carpetas creadas en unidades formateadas como volúmenes NTFS. Si insiste en utilizar FAT o FAT32 para sus unidades compartidas de Windows NT/2000 Server, usted no puede proteger archivos o carpetas individuales en las unidades. Esta es una de las principales razones para utilizar NTFS para sus unidades de Windows NT/2000 Server.

Es Bueno Ser el Administrador

Esté alerta para justificar que al menos un usuario de la red debe tener la autoridad de utilizar la red sin ninguna de las restricciones impuestas sobre otros usuarios. Este usuario es llamado *administrador*. El administrador es responsable de instalar el sistema de seguridad de la red. Para hacer eso, debe estar exento de todas las restricciones de seguridad.

Muchas redes crean automáticamente una cuenta de usuario de administrador cuando instala el software de la red. El ID de usuario y la contraseña para este administrador inicial son publicados en la documentación de la red y son los mismos para todas las redes que utilizan el mismo sistema operativo. Una de las primeras cosas que debe hacer después de terminar y ejecutar su red es cambiar la contraseña para esta cuenta de administrador estándar. De lo contrario, todas sus precauciones de seguridad serán una farsa; cualquier persona que conozca el ID de usuario y contraseña del administrador predefinido puede acceder a su sistema con derechos y privilegios completos de administrador, e ignorar las restricciones de seguridad que establece tan cuidadosamente.

✔ La mayoría de los administradores de la red utilizan un aburrido ID de usuario para la cuenta de supervisor, como `Admin`, `Manager` o `Super`. A algunos administradores de la red les gusta ser creativos utilizando un ID de usuario inteligente para la cuenta de supervisor. Aquí hay algunos IDs de usuario aptos para su cuenta de supervisor:

Matrix	Yoda
Chosen1	QuiGon
Aladdin	Picard
Genie	Data
Titan	Borg
Zeus	Barney
Skipper	HAL
Gilligan	M5

✔ *¡No olvide la contraseña para la cuenta de supervidor!* Si un usuario de red olvida su contraseña, puede registrarse como supervisor y cambiarla. Pero si olvida la contraseña de supervisor, está frito.

Perfiles de Usuario

Los *perfiles de usuario* son una opción de Windows que mantienen un seguimiento de las preferencias de un usuario individual para su configuración de Windows. Para una computadora que no está en red, los perfiles les permiten a dos o más usuarios utilizar la misma computadora, cada una con su propia configuración de escritorio, como colores de papel tapiz, opciones del menú de Start, etcétera.

El beneficio verdadero de los perfiles de usuario se vuelve aparente cuando los perfiles son utilizados en una red. Un perfil de usuario puede ser almacenado en una computadora servidor y accedida cuando ese usuario se registra desde cualquier computadora de Windows de la red.

Los siguientes son algunos de los elementos de Windows que son regulados al establecer el perfil del usuario:

✔ Las configuraciones de escritorio del recuadro de diálogo Display Properties, que incluye papel tapiz, protectores de pantalla y esquemas de color.

✔ Programas del menú de Start y opciones de la barra de herramientas Windows.

✔ Favoritos, que suministran acceso fácil a los archivos y carpetas que el usuario accede frecuentemente.

✔ Configuraciones de la red, que incluye mapeo de unidades, impresoras de la red y ubicaciones de la red recientemente visitadas.

✔ Configuraciones de la aplicación, como configuraciones de la opción para Microsoft Word.

✔ La carpeta My Documents.

Capítulo 14

Si Pudiera Ahorrar Tiempo en un Cuello de Botella: Optimizar el Rendimiento de su Red

* *

En este capítulo

▶ Comprender los cuellos de botella de la red

▶ Afinar su red

▶ Afinar su servidor

▶ Hacer su servidor de la red más rápido

▶ Hacer los clientes de su red más rápidos

* *

*E*l adagio de que no hay tal cosa como un almuerzo gratis, es cierto. Cuando pone sus computadoras en red, usted cosecha los beneficios de compartir información y recursos como discos duros e impresoras. Pero también tiene muchos costos. Tienen el costo de comprar tarjetas, cable y software de red, además del costo del tiempo requerido para instalar la red, descubrir cómo utilizarla y mantenerla en operación.

Otro costo de las redes que quizás no haya considerado aún es el de rendimiento. No importa cuán duro lo intente, no puede ocultar la triste realidad de que poner una computadora en red la vuelve más lenta. Recuperar un documento de procesador de palabras de un disco de una red toma un poco más de tiempo que hacerlo en su disco local. Acomodar ese archivo grande de una base de datos también toma un poco más tiempo. Incluso imprimir un reporte de 300-páginas también dura un poco más.

Note que utilizo la palabra poco tres veces en el párrafo anterior. La red inevitablemente demora las cosas, pero solo un poco. Si su red ha retardado las cosas hasta el paso de hormiga – al punto de que sus usuarios toman cafecito cada vez que guardan un archivo – tiene un problema de rendimiento que puede probablemente resolver.

¿Qué Es exactamente un Cuello de Botella?

El término *cuello de botella* no se refiere en ninguna forma al físico de su fanático típico de computación (bueno, suponemos que podría en algunos casos). Más bien, los fanáticos de computación crearon la frase cuando descubrieron que la forma afilada de una botella de Jolt Cola limitaba la velocidad a la cual podían consumir la bebida. "Hey," dijo un fanático un día, "la estrechez de este cuello de botella limita la velocidad a la cual puedo consumir esta bebida con sabor a cafeína". Esto los hizo pensar en una analogía obvia acerca del efecto limitante que puede tener un solo elemento lento de un sistema de computación sobre el rendimiento de un sistema en general.

"Fascinante", contestaron los otros fanáticos que eran lo suficientemente afortunados de estar presentes en ese momento histórico.

La frase caló adentro y ahora es utilizada para dirigir la atención de un hecho simple: un sistema de computación es tan rápido como su componente más lento. Es el equivalente a la vieja frase hecha de que una cadena es tan fuerte como su eslabón más débil.

Para una simple demostración de concepto, considere qué ocurre cuando imprime un documento de un procesador de palabras en una impresora lenta. Su programa procesador de palabras lee la información desde el disco y la envía a la impresora. Luego, se sienta y espera mientras la impresora imprime el documento.

¿Podría hacer que el documento se imprimiera más rápido si comprara una CPU más rápida o agregara más memoria? No. La CPU ya es mucho más rápida que la impresora y su computadora ya tiene suficiente memoria. La impresora en sí es el cuello de botella, así que la única forma de imprimir el documento más rápido es reemplazar la impresora lenta por una más rápida.

A continuación, presentamos algunos pensamientos sobre los cuellos de botella:

✔ **Un sistema de computación siempre tiene un cuello de botella.** Por ejemplo, suponga que ha decidido que el cuello de botella en el servidor de su archivo es un disco duro IDE lento, así que lo reemplaza con la unidad SCSI más rápida que el dinero puede comprar. Ahora, el disco duro ya no es el cuello de botella: la unidad puede procesar información más rápido que la tarjeta controladora a la cual está conectado el disco. Eso no quiere decir que ha eliminado el cuello de botella; solo quiere decir que el controlador de disco es ahora el cuello de botella, en lugar del disco duro. No importa lo que haga, la computadora siempre tendrá algún componente que limite el rendimiento general del sistema.

✔ **Una forma de limitar el efecto de un cuello de botella es evitar esperar por él.** Por ejemplo, la cola de impresión le permite evitar esperar una impresora lenta. El spooling no aligera la impresora, pero la libera para hacer otras cosas mientras esta resopla. Similarmente, el caché de disco le permite evitar esperar un disco duro lento.

✔ **Una de las razones por las que los fanáticos de computación están cambiando de Jolt Cola a Snapple es que las botellas de Snapple tienen cuellos más anchos.**

Los Ocho Cuellos de Botella más Comunes de la Red

A continuación, presentamos los ocho cuellos de botella más comunes, sin ningún orden en particular:

✔ **La CPU en el servidor de archivo:** Si el servidor de archivo es utilizado en forma extensa, debería tener una CPU poderosa. Si utiliza NetWare o Windows NT o 2000 Server, intente buscar una computadora servidor que pueda albergar dos o más procesadores para un mejor rendimiento. Esto es especialmente cierto para servidores que hacen más que servir archivos, como bases de datos o servidores de la Web.

✔ **La cantidad y tipo de memoria en el servidor de archivo:** Nunca puede tener demasiada memoria en el servidor. Con el costo tan bajo de la memoria en estos días, ¿por qué no actualizarse a 512MB o incluso 1GB? También, asegúrese de obtener el tipo más rápido de RAM que pueda soportar la tarjeta madre de su computadora. No intente ahorrar ni un dólar al utilizar RAM barata y lenta.

✔ **El bus del servidor de archivo de la computadora:** Ups . . . esto es un poco técnico, así que pongo los detalles en una barra lateral. La versión no técnica es esta: asegúrese de que su computadora servidor tenga suficientes ranuras PCI y utilice solamente tarjetas de red y controladores de disco PCI.

✔ **Tarjeta de red:** Las tarjetas económicas de red por $19.95 están bien para una red de una pequeña empresa o la de su casa, pero no las utilice en un servidor de archivos que soporta 50 usuarios ni espere estar contento con el rendimiento del servidor. Recuerde que la computadora-servidor utiliza la red aún más que cualquiera de las cliente. Así que equipe sus servidores con buenas tarjetas de red.

✔ **Discos duros del servidor de archivo:** Obtenga las unidades más rápidas que pueda encontrar y, si es posible, utilice las unidades SCSI. ¡Lo siento! Me volví muy técnico de nuevo. Es hora de otro apartado.

✔ **La tarjeta controladora de disco del servidor de archivos:** Todos los discos deben conectarse a la computadora por medio de una tarjeta controladora y, a veces, el embotellamiento no es el disco en sí, sino esta tarjeta. Una tarjeta controladora poderosa puede hacer maravillas para su rendimiento. También, si es posible, es mejor otorgarle a cada unidad su propia tarjeta controladora.

✔ **Opciones de configuración del servidor:** Todos los sistemas operativos de la red tienen opciones que puede configurar. Algunas de estas opciones pueden hacer la diferencia entre una red lenta y una veloz. Desafortunadamente, no existen reglas duras y rápidas para configurar estas opciones. De lo contrario, no tendría opciones.

✔ **La red en sí:** Si tiene demasiados usuarios, la red puede atascarse. Existen muchas formas de mejorar el rendimiento de la red en sí. Una es actualizarse desde 10Mbps a 100Mbps. Otra es utilizar switches rápidos 100Mbps en lugar de los ordinarios. Y otra es segmentar la red en dos redes más pequeñas con un pequeño dispositivo llamado *bridge (puente)*.

¡Advertencia! Leer esto puede dañar su salud

Todas las computadoras tienen un bus, que es básicamente una fila de ranuras en la que puede conectar tarjetas de expansión, como controladores de disco, modems, controladores de video y tarjetas adaptadoras de la red. Las nuevas computadoras vienen con dos tipos de buses:

✔ **ISA:** ISA significa Industry Standard Architecture (Arquitectura Estándar de la Industria). El bus ISA es el tipo más común de bus de expansión. Fue diseñado hace muchos años cuando IBM introdujo sus primeras computadoras basadas en el procesador 80286. El bus ISA envía información entre la CPU y las tarjetas de expansión a 8 ó 16 bits a la vez, dependiendo de si lo utiliza con tarjetas adaptadoras de 8- ó 16-bits. El bus ISA opera a 8MHz.

✔ **PCI:** Las computadoras modernas incluyen un bus de alta velocidad llama-do PCI, que sobrepasa la limitación de velocidad inherente en el diseño de bus ISA. La mayoría de las nuevas computadoras tienen varias ranuras PCI y solo una o dos ranuras ISA. Algunas computadoras nuevas tienen exclusivamente ranuras PCI, sin siquiera una ranura ISA.

Las ranuras PCI originales, que salieron con el primer lote de computadoras Pentium, tienen buses PCI que funcionan en el modo de 32-bits y operan a 33MHz. Las computadoras más nuevas tienen ranuras PCI más rápidas de 64-bits que operan a 100MHz.

Si su servidor de la red utiliza discos duros o tarjetas de red conectados al bus ISA, no se moleste con ningún otro esfuerzo para mejorar el rendimiento de la red hasta que actualice su servidor para utilizar controladores de disco PCI y tarjetas de la red más rápidas.

La parte más difícil de mejorar el rendimiento de una red es determinar cuáles son los cuellos de botella. Con equipo de prueba sofisticado y años de experiencia, los gurús de la red pueden hacer adivinaciones bastante buenas. Aun sin el equipo y la experiencia, puede hacer unas adivinaciones bastante buenas. Le brindaré algunos consejos sobre cómo descubrir los cuellos de botella de su computadora y mejorar el rendimiento en las secciones restantes de este capítulo.

Afinar su Red en Forma Compulsiva

Tiene dos formas de afinar su red. La primera es pensar acerca de ella un poco; piense en qué puede mejorar su rendimiento, pruébela y vea si parece trabajar más rápido. Esta es la forma en que piensan la mayoría de las personas sobre afinar la red.

También está la forma compulsiva, que es apta para las personas que organizan sus calcetines por color y acomodan sus alacenas alfabéticamente por grupo de alimentos – o peor aún, alfabéticamente dentro de los cuatro grupos. El enfoque compulsivo para afinar una red es algo así:

1. **Establezca un método para probar objetivamente el rendimiento de algún aspecto de la red.**

   Este método es llamado *benchmark (prueba comparativa)*. Por ejemplo, si desea mejorar el rendimiento de la impresión en la red, utilice un reloj para medir cuánto tiempo dura imprimiéndose un documento bastante grande.

2. **Cambie una variable de la configuración de su red y haga de nuevo la prueba.**

   Por ejemplo, si piensa que aumentar el tamaño del caché de disco puede mejorar el rendimiento, cambie el tamaño del caché, reinicie el servidor y haga la prueba comparativa. Note si mejora el rendimiento, se queda igual o se vuelve peor.

3. **Repita el paso 2 en cada variable que desea probar.**

A continuación, presentamos algunos puntos importantes para tener presentes si decide afinar su red en la forma compulsiva:

✔ Si es posible, pruebe cada variable en forma separada; en otras palabras, revertir los cambios que ha hecho a otras variables de la red antes de proceder.

✔ Escriba los resultados de cada prueba para que pueda tener un registro preciso del impacto que cada cambio tiene sobre el rendimiento de su red.

Solo diga no a las cosas técnicas sobre interfaces de la unidad

Los discos duros vienen en muchas variedades y no todos son fabricados igual. A continuación, presentamos los dos tipos básicos de unidad utilizados actualmente:

✔ **IDE:** IDE, que significa Integrated Drive Electronics (Electrónica de Unidad Integrada), es el tipo de unidad más común utilizado hoy día. No se ponga en ridículo al intentar pronunciar este término en otra forma que no sea deletrearlo. La forma más nueva de IDE, la cual permite unidades más grandes y de rendimiento más rápido, tiene varios nombres, incluyendo EIDE, ATA, ATA-2, Fast ATA, Ultra IDE, DMA y probablemente otros más.

✔ **SCSI:** SCSI significa Small Computer System Interface (Interfaz de Sistemas de Computación Pequeños) y se pronuncia Scuzzy. Las unidades SCSI tienen varias ventajas sobre las unidades IDE, pero también son un poco más costosas. Además, SCSI ganó el premio del

Best Computer Acronym (Mejor Acrónimo de Computación). Dos formas más nuevas y rápidas de SCSI están ahora disponibles. La SCSI rápida es dos veces más rápida que la SCSI básica y la SCSI amplia y rápida es dos veces más rápida que la SCSI, lo cual la vuelve cuatro veces más rápida que la SCSI básica.

Los defensores del rendimiento nos aseguran que el rendimiento y confiabilidad de la red de la SCSI son vastamente superiores a el de las IDE. Desafortunadamente, las unidades SCSI también son más costosas que las IDE, que es la razón por la que la IDE sigue siendo tan popular. En las computadoras, como en todo lo demás, usted obtiene por lo que paga. Si desea un rendimiento de archivo de servidor de primera, utilice solamente unidades SCSI. Y si utiliza unidades IDE o SCSI, asegúrese de utilizar sus tarjetas controladoras PCI, en lugar de las viejas tarjetas controladoras ISA.

✔ Asegúrese de cambiar solamente un aspecto de la red cada vez que hace la prueba comparativa. Si hace varios cambios, no sabrá cuál causó la mejora. Un cambio puede mejorar el rendimiento, pero otro puede empeorarlo, de manera que los cambios se cancelen entre sí – algo así como desviar penales en un juego de fútbol.

✔ Si es posible, asegúrese de que nadie más utilice la red cuando realice la prueba; de lo contrario, las actividades impredecibles de otros usuarios de la red pueden estropear la prueba.

✔ Para establecer su rendimiento básico, realice su prueba comparativa dos o tres veces para asegurarse de que los resultados son repetibles. Si el trabajo de impresión dura un minuto la primera vez, tres minutos la segunda y 22 segundos la tercera, algo anda mal con la prueba. Sin embargo, una variación de unos cuantos segundos es aceptable.

Afinar un Servidor Windows 95/98 o Millennium Edition

Cuando utiliza Windows 95/98 ó Me como servidor, tiene varias opciones disponibles con las que puede jugar para mejorar el rendimiento. Tomar el tiempo para establecer estas opciones vale la pena, porque todos los usuarios de la red notan el efecto de una computadora servidor más eficiente.

Configurar la opción de rendimiento File System

Windows tiene una opción para afinar la cual le permite configurar opciones de servidor con un solo clic del mouse. He aquí cómo afinar una computadora servidor de Windows:

1. **Escoja Start⇨Settings⇨Control Panel y luego haga doble clic sobre el icono System.**

   Aparece el recuadro de diálogo System Properties.

2. **Haga clic sobre la pestaña Performance.**

   Aparecen las configuraciones del rendimiento para su computadora, como se muestra en la Figura 14-1.

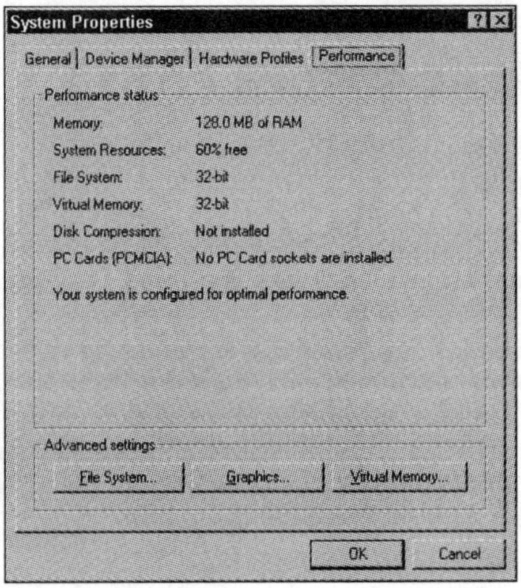

Figura 14-1:
Las opciones de rendimiento para un servidor de Windows.

3. **Haga clic sobre el botón File System.**

   Aparece el recuadro de diálogo File System Properties, como se muestra en la Figura 14-2.

4. **Establezca el cuadro de lista que se despliega a Network Server, este está etiquetado como Typical Role of this computer.**

   Su computadora está ahora afinada como servidor de la red.

5. **Haga clic sobre OK para cerrar el recuadro de diálogo File System Properties.**

   Regresa al recuadro de diálogo System Properties.

6. **Haga clic sobre OK para cerrar el recuadro de diálogo System Properties.**

   Eso es todo lo que debe saber.

Figura 14-2:
Afinar el sistema de archivo de un servidor de Windows.

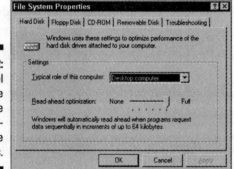

Utilizar el sistema de archivo FAT32

FAT32, introducido por primera vez con Windows 98, es un método mejorado para almacenar información en el disco duro de su computadora. Formatear su disco duro con FAT32 aumenta levemente la cantidad de datos que puede almacenar en el disco. Además, le permite a su computadora recuperar datos desde el disco más rápido, lo cual ocasiona un rendimiento de red mejorado.

Los discos duros en la mayoría de las computadoras más nuevas ya están formateados con FAT32. Para descubrir si el suyo lo está, haga doble clic sobre el icono My Computer, en su escritorio. Luego, haga clic en el botón derecho sobre el icono para la Unidad C y escoja Properties en el menú que aparece. Eso llama al recuadro de diálogo Properties, para la unidad, como se muestra en la Figura 14-3. La línea File System, justo debajo de la etiqueta del disco duro, le dice que el disco está formateado con FAT32.

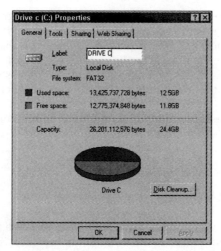

Figura 14-3:
Las propiedades del disco duro indican si la unidad está formateada con FAT32.

Si su disco duro no está ya formateado con FAT32, puede convertir la unidad a FAT32 escogiendo Start⇨Programs⇨Accessories⇨System Tools⇨ FAT32 Converter. La conversión dura mucho, quizás una hora o más. No puede utilizar su computadora durante la conversión, así que justo antes de almuerzo puede ser una buena hora para empezar.

Desafortunadamente, FAT32 impone algunas limitaciones sobre usted:

✔ Si convierte una unidad a FAT32, no puede utilizar el programa de compresión de disco de Microsoft DriveSpace para comprimir los datos en la unidad.

✔ Después de que convierta una unidad a FAT32, no tiene una forma fácil de convertirla de nuevo al viejo formato.

A pesar de estas limitaciones, le recomiendo que siempre utilice FAT32 para computadoras Windows 9x.

Afinar Windows 9x

Para ayudarle a modificar el rendimiento de sus computadoras Windows 9x, Windows 98 y Windows Me, incluyen una opción de rendimiento-afinamiento llamada Windows Tune-Up. Windows Tune-Up lo habilita para ejecutar varios programas que optimizan el rendimiento de Windows, incluyendo ScanDisk (que corrige errores en su disco duro); Disk Defragmenter (que hace malabarismos con los datos de su disco duro para que estén arreglados eficientemente en el disco); y un nuevo programa llamado Disk Cleanup (que quita los archivos innecesarios desde su computadora).

Lo mejor de Windows Tune-Up es que le permite establecer una programación para que los programas de afinamiento se ejecuten automática y periódicamente. Por ejemplo, puede utilizar Windows Tune-Up para especificar que Disk Defragmenter y ScanDisk se ejecuten cada día a la media noche y que Disk Cleanup se ejecute cada viernes al mediodía. Esta opción puede asegurarle que siempre mantenga su servidor de las computadoras Windows 9x en la máxima eficiencia.

Puede encontrar Windows Tune-Up en el menú de Start, tan solo escoja <u>P</u>rograms ⇨Accessories⇨System Tools.

Ajustar Windows XP

Windows XP Professional tiene varios ajustes que le pueden ayudar a mejorar el rendimiento para una computadora que se utiliza como un servidor. (Estos ajustes no están disponibles para Windows XP Home Edition porque la versión para la Casa de Windows no está diseñada para operar como un servidor). Los ajustes más importantes se alcanzan abriendo el Control Panel, haciendo doble clic sobre el icono System, y luego seleccionando la pestaña Advanced y haciendo clic sobre el botón Performance Settings. Seguidamente, se despliega el recuadro de diálogo Performance Options. La pestaña Advanced de este recuadro de diálogo, mostrada en la Figura 14-4, incluye las siguientes opciones de rendimiento:

✔ **Processor Scheduling (Programación del Procesador):** esta opción afecta si Windows debe darles preferencia a los programas que son corridos por un usuario o a los que corren como servicios de fondo. Dado que las opciones de servidor, como compartir discos o impresoras, se consideran servicios de fondo, debe fijar esta opción como servicios de fondo para una computadora que se utiliza como un servidor dedicado.

✔ **Memory Usage (Uso de Memoria):** esta opción afecta si Windows les brinda más memoria a los programas corridos por usuarios o reserva más memoria para uso como caché del sistema. La memoria caché del sistema se utiliza por los servicios de red, así que un servidor dedicado correrá más eficientemente si selecciona la opción System cache.

✔ **Virtual Memory (Memoria Virtual):** esta opción le permite consagrar más espacio en disco a un archivo especial llamado el *archivo de paginación*. Un archivo de paginación más grande puede soportar más usuarios de red. Por lo tanto, si un servidor XP está brindando un rendimiento pobre, el aumentar el tamaño del archivo de paginación puede ser de ayuda. Yo recomiendo que fije el tamaño mínimo de paginación a 1.5 veces la cantidad de memoria actual y el tamaño máximo a dos veces el mínimo. Por ejemplo, si su computadora tiene 256MB de RAM, fije el archivo mínimo de paginación a 384MB y el máximo a 768MB.

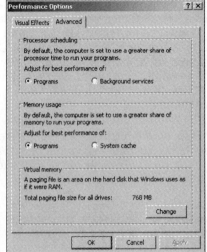

Figura 14-4:
Fijar opciones de rendimiento en Windows XP.

Afinar un Servidor de Windows NT/2000

Afinar una computadora servidor de Windows NT/2000 es más difícil que afinar una computadora Windows 9x. Una computadora servidor de Windows NT/2000 incluye docenas de opciones que pueden afectar el rendimiento del servidor. Puede gastar horas modificando estas opciones para sacar el rendimiento óptimo de NT/2000. Además, NT/2000 soporta opciones avanzadas de hardware como múltiples procesadores y arreglos de disco RAID, que pueden elevar el rendimiento de la red.

Las buenas noticias son que NT/2000 tiende a ser en alguna forma auto-afinante. Después de que NT/2000 se ejecuta por unos cuantos días, pronto se ajusta al patrón de uso que tiene su red y se pone a ronronear como un gatito. Solo necesita molestarse con afinar Windows NT/2000 si algo parece drásticamente mal con el desempeño de la red; por ejemplo, si los usuarios se quejan de que abrir un documento de dos páginas en el servidor de la red dura diez minutos o que el trabajo que enviaron a la impresora el pasado martes aún no se ha imprimido.

Para ayudar al rendimiento del monitor, de manera que pueda determinar exactamente dónde se encuentra el problema, NT/2000 incluye un programa llamado Performance Monitor. Performance Monitor reúne las estadísticas sobre todos los tipos de actividades en su computadora servidor, como el I/O del disco, la ejecución del programa, tráfico de la red, etcétera. Al analizar estas estadísticas, puede determinar la fuente de un programa de rendimiento de la red. Dependiendo del problema, algunas de las configuraciones de NT/2000 pueden resolverlo, o quizás necesite comprar hardware adicional para corregirlo.

Utilizar Performance Monitor es sencillo, pero interpretar las estadísticas que reúne no lo es. A menos que esté realmente involucrado con contar aciertos caché y tiempos de búsqueda promedio en disco, probablemente desee mantenerse alejado de Performance Monitor.

Afinar un Servidor de NetWare

Al igual que el servidor Windows NT/2000, NetWare es también un sistema de auto-afinamiento. Déjelo ejecutarse por unos cuantos días para que se ajuste a los patrones de uso de su red y luego pueda operar bien. Si tiene un problema, puede siempre jugar con las configuraciones del servidor para intentar mejorar el rendimiento.

Muchas opciones de configuraciones de NetWare son controladas con comandos SET que usted coloca en el archivo AUTOEXEC.NCF o el archivo STARTUP.NCF. Por ejemplo, SET le permite especificar la cantidad de memoria para el caché de archivo, el tamaño de cada caché, el tamaño de bufers paquete-recepción y un montón de otras cosas que están muy por debajo para entrar en un libro orgulloso como este.

Capítulo 15

Cosas que Sorprenden en la Noche: Cómo Proteger la Información de su Red

* *

En este capítulo

▶ Planificar para prevenir desastres

▶ Descubrir por qué debería respaldar información de la red

▶ Comprender cómo hacerlo

▶ Realizar mantenimiento periódico para las unidades de su red

▶ Darse cuenta de lo que es un virus y por qué las redes son particularmente vulnerables

▶ Proteger su red contra ataques de virus

* *

Si usted es el desafortunado administrador de la red, la seguridad de los datos es su responsabilidad. A usted le pagan por quedarse despierto durante la noche preocupándose por la información. ¿Estará allí mañana? Si no, ¿podrá *usted* recuperarla? Y lo más importante, si no puede recuperarla, ¿estará *usted* allí mañana?

Este capítulo explica los pros y los contras de ser un administrador bueno, responsable y confiable. No se entregan medallas de mérito por esto, aunque deberían.

Planificar para Prevenir el Desastre

El día de los Inocentes, hace como 15 años, mis colegas y yo descubrimos que algún tipo había entrado a la oficina la noche anterior y estropeó nuestro equipo de computación con un barrote (no lo estoy inventando).

En una banca a la par de las pilas destrozadas que antes solían ser un sistema de minicomputadoras Wang, había un paquete de disco que contenía el único respaldo de toda la información que había en la computadora destruida. El ladrón no se dio cuenta de que un golpe más con la barra hubiera convertido este inconveniente en un desastre absoluto. Por supuesto, estuvimos en un aprieto hasta que pudimos reemplazar la máquina. Y en esos días, usted no podía entrar a algún local Computer Depot y comprar una computadora directo de la repisa – este era un sistema de minicomputadoras Wang que tenía que ordenarse especialmente. Pero después de que obtuvimos nuestra nueva computadora, una simple restauración del disco de respaldo nos devolvió justo donde estábamos el día antes del desastre. Sin ese respaldo, volver a tomar las riendas hubiera tomado meses.

Desde entonces he estado un poco paranoico por planificar en caso de desastres. Antes, pensaba que esa planificación quería decir hacer buenos respaldos. Eso es parte, pero nunca podré olvidar el día que estuvimos a un golpe de distancia de perder todo. Los ladrones probablemente son más listos ahora. Saben cómo estropear discos de respaldo, así como las computadoras. Hay más cosas que hacer para estar preparados contra los desastres.

¿No piensa que eso le puede ocurrir a usted? Los incendios forestales en Nuevo México casi destruyen los laboratorios Los Alamos. ¿Cuántas computadoras piensa usted que se perdieron en el huracán Andrew? Y no mencionemos las inundaciones en el río Mississippi en 1993 o el terremoto de San Francisco en 1989. (Dudo que muchas computadoras se perdieran en el terremoto de 1906).

La mayoría de los desastres son menos espectaculares. Haga al menos un plan rudimentario de cómo puede respaldar y ejecutar su propia computadora en caso de que ocurriera un pequeño desastre.

A continuación, presentamos unas cuantas cosas adicionales que pueden mantenerlo despierto en la noche cuando se trata de planificar contra desastres:

✔ El punto clave de cualquier plan de desastre/recuperación es un programa de respaldos regulares. Dedicamos mucho de este capítulo a ayudarle a empezar un programa de respaldo. Sin embargo, tenga en mente que sus respaldos están solamente a un desastre de distancia de ser inútiles. No deje sus discos o cintas de respaldo en la repisa junto a la computadora: guárdelos en una caja a prueba de fuego y coloque al menos un juego en otro lugar.

✔ El portafolio de su red es una fuente irreemplazable de información acerca de su red. Debería tener más de una copia. Sugiero que lleve una copia a su casa, así, si toda la oficina se quema, tendrá una copia de la documentación de su red. Luego puede decidir rápidamente qué equipo necesita comprar y cómo necesita configurarlo para respaldar su red y ponerla de nuevo en operación.

✔ Después de que sus computadoras fueron completamente destruidas por el fuego, vandalismo o robo, ¿cómo puede probarle a su asegurador que realmente tenía todo ese equipo? Una parte frecuentemente obviada de la planificación contra desastres es mantener un registro detallado de cuál equipo posee. Mantenga copias de todos los recibos del equipo de computación y software en un lugar seguro. También, considere hacer un registro fotográfico o en cinta de video de su equipo.

✔ Otro aspecto de la planificación contra desastres, a menudo ignorado, es la experiencia. En muchos negocios, la persona a cargo de todas las computadoras es la única que conoce cómo iniciar Word e imprimir una carta. ¿Qué ocurre si esa persona se enferma, decide trabajar con la competencia o se gana la lotería y se retira en Bahamas? No permita que ninguna persona en la oficina forme una dinastía de computación que solo él o ella pueda operar. En la medida de lo posible, distribuya la experiencia en computación.

Respaldar su Información

El objetivo principal de los respaldos es sencillo: asegurarse de que no importa qué ocurra, nunca perderá más que un día de trabajo. El mercado de valores puede caerse, pero usted nunca perderá más que un día de trabajo si está encima de sus respaldos.

Ahora que estamos de acuerdo con el propósito de los respaldos, podemos entrar con lo bueno: cómo hacerlo.

Por qué deberá comprar una unidad de cinta

Si planea respaldar los datos de los discos duros del servidor de su red, necesita un lugar donde hacerlo. Podría copiar los datos en disquetes, pero una unidad de disco de 20GB necesitaría cerca de 14,000 disquetes para lograr un respaldo completo. Esos son muchos más disquetes de lo que la mayoría de nosotros queremos mantener en nuestro armario. En lugar de disquetes, usted puede respaldar la información de su red en cinta. Con una unidad de cinta no costosa, puede copiar tanta información como 20GB en una sola cinta.

La belleza de una unidad de cinta es que puede empezar sus respaldos e irse. No tiene que cuidar a su computadora, alimentar disco por disco ni leerle un cuento. Los ahorros en mano de obra pueden pagar el costo de la unidad en la primera semana.

✔ El estilo más popular de respaldos de cinta para redes pequeñas es llamado Travan drives (cintas Travan). Vienen en una variedad de modelos con capacidades que oscilan entre 8GB y 20GB. Puede comprar una unidad de 8GB por menos de $200 y una unidad de 20GB por cerca de $300. (Las unidades Travan eran conocidas como unidades QIC).

✔ Para redes más grandes, puede obtener unidades de respaldo en cinta que ofrecen una capacidad mayor y velocidad más alta de respaldo que las unidades Travan; por más dinero por supuesto. Las unidades DAT (Digital Audio Tape) pueden respaldar hasta 40GB en una sola cinta y las unidades DLT (Digital Linear Tape) pueden almacenar hasta 80GB en una cinta. Las unidades DAT y DLT pueden costar $1,000 o más, dependiendo de la capacidad.

✔ Si usted realmente tiene cientos de gigabytes por respaldar, puede obtener unidades de respaldo en cinta automáticas que toman y cargan los cartuchos de cinta desde una biblioteca, así que puede hacer respaldos completos sin tener que cargar las cintas en forma manual. Naturalmente, estas unidades no son baratas: las pequeñas, que tienen una biblioteca de 8 cintas, tienen una capacidad de respaldo de más de 300GB, y cuestan aproximadamente $5,000.

✔Una alternativa para las unidades de cinta son las unidades de disco removibles, que son los discos duros albergados en cartuchos que pueden insertarse o quitarse como un disquete gigante. Los disco duros removibles mejor conocidos son los hechos por Iomega. Los Iomega Jaz Drive se venden por cerca de $350 y pueden respaldar hasta 2GB de información en cada cartucho.

✔ Otra alternativa para las unidades de cinta para respaldo son las unidades de CD regrabables, conocidas como unidades *CD-RW*. Una unidad CD-RW puede grabar aproximadamente 600MB de información en cada CD.

Programas de respaldo

Todas las versiones de Windows incluyen un programa de respaldo incorporado. Además, la mayoría de las unidades de cinta viene con programas de respaldo que frecuentemente son más rápidos o más flexibles que el respaldo estándar de Windows. Además, puede comprar programas sofisticados de respaldo especialmente diseñados para redes grandes, los cuales tienen servidores múltiples con datos que deben ser respaldados.

Para un simple servidor Windows 9x en una red de igual a igual, el programa de respaldo que incluye Windows es adecuado para respaldar el servidor. La Figura 15-1 muestra el programa de respaldo de Windows 98 en acción.

Los programas de respaldo hacen más que copiar de la información desde su disco duro a la cinta. Estos programas utilizan técnicas especiales de compresión para comprimir sus datos, de manera que pueda meter más información en menos cintas. Los factores de compresión de 2:1 son comunes, así que puede generalmente comprimir 4GB de datos en una cinta que retendría solamente 2GB sin comprimir. (Los fabricantes de unidades de cinta tienden a establecer la capacidad de sus unidades utilizando datos comprimidos, asumiendo una frecuencia de compresión de 2:1. Así que una unidad de 20GB tiene una capacidad descomprimida de 10GB).

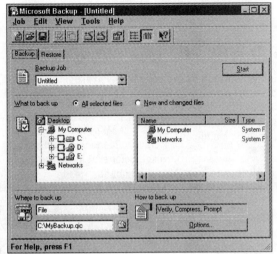

Figura 15-1:
Respaldo de
Windows .

Los programas de respaldo también mantienen la pista de cuáles datos han sido respaldados y cuáles no, además ofrecen opciones como respaldos incrementales o diferenciales que pueden simplificar el proceso de respaldo, como se describe en la sección siguiente.

No tiene que respaldar todos los archivos todos los días

Si tiene una unidad de cinta y toda la información en su red puede caber en una cinta, la mejor solución para los respaldos es asegurar toda su información cada día. Respaldar toda su información en un servidor es conocido como *full backup (respaldo completo)*.

Si tiene más información de la que puede calzar en una cinta, considere utilizar *incremental back ups (respaldos incrementales)* en su lugar. Un respaldo incremental respalda solamente los archivos que ha modificado desde que hizo el último respaldo. Son mucho más rápidos que los completos porque probablemente solo modifican unos cuantos archivos cada día. Y si los respaldos completos necesitan tres cintas, puede probablemente meter todos los respaldos incrementales de una semana en una sola cinta.

A continuación, presentamos consejos adicionales para utilizar respaldos incrementales:

Deténgame antes de que me emocioné

El bit de archivo no es una vieja rutina de Abbott & Costello ("Está bien, quiero saber quién modificó el bit de archivo." "¿Qué?." "¿Quién" "No, ¿Qué?" "Espera un minuto . . . solo dime el nombre del chico que modificó el bit de archivo!" "Eso es".).

El bit de archivo es una pequeña bandera en la entrada del directorio de cada archivo, justo a la par del nombre. En cualquier momento que un programa modifica un archivo, Windows (o su sistema operativo servidor) establece el bit de archivo en la posición ON. Luego, una vez que un progra-

ma de respaldo asegura el archivo, establece el bit del archivo en la posición OFF.

Como los programas de respaldo reinician el bit de archivo después de que respaldan un archivo, pueden utilizar el bit de archivo para seleccionar solo los archivos que han sido modificados desde el último respaldo. Ingenioso, ¿no?

Los respaldos diferenciales funcionan porque no reinician el bit de archivo. Cuando utiliza respaldos diferenciales, cada uno respalda todos los archivos que han sido modificados desde el último respaldo completo.

✔ La forma más sencilla de utilizar respaldos incrementales es hacer un respaldo completo cada lunes y luego hacer un respaldo incremental los martes, miércoles, jueves y viernes. (Esto implica que puede, por supuesto, hacer un respaldo completo por la noche del lunes. Si su respaldo completo dura más de12 horas, quizás desearía hacerlo los viernes, para que pueda operar durante el fin de semana).

✔ Cuando utiliza respaldos incrementales, el respaldo completo consiste en todas las cintas de respaldo y todas las cintas de respaldo incremental que ha hecho desde su último respaldo completo.

✔ Una variación del respaldo incremental es el *differential backup (respaldo diferencial)*. Un respaldo diferencial respalda todos los archivos que han sido modificados desde la última vez que hizo un respaldo completo. Cuando utilice respaldos diferenciales, el respaldo completo consiste en el respaldo total de discos de la mayoría de respaldos diferenciales recientes.

Respaldo del Servidor contra respaldos del cliente

Cuando respalda información de la red, tiene dos enfoques básicos para ejecutar el software de respaldo: ejecutar ese software en el archivo servidor en sí o ejecutar los respaldos desde uno de los clientes de la red. Si ejecuta los respaldos desde el servidor de archivo, atará el servidor mientras el respaldo está corriendo.

Sus usuarios reclamarán que sus accesos al servidor han adquirido el ritmo de una tortuga. Por otro lado, si ejecuta el respaldo para la red desde una computadora cliente, inundará la red con gigabytes de información que está siendo respaldada. Sus usuarios reclamarán que toda la red ha tomado el ritmo de tortuga.

El rendimiento de la red es una de las razones más importantes por las que debería intentar ejecutar sus respaldos durante las horas que está apagada, cuando otros usuarios no la están accediendo. Otra razón es que pueda realizar un respaldo más profundo. Si ejecuta su respaldo mientras otros usuarios están accediendo archivos, el programa de respaldo saltará cualquier archivo que está siendo accedido por usuarios al momento que ejecuta el respaldo. Como resultado, su respaldo no incluirá esos archivos. Irónicamente, los archivos con más posibilidad de ser dejados afuera del respaldo son a menudo los que necesitan asegurarse porque están siendo usados y probablemente modificados.

A continuación, presentamos algunos pensamientos extra sobre los respaldos de cliente y servidor:

✔ Quizás pensará que respaldar directamente desde el servidor sería más eficiente que respaldar desde un cliente porque la información no tiene que viajar por la red. En realidad, esta suposición no es generalmente el caso, porque la mayoría de las redes son más rapidas que las unidades de cinta. La red probablemente no hará los respaldos más lentos a menos que respalde durante los momentos más ocupados del día, cuando multitud de usuarios de la red está asaltando las puertas de la red.

 ✔ Para mejorar la velocidad del respaldo de la red y minimizar el efecto que tienen los respaldos sobre el resto de la red, considere utilizar un interruptor de 100Mbps, en lugar de un hub normal para conectar los servidores y el cliente de respaldo. En esa forma, el tráfico de la red entre el servidor y el cliente de respaldo no retrasa el resto de la red.

✔ Es mejor configurar un ID de usuario especial para el usuario que hace respaldos. Este ID de usuario requiere acceso a todos los archivos en el servidor. Si está preocupado por la seguridad, tome precauciones especiales para salvaguardar el ID de usuario y la contraseña de respaldo del usuario. Cualquier persona que lo conozca - y su contraseña - puede registrarse y obviar las restricciones de seguridad que ha colocado en el ID normal de ese usuario.

Puede encontrar problemas potenciales de seguridad al restringir el ID de ususario de respaldo a un cliente en especial y a un momento especial del día. Si es realmente inteligente (y paranoico), puede establecer la cuenta del usuario de respaldo para que el único programa que pueda ejecutar sea el programa de respaldo.

✔ Cualquier archivo que esté abierto mientras el respaldo está operando no será respaldado. Generalmente, no es un problema ya que los respaldos se corren en las horas de poco tráfico de red cuando las personas se han ido a sus casas. Sin embargo, si alguien deja su computadora encendida con un documento de

Word abierto, ese documento no será respaldado. Una forma de solucionar este problema es configurar el servidor para que automáticamente saque a todos los usuarios de la red antes de efectuar respaldos.

Windows NT/2000 Server suministra un grupo de usuarios especial que puede utilizar para crear usuarios de respaldo.

¿Cuántos juegos de respaldos debería mantener?

No intente cortar costos al comprar una cinta de respaldo y reutilizarla todos los días. ¡Qué ocurre si accidentalmente elimina un archivo importante el martes y no descubre su error hasta el jueves? Como el archivo no existía el miércoles, no estará en la cinta de respaldo de ese día. Si solo tiene una cinta que reutiliza todos los días, está en problemas.

El esquema más rápido es utilizar una nueva cinta de respaldo cada día y mantener todas las cintas viejas en una bóveda. Sin embargo, pronto su bóveda de cintas puede empezar a verse como una bodega donde almacenaron el Arca de la Alianza en "Raiders of the Lost Ark".

Como un compromiso entre estos dos extremos, la mayoría de los usuarios compran varias cintas y las rotan. De esa forma, siempre tiene cintas de respaldo en caso de que el archivo que necesite no esté en la cinta de respaldo más reciente. Esta técnica es llamada *rotación de cinta* y algunas variaciones son de uso común:

✔ El camino más sencillo es comprar tres cintas y llamarlas A, B y C. Usted utiliza las cintas diariamente en secuencia: A el primer día, B el segundo, C el tercero, luego A el cuarto, B el quinto, C el sexto, y así sucesivamente. En un día dado, tiene tres generaciones de respaldos: el de hoy, el de ayer y el de anteayer. Los fanáticos de la computación llaman estas cintas *abuelo, padre* e *hijo*.

✔ Otro enfoque simple es comprar cinco cintas y utilizar una cada día de la semana.

✔ Una variación de este esquema es comprar ocho cintas. Tome cuatro de ellas y escriba *lunes* en una etiqueta, *martes* en otra, *miércoles* en la tercera y *jueves* en la cuarta. En las otras cuatro cintas, escriba *Viernes 1, Viernes 2, Viernes 3* y *Viernes 4*. Ahora guinde un calendario en la pared cerca de la computadora y enumere todos los viernes en el año: 1, 2, 3, 4, 1, 2, 3, 4, y así sucesivamente.

De lunes a jueves, utilice la cinta de respaldo diaria apropiada. Cuando hace los respaldos el viernes, consulte el calendario para decidir cuál cinta de viernes utilizar. Con este esquema, siempre tiene cuatro cintas de respaldo de viernes, además de las cintas individuales por los últimos cinco días.

✔ Si hay información de libros en la red, es una buena idea hacer una copia de todos sus archivos (o al menos todos sus archivos de contabilidad) inmediatamente antes de cerrar los libros cada mes y conservar esos respaldos para cada mes del año. ¿Quiere eso decir que debería comprar 12 cintas adicionales? No necesariamente. Si respalda sus archivos de contabilidad, probablemente puede meter todos los 12 meses en una sola cinta. Solo asegúrese de que respalda con "append to tape", en lugar de la opción "erase tape", para que los contenidos anteriores de la cinta no se destruyan. Y trate estos respaldos de contabilidad completamente separados de su rutina de respaldo diaria.

Debería también mantener al menos un respaldo completo reciente en otro lugar. En esa forma, si su oficina es víctima de un misil Scud errante o un asteroide pícaro, puede re-crear su información desde la copia de respaldo que tenía en otro lugar.

Unas palabras sobre la confiabilidad de la cinta

Por experiencia, hemos encontrado que aunque las unidades de cinta son muy confiables, de vez en cuando se estropean. El problema es que no siempre le dirán que no están funcionando. Una unidad de cinta - especialmente del tipo menos costoso de Travan - puede dar vuelta por horas, pretendiendo respaldar su información, cuando en realidad no está grabando. En otras palabras, una unidad de cinta puede engañarlo haciéndolo pensar que sus respaldos están trabajando bien, pero cuando ocurre el desastre y necesita sus cintas de respaldo puede descubrir que las cintas no tienen nada.

¡No entre en pánico! Tiene una forma sencilla para asegurarse de que su unidad de cinta está funcionando. Solo active la opción "compare after backup" de su software de respaldo. Luego, tan pronto como su programa de respaldo termine de respaldar la información, retroceda la cinta, lea el archivo respaldado y lo compara con la versión original en disco. Si todos los archivos se comparan, sabe que puede confiar en los respaldos.

A continuación, presentamos algunas aclaraciones adicionales acerca de la confiabilidad de las cintas:

✔ La función de comparar duplica el tiempo requerido para hacer un respaldo, pero eso no importa si todo su respaldo entra en una cinta. Puede correr el respaldo más tarde. Si la operación de respaldo y reparación dura una o diez horas no importa, en la medida que haya terminado para el momento en que llegue al trabajo al día siguiente.

✔ Si sus respaldos requieren más de una cinta, quizás no desee correr la opción de comparar después del respaldo todos los días. Pero asegúrese de ejecutarla periódicamente para revisar que su unidad de cinta esté trabajando.

✔ Si su programa de respaldo reporta errores, tire la cinta y utilice una nueva.

Cambiar el Aceite cada 3,000 Millas

Al igual que los autos, los discos duros necesitan mantenimiento periódico. Afortunadamente, todas las versiones de Windows, así como NetWare, incluyen programas que pueden hacer algo de ese mantenimiento.

ScanDisk

Malas noticias: Windows algunas veces tiene problemas manteniendo la pista de todos los archivos que usted amontona en las unidades de disco de su computadora. En particular, si su perro se para sobre el cordón de energía de su computadora mientras está trabajando en un archivo, Windows puede perder el rastro de exactamente dónde está el archivo en el disco. Lo mismo puede ocurrir cuando apaga su computadora sin primero escoger Shut Down en el menú de Start y esperar a que Windows le diga que puede apagarla.

Buenas noticias: Windows incluye un programa llamado ScanDisk, que puede corregir el tipo de daño de archivo que ocurre cuando su computadora es apagada en el momento incorrecto. De hecho, ScanDisk hace un buen trabajo al corregir este tipo de problema que Windows ejecuta automáticamente cuando enciende de nuevo su computadora después de apagarla sin haber utilizado el comando Start⇨Shut Down.

ScanDisk hace más que reparar archivos dañados por algún cierre prematuro. ScanDisk puede también revisar la confiabilidad de los discos duros de su computadora al intentar grabar algo en cada sector de su disco y luego leerlo para ver si funcionó. (No se preocupe, ScanDisk hace esto sin alterar la información existente en su disco). La Figura 15-2 muestra la versión de Windows XP de ScanDisk. (Para acceder a este programa en Windows XP, abra My Computer, haga clic derecho sobre el icono para el disco que desea revisar, y luego seleccione Properties. Haga clic sobre la pestaña Tools; luego haga clic sobre el botón Check Now).

ScanDisk puede hacer una revisión profunda de la superficie de grabación de su disco para asegurarse de que puede leer y grabar información sin problemas. La revisión dura un poco, pero vale la pena esperar.

Figura 15-2:
ScanDisk.

Si ScanDisk detecta un problema, despliega un mensaje que lo describe y ofrece arreglarlo. Lea las instrucciones en la pantalla y seleccione la función "More Info" si no comprende qué está ocurriendo.

Windows NT incluye su propia versión de ScanDisk incorporada en el programa Disk Administrator. Para activarlo, escoja Start⊏⟩Programs⊏⟩ Administrative Tools⊏⟩Disk Administrator.

Desfragmentar disco

Otro tipo de rutina que debería realizar en su computadora periódicamente es desfragmentar sus discos duros. Al desfragmentar una unidad, reacomoda toda la información almacenada en ella de manera que toda pueda ser accedida en forma eficiente. Como el uso normal de la información hace que la mayoría de las unidades se disperse, o fragmente, entonces desfragmente sus unidades regularmente.

Windows incluye un programa que desfragmenta su disco duro, llamado en forma muy apropiada Disk Defragmenter. Puede encontrarlo en el menú de Start, al escoger Programs⊏⟩Accessories⊏⟩System Tools.

Protegerse de Virus Espantosos

Los virus son uno de los fenómenos de computación más incomprendidos en estos días. ¿Qué es un virus? ¿Cómo funciona? ¿Cómo se esparce de una computadora a otra? Me alegra que haya preguntado.

¿Qué es un virus?

No se equivoque, los virus son reales. Ahora que la mayoría de nosotros estamos conectados a la Internet, los virus pueden realmente haber despegado. Cada usuario de computadora es susceptible de ataques de virus de computadoras y el utilizar una red aumenta su vulnerabilidad, porque expone a todos los usuarios de la red al riesgo de ser infectados por un virus en cualquiera de las computadoras de los usuarios.

Los virus no aparecen espontáneamente de la nada. Son programas de computación creados por programadores maliciosos que han perdido unos cuantos tornillos y deberían ser puestos detrás de las barras.

Lo que convierte a un virus en una amenaza es su capacidad de hacer copias de sí mismo que se pueden dispersar por todas las máquinas. Estas copias, a su vez, hacen más copias que se dispersan todavía a más computadoras y así sucesivamente, *ad nauseam*.

Luego, el virus espera pacientemente hasta que algo lo active - quizás cuando digita un comando en particular, pulsa una cierta tecla o llega cierta fecha, dependiendo de quién lo creó y qué desea que ocurra. Lo que hace un virus depende de lo que su creador desea que haga. Algunos virus despliegan inofensivamente un mensaje, pero otros borran toda la información en su disco duro. Ouch.

Hace unos años, los virus se pasaban de una computadora a otra por medio de un disquete. Cuando alguien pedía prestado un disquete de algún amigo, usted corría el riesgo de que su propia computadora se contaminara y el virus se pasara al disco.

Hoy día, los programadores de virus han descubierto que el correo electrónico es mucho más eficiente para esparcirlos. Por lo general, un virus se disfraza como un archivo adjunto interesante y útil, como instrucciones acerca de cómo ganar $1,000,000 en su tiempo libre, fotografías de celebridades desnudas o un saludo del Día de los Enamorados de un ex novio o ex novia. Cuando un usuario curioso hace doble clic sobre ese archivo, el virus cobra vida y se copia en todas las computadoras de los usuarios y, en algunos casos, envía copias de sí mismo a todos los nombres en el libro de direcciones.

Una vez que el virus se ha metido en una computadora de una red, averiguará cómo esparcirse a las otras computadoras.

A continuación, presentamos más consejos para proteger su red de ataques de virus:

✔ El término *virus* es a menudo utilizado para referirse no solo a los programas verdaderos de virus (que son capaces de duplicarse solos) sino también a cualquier otro tipo de programa diseñado para dañar su computadora. Estos programas incluyen otros llamados *Trojan horse (caballo de Troya)* que, por lo general, lucen como juegos pero en realidad son formateadores de disco duro.

✔ Los expertos en virus de computadoras han identificado varios miles de "deformaciones" de virus. Muchos tienen nombres llamativos, como I Love You, Stoned Virus y Michelangelo Virus.

✔ Los programas antivirus pueden reconocer virus conocidos y eliminarlos de su sistema y pueden encontrar señales de virus desconocidos. Desafortunadamente, los idiotas que escribieron los virus no son tan idiotas (en el sentido intelectual), así que están constantemente desarrollando nuevas técnicas para evadir la detección de programas antivirus. Los nuevos virus son frecuentemente descubiertos y los programas antivirus son periódicamente actualizados para detectarlos y eliminarlos.

✔ Un _gusano_ es similar a un virus, pero no infecta en realidad otros archivos. En su lugar, solo se copia en otras computadoras en una red. Una vez que un gusano se ha propagado a su computadora, no se sabe qué es lo que puede hacer. Por ejemplo, un gusano puede escanear su disco duro para obtener información interesante como contraseñas o números de tarjeta de crédito y enviarlos por correo electrónico al autor del gusano. ¡Muy preocupante!

Programas antivirus

La mejor forma de proteger su red de la infección de virus es utilizar un programa antivirus. Estos programas tienen un catálogo de varios miles de virus conocidos que pueden detectar y eliminar. Además, pueden detectar los tipos de cambios que, por lo general, hacen los virus a los archivos de su computadora, lo cual disminuye la probabilidad de que algunos virus desconocidos se hayan ido sin detectar.

En un momento, Microsoft se metió en el negocio de programas antivirus y diseñó su última y mejor versión de MS-DOS con un programa antivirus llamado MSAV. Desafortunadamente, ni Windows 9x ni Windows NT/2000 Server vienen con protección antivirus, así que tiene que comprar un programa por su cuenta. Los dos programas antivirus más conocidos para Windows son Norton Antivirus de Symantec y VirusScan de McAfee.

Los buenos amigos que hacen los programas antivirus mantienen sitios de Internet con actualizaciones para permitirles a sus programas capturar virus recién descubiertos. Consulte la documentación que viene con su programa antivirus para descubrir cómo puede obtener estas actualizaciones.

Computación segura

Aparte de ejecutar un programa antivirus, tiene unas cuantas precauciones adicionales que puede tomar para asegurarse de estar libre de virus. Si no les ha hablado a sus hijos sobre las prácticas de computación seguras, mejor empiece pronto.

✔ Respalde su información regularmente. Si es atacado por un virus, quizás necesita que el respaldo recupere su información. ¡Asegúrese de que restaura desde un respaldo que fue creado antes de ser infectado! Si es infectado por un virus, ejecute su programa antivirus para revisar las cintas de respaldo y elimine los archivos infectados.

✔ Si compra software en una tienda y descubre que el sello está roto en el paquete del disco, regréselo. No intente instalarlo en su computadora. Usted no escucha hablar de software estropeando tan a menudo, pero si compra software que ha sido abierto, puede bien estar alterado con una infección por virus.

✔ Utilice su software antivirus para examinar su disco después de que su computadora haya ido a un taller de reparación o trabajara para un consultor. Estos chicos no pretenden hacer daño, pero por lo general esparcen los virus accidentalmente simplemente porque trabajan en muchas computadoras extrañas.

✔ No abra archivos adjuntos de correo electrónico de personas que no conoce o archivos adjuntos que no estaba esperando. Y no les permita a sus usuarios habilitar la opción HTML en sus programas de correo electrónico. Todo es demasiado fácil para incrustar un virus en un mensaje de correo electrónico de HTML. Dichos virus pueden ser activados simplemente leyendo el mensaje que contienen.

✔ Utilice su software antivirus para escanear cualquier disquete que no le pertenece antes de acceder a cualquiera de sus archivos.

Cuidado con los virus que se ejecutan automáticamente

Hace unos días, apareció un nuevo tipo de virus. Antes, se podía asumir sin problema que los virus se transmitían solamente por archivos de programa. En otras palabras, no podría coger un virus de un archivo de documento como un documento procesador de palabras. Desafortunadamente, esta suposición ya no es absolutamente verdadera. La mayoría de los programas modernos de procesador de palabras y hoja electrónica (incluyendo Word, WordPerfect, WordPro, Excel y Lotus 1-2-3) tienen una opción llamada autorun macros (macros que corren automáticamente), los cuales le permiten adjuntar programas pequeños llamados macros a archivos de documentos. Estos macros entonces se ejecutan automáticamente cuando se abre el documento.

Desafortunadamente, personas inescrupulosas descubrieron cómo explorar esta opción aparentemente inocente para infectar archivos de documentos con virus. Así que pescar un virus desde un archivo de documento es ahora posible.

La mejor protección contra esta nueva amenaza de virus es asegurarse de que tiene la versión más reciente de un buen programa antivirus como VirusScan de McAfee. Las últimas versiones de estos programas deberían poder detectar documentos con virus.

Capítulo 16

Cómo Estar Encima de su Red y Mantener a los Usuarios Lejos de Usted

*L*os administradores de la red realmente reciben un mal trato. Los usuarios llegan a él cuando algo sale mal, sin importar si el problema tiene algo que ver con la red. Tocan a su puerta si no pueden entrar a la red, si han perdido un archivo o si no pueden recordar cómo utilizar el microondas. Probablemente, hasta le pidan que les enseñe a programar sus VCRs.

Este capítulo da una pincelada a unas cuantas cosas básicas que puede hacer para simplificar su vida como administrador de la red.

Capacitar a sus Usuarios

Después de que tiene su red lista y en operación, invite a todos los usuarios de la red a la Escuela de Modales en la Red, para que pueda enseñarles cómo comportarse en la red. Enséñeles los aspectos básicos para acceder a la red, asegúrese de que comprendan acerca de compartir archivos y explíqueles las reglas.

Una forma maravillosa de preparar a sus usuarios para esta sesión es pedirles que lean los primeros seis capítulos de este libro. Recuerde, escribimos estos capítulos con el usuario de la red en mente, así que explican los aspectos básicos de la vida en la red. Si sus usuarios leen esos capítulos primero, están en una posición mucho mejor para hacer buenas preguntas en la escuela de obediencia.

A continuación, presentamos más formas de hacer el proceso de capacitación indoloro para usted y sus usuarios:

✔ **Escriba un resumen de lo que sus usuarios necesitan saber sobre la red, en una página si es posible.** Incluya el ID de usuario de todos, los nombres de los servidores, las asignaciones de unidad de red e impresoras y el procedimiento para registrarse en la red. Asegúrese de que todos tienen una copia de esta Hoja de Referencia de la Red.

✔ **Enfatice la etiqueta de la vida en red.** Asegúrese de que todos comprendan que todo el espacio libre en la unidad de la red no es su espacio personal. Explique la importancia de tratar los archivos de otras personas con respeto. Sugiera que los usuarios revisen con sus amigos usuarios antes de enviar un trabajo de impresión de tres horas hacia la impresora de la red.

✔ **No fanfarronee con su papel de administrador de la red.** Si no es un genio de la computación, no pretenda ser uno solo porque sabe un poco más que los demás. Sea directo con sus usuarios. Dígales que todos están en esto juntos y que va a hacer su mejor esfuerzo para resolver cualquier problema que pudiera ocurrir.

✔Si les pide a sus usuarios leer los primeros seis capítulos de este libro, preste atención especial al Capítulo 6, específicamente la parte sobre los sobornos. Sutilmente sugiera cuáles son sus favoritos.

Organizar una Biblioteca

Una de las más grandes desventajas de ser el administrador de la red es que cada usuario de la red espera que usted sea un experto en todos los programas de computación que él o ella utilice. Esa es una tarea bastante manejable cuando tiene solamente dos usuarios de red y el único programa que utiliza es Microsoft Word. Pero si tiene un montón de usuarios que tienen una manada de programas, ser un experto en todos ellos es casi imposible.

La única salida a este dilema es establecer una biblioteca de computación bien surtida que tenga toda la información que necesite para resolver problemas que aparecen. Cuando un usuario lo molesta con alguna pulga no descubierta antes, puede decir con confianza, "Ahora estoy contigo para ver eso".

Su biblioteca deberá incluir lo siguiente:

✔ **Una copia de su portafolio de la Red:** Toda la información que necesita sobre la configuración de su red debería estar en este portafolio (no ponga la copia original del portafolio de la red en la biblioteca. Mantenga el original bajo llave en su oficina).

✔ **Una copia de los manuales para cada programa utilizado en la red:** La mayoría de los usuarios ignora los manuales, así que no les importará si los "pide prestados" para la biblioteca. Si un usuario comparte un manual, al menos haga una nota de su ubicación para que sepa dónde encontrarlo.

✔ **Una copia del *Windows Resource Kit* para cada versión de Windows en uso de su red:** Puede obtener el Windows Resource Kit en cualquier tienda de libros que tiene una sección bien surtida de los libros de computación.

✔ **Una copia del manual o manuales del software de la red.**

✔ **Al menos 20 copias de este libro:** (Bueno, tengo recibos que pagar). En serio, su biblioteca debería contener libros adecuados para su nivel de la experiencia. Por supuesto, los libros *Para Dummies* están disponibles sobre casi todos los temas de computación. Dedicar toda una repisa a estos libros amarillos y negros no es una mala idea.

Estar al Día con la Industria de la Computación

El negocio de la computación cambia rápidamente y sus usuarios esperan que usted esté informado de todas las últimas tendencias y desarrollos. "Hey, Ward," preguntan, "¿qué piensa sobre la nueva versión de SkyWriter? ¿Deberíamos actualizarnos o quedarnos con la Version 23?"

"Hey, Ward, deseamos crear un sitio Web en la Intranet. ¿Cuál es el mejor editor de páginas Web por menos de $200?"

"Hey, Ward, mi hijo desea comprar una segunda tarjeta de sonido. ¿Cuál es mejor, la SoundSmacker Pro o la BlabberMouth 9000?"

La única forma de dar respuestas medio inteligentes a preguntas como estas es leer acerca de la industria. Visite su puesto de revistas local y escoja unas cuantas revistas de computación que le llamen la atención.

✔ Suscríbase al menos a una revista de computación sobre interés general y una revista específicamente escrita para usuarios de red. De esa forma, puede mantenerse informado de las tendencias generales además de las cosas específicas que se aplican solo a redes.

- ✔ Suscribirse a boletines de correo electrónico que tienen información acerca de los sistemas que utiliza.

- ✔ Busque revistas que tengan una mezcla de artículos "cómo hacer" y revisiones de nuevos productos.

- ✔ No ignore el valor de los anuncios en muchas de las revistas más grandes de computación. Algunas personas (incluyéndome a mí) se suscriben a ciertas revistas para leer los anuncios al igual que los artículos.

- ✔ Tenga presente que la mayoría de las revistas de computación es muy técnica. Intente encontrar revistas escritas a su nivel. Puede descubrir que en uno o dos años, está listo para reemplazar su revista habitual por una que sea más técnica.

El Gurú también Necesita un Gurú

No importa cuánto sepa sobre computadoras, muchas personas conocen más que usted. Esta regla parece aplicar a cada escalón de la escalera de la experiencia en computación. Estoy seguro de que un escalón superior existe en alguna parte, ocupado por el mejor gurú de computación del mundo. Pero no me estoy sentando en ese peldaño ni tampoco usted. (Ni siquiera Bill Gates. De hecho, Bill Gates llegó donde está hoy al contratar a gente en peldaños más altos).

Como gurú local de computación, uno de los activos más valiosos puede ser un amigo reconocible que esté uno o dos grados sobre usted en la escala de fanáticos. De esa forma, cuando se encuentra un problema real, tiene un amigo que puede llamar para pedir consejo. A continuación, presentamos algunos consejos para manejar su propio gurú:

- ✔ Al lidiar con su propio gurú, no olvide la Regla de Oro de los Fanáticos de Computación: "Haz a tu gurú lo que te gustaría que tus usuarios te hicieran a tí". No moleste a su gurú con cosas sencillas en las que no ha tenido tiempo para pensar. Pero si ha pensado en ello y no puede encontrar una solución, llame a su gurú. La mayoría de los expertos en computación le da la bienvenida a la oportunidad de abordar un problema inusual de computación. Es un defecto genético.

- ✔ Si no conoce a alguien que sepa más acerca de computadoras que usted, considere unirse al grupo local de usuarios de PC. El grupo puede incluso tener un subgrupo que se especializa en su software de redes o puede estar dedicado por entero a amigos locales que utilizan el mismo software de redes que usted. Las probabilidades son que hará uno o dos amigos en una reunión de grupo de usuarios. Y puede probablemente convencer a su jefe de pagar cualquier cuota requerida para unirse al grupo.

- ✔ Si no puede encontrar un gurú en la vida real, intente un gurú en línea. Revise varios grupos de noticias de computación en la Internet. Y suscríbase a los boletines informativos en línea que le son entregados automáticamente por medio del correo electrónico. (Puede encontrar una buena lista de boletines informativos en línea buscando la categoría de computación de Yahoo *Newsletter.*)

✔ Recuerde que puede utilizar los sobornos enumerados en el Capítulo 6 con su propio gurú. Todo el propósito de estos sobornos es hacer que su gurú se sienta querido y apreciado.

Fanfarroneos y Excusas Útiles

Como administrador de la red, algunas veces no podrá resolver un problema, al menos inmediatamente. Puede hacer dos cosas en esta situación. La primera es explicar que el problema es particularmente difícil y que tendrá una solución lo antes posible; la segunda es mentir. A continuación, presentamos algunas de las excusas favoritas y explicaciones extrañas:

✔ Culpe a la versión de cualquier software que esté utilizando.

✔ Culpe a los chips de memoria baratos, importados.

✔ Culpe a los Demócratas o a los Republicanos. Lo que sea.

✔ Culpe a los ejecutivos de Enron.

✔ Espero que el problema no fuera causado por electricidad estática. A ese tipo de problemas es muy difícil seguirles la pista. Dígales a sus usuarios que no descargar adecuadamente antes de utilizar sus propias computadoras puede causar todo tipo de problemas.

✔ Necesita más memoria.

✔ Necesita un disco más grande.

✔ Necesita una Pentium 4 para hacer eso.

✔ No puede hacer esto en Windows 2000.

✔ Puede solamente hacerlo en Windows 2000.

✔ No está utilizando Windows 2000, ¿o sí?

✔ Tendrá que esperar por Windows .NET Server.

✔ Podría ser un virus.

✔ O manchas solares.

✔ Solo trabajo y nada de cerveza hace a Homer algo algo algo . . .

Parte IV
"Webificar"
su Red

"UNA DE LAS PRIMERAS COSAS QUE DEBE HACER ANTES DE
CONECTAR NUESTRA RED A LA INTERNET ES DESVIAR LA
ATENCIÓN DE LOS USUARIOS PARA MANTENERLOS
TRANQUILOS DURANTE EL PROCEDIMIENTO".

En esta parte . . .

Usted descubre cómo combinar su red con la Internet. En estos capítulos, usted aprenderá cómo conectar su red a la Internet, cómo instalar un servidor Web, y cómo crear sus propias páginas Web, ¡Feliz "surfing"! y tenga cuidado ahí afuera.

Capítulo 17

Conectar su Red a la Internet

Así que ha decidido conectar su red a la Internet. Todo lo que tiene que hacer es correr a la tienda de descuento de computación, comprar un módem y conectarlo, ¿no es cierto? Falso. Desdichadamente, conectarse a la Internet involucra más que solo instalar un módem. Para principiantes, tiene que estar seguro de que un módem es la forma correcta de conectarse (otros métodos son más rápidos, pero más costosos). Luego, tiene que seleccionar y configurar el software que utiliza para acceder a la Internet. Finalmente, tiene que quedarse despierto en la noche y vigilar que los *hackers (piratas)* no estén irrumpiendo en su red por medio de su conexión a la Internet.

Conectarse a la Internet

Conectarse a la Internet no es gratis. Para empezar, tiene que comprar el equipo de computación necesario para efectuar la conexión. Luego, necesita obtener una conexión de un *Proveedor de Servicio a la Internet o ISP*. El ISP le cobra una tarifa mensual que dependerá de la velocidad y capacidad de la conexión.

Las siguientes secciones describen los métodos más comúnmente utilizados para conectar usuarios de red a la Internet.

Conectarse con modems

Un *modem (módem)* es un dispositivo que le permite a su computadora conectarse a otra por medio de un teléfono. Cuando quiera accesar la Internet, el módem usa una línea telefónica para marcar al proveedor de Internet. Por esta razón, una conexión con módem es llamada *"dial-up connection"*.

Los módems son la manera más común y barata de conectarese a la Internet, pero también la más lenta. Los módems son baratos, usted puede obtener algunos hasta por $20. La velocidad estándar de un módem es de 56 Kbps, lo que significa que estos pueden enviar aproximadamente 56,000 bits de información por segundo a través de una conexión telefónica.

Para utilizar un módem, debe también tener una línea telefónica con un enchufe localizado cerca de la computadora. El módem une la línea telefónica cuando está conectado a la Internet, de manera que no puede utilizar el teléfono para una conversación de voz y conectarse a la Internet al mismo tiempo. (Si usted tiene llamada en espera o *call-waiting* en la línea que utiliza para conectarse a la Internet, asegurese de deshabilitarla antes de conectarse.) Si necesita usar el teléfono y la Internet al mismo tiempo necesitará tener líneas separadas para voz y datos.

Si va a conectar sus usuarios de red a la Internet con modems, sugiero que le brinde a cada uno de ellos un módem y una línea telefónica. De esa manera cada usuario puede acceder a la Internet independientemente de la LAN. Una vez que haya instalado los modems y las líneas telefónicas, contacte a su proveedor de servicio a la Internet y esta gente le podrá ayudar a crear sus cuentas a la Internet.

Si varios de sus usuarios requieren de solo una acceso occasional a la Internet, considere agregar un módem a un servidor y luego utilice la opción Windows Internet Connection Sharing para compartir la conexión de marcado a través de la red. Para más información acerca de compartir conexiones de marcado, refiérase a la sección "Compartir una Conexión a la Internet" más adelante en este capítulo.

Francamente, las conexiones de módem a la Internet se están convirtiendo rápidamente en algo del pasado. Estos se están sustituyendo rápidamente por conexiones de alta velocidad como son las de cable o DSL. Del mismo modo que disfruto contarles a mis niños acerca de cómo teníamos "líneas compartidas" en nuestros teléfonos, lo cual implicaba que podíamos utilizar el teléfono solo si nuestros vecinos no lo estaban usando, mis niños algún día les contará a los suyos acerca de aquellos días cuando tuvieron un "módem" en sus teléfonos para conectarse a la Internet y podían escucharlo marcar a la Internet, y lo emocionados que se ponían al escuchar la conexión con un chirrido y un zumbido. ¡Ah, qué días aquellos!

Conectarse con cable o DSL

Si los usuarios de su red utilizarán la Internet frecuentemente, quizás desee considerar uno de los métodos relativamente nuevos de conectarse a la Internet: cable y DSL. Frecuentemente, las conexiones de cable y DSL se conocen como *conexiones de banda ancha*, por razones técnicas que realmente no desea saber.

El acceso a la Internet por cable trabaja en el mismo cable que trae 40 billones de canales de TV a su casa, mientras que DSL es un servicio telefónico digital que funciona con una línea telefónica estándar. Ambos ofrecen tres ventajas importantes sobre las conexiones de marcado normal:

✔ **El cable y DSL son mucho más rápidos que las conexiones de marcado.** Una conexión por cable puede estar en cualquier parte de 10 a 200 veces más rápido que la conexión por marcado, dependiendo del servicio que obtenga. Y la velocidad de una línea DSL es comparable al cable.

✔ **Con cable y DSL, siempre está conectado a la Internet.** No tiene que conectarse y desconectarse cada vez que desee estar en línea. No espere más para que el módem marque a su proveedor de servicios y escuche el molesto grito del módem cuando intenta establecer una conexión.

✔ **El cable y DSL no afectan una línea telefónica mientras está en línea.** Con el cable, su conexión a la Internet funciona con cables de TV en lugar de cables telefónicos. Y con DSL, la empresa telefónica instala una línea telefónica para el servicio de DSL, así que su línea telefónica regular no se ve afectada.

Desafortunadamente, no existe eso de un almuerzo gratis y las conexiones de alta velocidad, siempre encendidas ofrecidas por cable y DSL tienen un costo. Para comenzar, puede esperar pagar una cuota mensual más alta por el cable o DSL. En la mayoría de las áreas de los Estados Unidos, el cable cuesta cerca de $50 al mes para usuarios residenciales; los usuarios de negocios pueden esperar pagar más, especialmente si más de uno está conectado a la Internet por medio del cable.

El costo por el servicio DSL depende de la velocidad de acceso que escoja. En algunas áreas, los usuarios residenciales pueden obtener una conexión DSL relativamente lenta por solo $30 al mes. Para velocidades de acceso más altas o para usuarios de negocios, DSL puede costar sustancialmente más.

El acceso por cable y DSL no está disponible en todas partes. Si vive en un área donde el cable o DSL no está disponible, puede obtener acceso a la Internet de alta velocidad vía conexión por satélite. Con el acceso vía satélite, todavía necesita un módem y una línea telefónica para enviar información desde su computadora a la Internet. El satélite es utilizado solamente para recibir información desde la Internet. Aún así, una configuración de satélite como esta es mucho más rápida que una conexión solo por módem.

DSL significa *Digital Subscriber Line*, pero eso no estará en la prueba.

¿Qué ocurre con ISDN?

ISDN, que significa Red Digital de Servicios Integrados, es un servicio telefónico digital que fue popular hace algunos años como una alternativa a las conexiones de marcado. La ISDN permite que los datos sean enviados dos veces más rápido que por medio de una línea telefónica convencional — hasta 128Kbps (kilobits por segundo) en lugar de 56Kbps. Como una ventaja adicional, una sola línea de ISDN puede ser dividida en dos canales separados para que pueda llevar a cabo una conversación al mismo tiempo que su teléfono está conectado a la Internet.

Suena fabuloso, ¿no? — pero solo existe una desventaja, es muy costosa. Una conexión de ISDN no requiere de un módem. En su lugar, se utiliza un adaptador de ISDN especial que le cuesta al menos unos $250. Además, tiene que pagarle a la compañía de teléfonos desde $50 hasta $200 para instalar la línea de ISDN, y pagar un cargo mensual que varía desde $25 hasta $50 en los Estados Unidos (dependiendo del área). Y como si no fuera suficiente, puede ser facturado por minuto de uso. Por ejemplo, en mi área, una línea de ISDN cuesta $24.95 por mes, más cargos de uso de aproximadamente un céntimo por minuto.

Con la propagación del acceso económico por cable módem en muchas áreas y el costo más reducido de acceso de DSL, la ISDN se está convirtiendo rápidamente en una cosa del pasado. Fue una buena idea en su momento, pero ese tiempo ya ha pasado a la historia.

Conectarse con líneas privadas de alta velocidad: T1 y T3

Si está realmente serio acerca de conexiones a la Internet de alta velocidad, contacte a su compañía telefónica local (o compañías) para instalar una línea digital de alta velocidad dedicada. Estas líneas pueden costarle mucho (alrededor de cientos de cientos de dólares por mes), así que son mejores para redes grandes en las cuales 20 o más usuarios están accediendo a la Internet simultáneamente.

Una línea T1 tiene diez veces la capacidad de una conexión ISDN, con velocidades de hasta 1.544Mbps. Una línea T1 puede servir hasta para 24 usuarios simultáneamente. Cada usuario tiene una conexión de 64Kbps a la Internet, vagamente equivalente a la velocidad que cada usuario puede lograr con un módem de 56Kbps dedicado y una línea telefónica o una conexión ISDN. Sin embargo, entre menos usuarios, la velocidad de cada conexión puede ser mayor.

Una línea T3 es incluso más rápida que una línea T1. Una línea T3 transmite información a velocidades impresionantes de 44.184Mbps. Cada línea T3 puede ser dividida en 28 líneas T1. Como cada línea T1 puede manejar a 24 usuarios a 64Kbps, una línea T3 puede manejar a 672 usuarios (24 x 28 = 672). Por supuesto, las líneas T3 también son más costosas que las T1.

Si no tiene suficientes usuarios para justificar el gasto de una línea T1 o T3 entera, puede rentar solo una porción de la línea. Con una *fractional T1 line (línea T1 fraccional)*, puede obtener conexiones con velocidades entre 128Kbps y 768Kbps, y con una *fractional T3 line (línea T3 fraccional)*, puede obtener velocidades que oscilan entre 4.6Mbps y 32Mbps.

Establecer una conexión T1 o T3 a la Internet es una buena opción para los profesionales. Obtener este tipo de conexión para trabajar es mucho más complicado que establecer una LAN básica.

Puede estarse preguntando si las líneas T1 o T3 son realmente más rápidas que las conexiones de cable o DSL. Después de todo, T1 corre a 1.544Mbps y T3 se traslada a 44.184Mbps y, por otra parte, los cables y DSL alegan enlazarse a velocidades similares. Pero existen muchas diferencias que justifican el sustancial costo adicional de una línea T1 o T3. En particular, una línea T1 o T3 es una línea dedicada que no es compartida por ningún otro usuario y son conexiones de alta calidad, así que realmente obtiene las velocidades de conexión de 1.544 o 44.184. En contraste, ambas conexiones de cable y DSL generalmente corren a velocidades máximas sustancialmente inferiores a lo que indican debido a las conexiones de baja calidad.

Compartir una Conexión a la Internet

Después de que haya escogido un método para conectarse a la Internet (módem de marcado, DSL, cable módem, o una línea T1 o T3 de alta velocidad) puede dirigir su atención hacia establecer las conexiones, de manera que pueda ser compartida por más de un usuario en su red.

Una forma de compartir una conexión a la Internet entre varios usuarios de la red es utilizar una opción de Windows conocida como ICS, que significa Internet Connection Sharing. ICS viene con todas las versiones de Windows desde Windows 98 Second Edition. Con ICS, solamente una computadora, conocida como *gateway computer (computadora de entrada)*, tiene una conexión directa a la Internet, como una conexión de módem de marcado o una conexión DSL. Las otras computadoras en su red se conectan a la Internet por medio de la computadora de entrada.

A continuación, presentamos algunos puntos clave para tener en mente acerca de Internet Connection Sharing:

✔ ICS utiliza una técnica llamada *Network Address Translation (Traducción de la Dirección de la Red)*, o *NAT*, para hacer pensar a la Internet que toda su red es realmente una sola computadora con una dirección IP. Cuando una de las computadoras en su red solicita información desde la Internet, ICS reemplaza la dirección IP de esa computadora con la dirección IP de la computadora de entrada antes de enviar la solicitud a la Internet. Luego, cuando la información solicitada retorna desde la Internet, ICS descubre cuál computadora de su red solicitó la información y la envía a la computadora correcta. En esta forma, toda la interacción con la Internet está encauzada a través de la computadora de entrada.

✔ ICS permite que varios usuarios de la red compartan una conexión a la Internet simultáneamente. Como resultado, los múltiples usuarios pueden explorar la Web, leer su correo electrónico o practicar juegos en línea, todo simultáneamente.

✔ Desafortunadamente, ICS puede compartir tan solo una conexión a la Internet. Si su red es lo suficientemente grande para que una sola conexión a la Internet (aún una conexión de cable o DSL de alta velocidad) no sea suficiente para satisfacer las demandas de la Internet de sus usuarios, usted debe utilizar las opciones de comunicación más avanzadas de Windows 2000 Server o NetWare en lugar de ICS.

✔ La computadora de entrada debe estar encendida antes de que otras computadoras puedan conectarse a la Internet a través de ICS.

✔ Windows XP simplifica la tarea de establecer Internet Connection Sharing configurándola automáticamente por usted cuando corre el Asistente de Network Setup. Para más información, refiérase al Capítulo 21.

Una alternativa al ICS es utilizar un dispositivo con propósito especial que conecta su red a la Internet por medio de modems de marcado o un cable o conexión DSL. Por ejemplo, Linksys hace un producto llamado EtherFast Cable/DSL Router, que puede comprar por cerca de $200. Como lo sugiere su nombre, el EtherFast Cable/DSL Router incluye un *router* que crea un vínculo entre su LAN y un módem de Cable o DSL. Además, el EtherFast Cable/DSL Router suministra un interruptor Ethernet 10/100Mbps de cuatro puertos, que le permite conectar cuatro computadoras (o más si hace una cascada de hubs o interruptores adicionales).

El EtherFast Cable/DSL Router suministra la NAT para que cualquier persona en la LAN pueda acceder a la Internet a través de la conexión por cable o DSL, y también actúa como una barrera de protección para evitar que usuarios no autorizados utilicen su LAN por medio de la conexión a la Internet. (Para más información acerca de barreras de protección, refiérase a la sección "Configurar un Firewall" más adelante en este capítulo).

La Figura 17-1 muestra cómo una red pequeña puede utilizar un *router* de Cable/DSL para compartir una conexión de cable de Internet entre seis usuarios de la red. Como puede ver, el cable módem, que está conectado al sistema de cable por medio de un cable coaxial, se conecta al *router* del Cable/DSL por medio de un cable par trenzado Ethernet. Dos de las seis computadoras en la red están conectadas directamente al *switch* 10/100Mbps del *router* cable/DSL. Las otras cuatro computadoras están conectadas al *router* Cable/DLS por medio de un hub Ethernet.

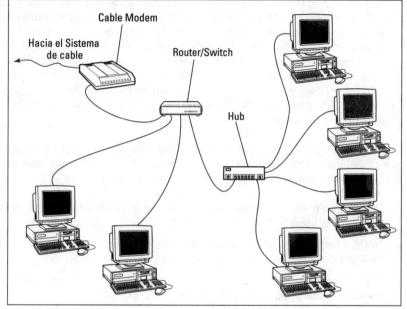

Figura 17-1:
Utilizar un
router Ca-
ble/DSL pa-
ra compartir
una cone-
xión de alta
velocidad a
la Internet.

Escoger un Explorador de la Web

Cuando conecta su LAN a la Internet, debe proporcionar el software conocido como *Web browser (explorador de la Web)* para que los usuarios de su red lo utilicen
cuando acceden a la red. Aunque puede tener diferentes exploradores de la Web
de donde escoger, la mayoría de las personas utiliza uno de estos programas populares: Netscape Navigator o Microsoft Internet Explorer.

Si está utilizando Windows XP, ya tiene la versión más actualizada de Internet Explorer (6). Si no la tiene, puede bajar Internet Explorer 6 del sitio Web de Microsoft a la dirección www.microsoft.com/ie.

Internet Explorer no es el único explorador de la Web que puede utilizar para acceder a la Internet. Muchas personas prefieren Netscape Navigator en su lugar. Es
más, muchos han hecho de este asunto, si usar Navigator o Internet Explorer, un
tipo de Guerra Santa, demonizando Internet Explorer y sugiriendo que no es nada
más que un intento del Presidente de Microsoft, Bill Gates, de dominar el mundo.

La verdad es que tanto Navigator como Internet Explorer son excelentes programas. Ambos son buenos, de hecho, recomendar a uno u otro, sobre cualquier base, diferente a la preferencia personal, es difícil. Recomiendo que utilice Internet Explorer, pero baso mi recomendación solamente en el hecho que he escrito tres libros acerca de Internet Explorer, llamados *Internet Explorer 4 For Windows For Dummies, Internet Explorer 5 For Windows For Dummies e Internet Explorer 5.5 For Windows For Dummies* (todos publicados por Wiley Publishing, Inc., naturalmente). Me gustaría retirarme joven. Escoja el que coincida con la versión de Internet Explorer que está utilizando.

Tanto Internet Explorer como Navigator incluyen muchas opciones que van más allá de la simple exploración en la Web. El paquete completo de Internet Explorer incluye un montón de cositas lindas extra, tales como:

- ✔ **Outlook Express:** Un programa de correo electrónico que puede también administrar grupos de noticias de Internet.

- ✔ **NetMeeting:** Un programa de conferencia que le permite conducir reuniones en línea con otros usuarios de la Internet.

- ✔ **MSN Messenger:** Un programa de pláticas en línea que le permite pasar las horas conversando en línea con sus amigos.

Netscape distribuye su programa Navigator en un grupo de programas de Internet llamado Communicator. Aparte de Navigator, el paquete Communicator incluye lo siguiente:

- ✔ **Netscape Messenger:** Un programa lector de correo electrónico y de noticias.

- ✔ **Netscape Composer:** Una herramienta para crear páginas Web.

- ✔ **Netscape Conference:** Una opción, muy parecida a Net Meeting de Microsoft, que le permite conducir reuniones en línea con otros usuarios.

La mejor noticia acerca de Internet Explorer y Navigator es que ambos programas son gratuitos. Puede ir a `www.microsoft.com/ie` para descargar Internet Explorer desde el sitio Web de Microsoft y puede ir a `www.netscape.com` para descargar Communicator desde un sitio Web de Netscape.

Cualquiera que sea el explorador que escoja, debería estandarizar toda su red en un explorador u otro. Después de todo, cuando la conexión a la Internet de alguna persona se rompe, usted es la persona a la que acuden para repararla. Si estandariza su explorador de la Web, se vuelve un experto en solamente uno de ellos. Si no estandariza, debe ser un experto tanto en Navigator como en Internet Explorer.

Comprender las Direcciones de la Internet

Así como los usuarios de la LAN deben tener un ID de usuario, también todo el que utilice la Internet debe tener una dirección de la Internet. Debido a que la Internet tiene tantas computadoras y usuarios, un solo ID de usuario no sería suficiente. Como resultado de ello, las direcciones en la Internet son creadas utilizando un método llamado *Domain Name System (Sistema de Nombre de Dominio), o DNS.*

 El término *domain (dominio),* cuando es utilizado para discutir direcciones de la Internet, no tiene nada que ver con los dominios de Windows NT/2000 Server. Los dominios de Windows NT/2000 Server son utilizados para segmentar grandes redes en redes más pequeñas para simplificar la tarea de administrar los IDs de usuario y otra información del directorio de la red. Por el contrario, los dominios de la Internet son simplemente un método de ponerles nombre a las computadoras en la Internet.

La dirección completa de la Internet para una página Web es conocida como URL, que significa *Uniform Resource Locator (Localizador Uniforme de Recursos).* Un URL consiste en tres partes, escritas de la siguiente manera:

```
protocol://host_address/resource_name
```

✔ Para páginas de la World Wide Web, la porción de protocolo del URL es generalmente http (http que significa *Protocolo de Transferencia de Hipertexto,* pero no necesita saberlo precisamente para utilizar URLs). Para sitios Web seguros, el protocolo es https.

✔ La *dirección host* es la dirección de Internet de la computadora en la que reside la página Web (por ejemplo, www.dummies.com).

✔ La porción final, el *nombre de recurso,* es un nombre que la computadora principal asigna a una página Web específica o a otro archivo. En muchos casos, el nombre de recurso incluye barras inclinadas adicionales que representan directorios en el sistema huésped. La mayoría de las veces, puede omitir el nombre de recurso completamente si desea solo mostrar la página de inicio para el sitio Web de una compañía.

A continuación, presentamos algunos URLs completos:

```
http://www.yahoo.com
```

```
http://www.cbs.com/network/tvshows/mini/lateshow
```

```
http://vol.com/~infidel/halloween/halloween.html
```

Note que `http://` debe estar antes de la dirección de página Web. Sin embargo, Internet Explorer, Navigator y otros exploradores de la Web agregan `http://` automáticamente, así que no tiene que digitarlo usted mismo.

Ya que el explorador de la Web le permite omitir la parte del protocolo (`http://`) y también puede a menudo omitir el nombre de recurso, el único componente URL por el que generalmente necesita preocuparse es por la dirección host. Las direcciones de host consisten en tres componentes separados uno del otro por periodos, por lo general, llamados *puntos*.

✔ La primera parte de la dirección de la Internet es casi siempre `www`, para indicar que la dirección es para una página en la World Wide Web.

✔ La segunda parte de la dirección es, por lo general, un nombre de una empresa u organización, que es algunas veces abreviado si el nombre completo es demasiado largo. Algunas veces esta segunda parte consiste en dos o más partes separadas por puntos. Por ejemplo, en la dirección `www.polis.iupui.edu`, la segunda parte es `polis.iupui`.

✔ La tercera y última parte de una dirección de la Internet es una categoría que indica el tipo de organización al que pertenece el nombre. La Tabla 17-1 representa las seis categorías más utilizadas. La porción de la categoría de una dirección en la Internet también se conoce como *top-level domain (dominio de nivel superior)*.

Tabla 17-1	Categorías Usadas en Direcciones de la Internet
Categoría	*Explicación*
`edu`	Educación
`mil`	Militar
`gov`	Gobierno
`com`	Comercial
`net`	Red
`org`	Organizaciones que no se incluyen en las categorías arriba mencionadas — generalmente, organizaciones sin fines de lucro

Aparte de los seis dominios de nivel superior enumerados en la Tabla 17-1, el dominio de nivel superior puede también tener un código de país con dos dígitos para indicar el país donde reside el sitio Web, como es para España, cr para Costa Rica y mx para México.

Además, las personas que rigen la Internet, recientemente adoptaron siete dominios adicionales de alto nivel: .aero, .biz, .coop, .info, .museum, .name, y .pro. Aunque puede toparse con algunos de estos en ciertas ocasiones, en verdad, aún no son populares entre los sitios.

Al poner estas tres partes juntas, obtiene direcciones como `www.microsoft.com`, `www.nasa.gov` y `www.ucla.edu`.

Ocasionalmente, algunas direcciones de la Web utilizan un prefijo diferente a `www`. Las direcciones se complican cuando las grandes organizaciones desean subdividir sus redes en dos o más grupos. Por ejemplo, una universidad puede separar su red por departamentos. Así, la dirección del departamento de historia en una universidad puede ser `history.gadolphin.edu`, mientras el equipo de atletismo puede estar localizado en `track.gadolphin.edu`.

Las direcciones de correo electrónico de la Internet son un poco diferentes a las de las páginas Web. Una dirección de correo electrónico sigue este formato:

```
username@organization.category
```

Como puede ver, las direcciones consisten de un nombre de usuario, seguido de un signo de arroba (@) y la organización y porción de categoría del nombre de dominio para el sistema de computación que brinda la cuenta de correo electrónico del usuario. Por ejemplo, la dirección de correo electrónico de un usuario llamado `Neil` que tiene una cuenta de correo en nasa.gov sería `neil@nasa.gov`.

 Al pronunciar una dirección de la Internet, el símbolo @ se pronuncia *at (arroba o at),* y los periodos son pronunciados *dot (punto).* Así, la dirección `neil@nasa.gov` sería pronunciado *Neil arroba NASA punto gov.*

Lidiar con TCP/IP

TCP/IP (que significa Transmission Control Protocol/Internet Protocol) es el protocolo de red de bajo nivel que utiliza la Internet para enviar información de un lado para otro entre computadoras. Afortunadamente, no necesita conocer muchos detalles acerca del TCP/IP para trabajar con la Internet, tan solo saber que usted debe asegurarse de que el TCP/IP esté configurado en cada computadora de la red si desea acceder a la Internet.

 En términos de la red, un protocolo es un grupo de reglas que las computadoras utilizan para comunicarse entre sí por la red. Desafortunadamente, la Internet utiliza diferentes protocolos que emplean la mayoría de las redes de área local. Para utilizar la Internet en forma exitosa desde una LAN, tiene que convencer a los protocolos de su LAN y la Internet de coexistir en la misma red sin tropezar entre sí. No se preocupe . . . puede hacerlo. Todos los sistemas operativos de la red se llevan bien con los protocolos de la Internet.

A continuación, presentamos algunos aspectos acerca del TCP/IP que debería tener en cuenta:

✔ TCP/IP es un protocolo abierto, lo que quiere decir que no está unido a ningún proveedor particular de hardware o software. Casi cualquier proveedor de hardware o software puede trabajar con TCP/IP. Las versiones anteriores, tanto de NetWare como Windows NT Server, prefirieron utilizar sus propios protocolos (IPX/SPX para NetWare, NetBEUI para Windows NT). Pero hoy día, NetWare y Windows NT y 2000 Server pueden también trabajar con TCP/IP como con IPX/SPX o NetBEUI.

✔ TCP/IP no es un estándar de cableado. TCP/IP trabaja con cualquier cableado de red que ya esté instalado. Así, puede ejecutar TCP/IP en sus cables de red Ethernet existentes.

✔ TCP/IP no entra en conflicto con los protocolos de red de NetWare o Windows. Así, puede ejecutar los protocolos IPX/SPX, NetBEUI y TCP/IP, por medio de los mismos cables, al mismo tiempo.

✔ Si es capaz de acceder a la Internet, TCP/IP ya está corriendo en su computadora. Si está teniendo problemas en acceder a la Internet, puede asegurarse de que TCP/IP esté corriendo, abriendo el icono de Network Connections en el Control Panel y luego abrir el recuadro de diálogo Properties para su conexión de red de área local. TCP/IP debe estar indicado como uno de los protocolos utilizados por la conexión. Si no lo está, haga clic sobre el botón Add or Install para agregarlo.

✔ TCP/IP es fácil de configurar. Para agregar TCP/IP a su red, todo lo que necesita es hacer clic sobre los botones derechos en el Network Control Panel.

Preocuparse por los Aspectos de Seguridad

Después de que cualquier computadora en su red se conecta a la Internet, surge una gran cantidad de asuntos de seguridad. Uno de los aspectos de seguridad más importantes sobre el cual preocuparse es que, desconocido para usted, su conexión a la Internet puede funcionar como una calle de dos vías. No solamente lo habilita para salirse de los límites de su red y acceder a la Internet, sino también que su conexión a la Internet puede también permitirles a otros entrar y acceder a su red.

¿Qué ocurre con las direcciones de IP?

Las direcciones sencillas de la Internet, como microsoft.com y dummies.com, hacen el navegar en la WWW una cosa fácil para nosotros los usuarios finales. Pero como bien se lo imagina, las computadoras no lidian directamente con direcciones simples. En su lugar, TCP/IP utiliza direcciones especiales llamadas direcciones de IP para identificar de forma individual cada computadora en el mundo que está conectada a la Internet.

Una dirección de IP es un número de 32 bits que generalmente está escrito en una serie de decimales de cuatro números separados por puntos, de la siguiente manera: 130.32.15.3. Dependiendo del tamaño de su red, los dos o tres primeros números en la dirección están asignados a su red total. El resto de la dirección identifica una computadora individual en su red.

Si conecta su red a la Internet, cada computadora en su red que intente acceder la Internet necesita su propia dirección de IP. Afortunadamente, no tiene que asignar manualmente una dirección de IP a cada computadora. En su lugar, un servidor especial, conocido como un servidor DHCP, puede asignar las direcciones de la Internet automáticamente. (No pregunte lo que significa DHCP —realmente no necesita saberlo). Si se conecta a la Internet por medio de un proveedor de servicio a la Internet (ISP), su ISP posiblemente tenga su propio servidor DHCP que asigna direcciones de IP por usted. Si no es así, puede configurar un servidor Windows o NetWare para operar como un servidor DHCP en su red. Si no, puede asignar manualmente una dirección de IP para cada una de sus computadoras.

Asegurar su red

Si cualquier computadora en su red se va a conectar a la Internet por medio de un módem, utilizar medidas de seguridad adecuadas en toda la red es absolutamente imperativo. A continuación, presentamos algunas sugerencias:

- **Nunca permita que una computadora conectada a la Internet por medio de módem pueda compartir archivos para TCP/IP en su módem.** Hacer eso prácticamente invita a los piratas de la Internet a explorar su red. Para más información, refiérase a la siguiente sección, "Deshabilitar la opción de compartir de archivos TCP/IP en una conexión a módem".

- **Asegúrese de que todos los usuarios introduzcan una contraseña para acceder al sistema.** Si está utilizando Windows NT/2000 Server o NetWare, requiere que los usuarios cambien las contraseñas periódicamente y no permita contraseñas cortas (menos de siete u ocho caracteres).

- **Asegúrese de que todas las unidades compartidas de disco tengan restricciones para que solamente usuarios o grupos específicos puedan accederlos.**

- **Para Windows NT Server, utilice solamente volúmenes NTFS para que pueda suministrar la seguridad adecuada.**

Deshabilitar la opción de compartir archivos TCP/IP en una conexión de módem

Para una conexión de módem con una sola computadora de Windows a la Internet, Windows le permite habilitar la opción de compartir archivos e impresoras para las conexiones TCP/IP en su módem. Si utiliza ese módem para conectarse a la Internet, está invitando al desastre. Para asegurarse de que esa opción de compartir archivo no está habilitada para el TCP/IP por medio del módem, siga estos pasos en Windows 98 y Me:

1. **Escoja Start⇨Settings⇨Control Panel y luego haga doble clic sobre el icono Network.**

   Esta acción muestra la aplicación de Control Panel de Network, como se muestra en la Figura 17-2.

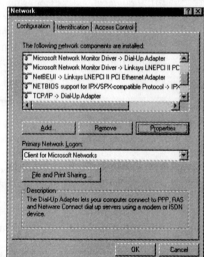

Figura 17-2: El Control Panel de Network.

2. **Haga clic sobre TCP/IP⇨Dial-Up Adapter en la lista de componentes de la red.**

   Quizás deba desplazarse hacia abajo para encontrarla.

3. **Haga clic sobre el botón Properties.**

   Aparece un recuadro de diálogo, el cual le indica que no es la forma correcta de cambiar las configuraciones del TCP/IP. Ignórelo.

4. **Haga clic sobre OK para mostrar el recuadro de diálogo TCP/IP Properties y luego haga clic sobre la pestaña Bindings.**

   Aparece el recuadro de diálogo mostrado en la Figura 17-3.

5. **Asegúrese de que la opción File and Printer Sharing for Microsoft Networks *no* esté marcada.**

   Si esta opción está marcada, haga clic sobre ella para eliminar la marca de verificación.

6. **Haga clic sobre OK para cerrar el recuadro de diálogo TCP/IP Properties y luego haga clic sobre OK otra vez para cerrar el Control Panel de Network.**

   Windows pretende parecer ocupado por unos momentos y puede incluso pedirle reiniciar su computadora. Si es así, sea paciente.

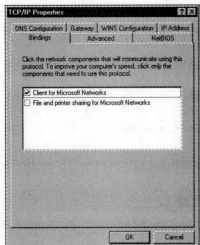

Figura 17-3:
Enlaces
para TCP/IP
en el
adaptador
de marcado.

Configurar un firewall

Un *firewall* es un ruteador de seguridad que se ubica entre el mundo externo y *su* red, en un esfuerzo por impedir que *nos* alcancen. El firewall actúa como un guardia de seguridad entre la Internet y su LAN. Todo tráfico de red hacia la LAN y desde ella, debe pasar a través del firewall, el cual bloquea a los usuarios no autorizados para acceder a la LAN.

Algún tipo de firewall es necesario si usted hospeda un sitio Web en un servidor que está conectado a su LAN. Sin un firewall, cualquiera que visite su sitio Web puede potencialmente ingresar a su LAN y robarse sus archivos confidenciales, leer sus correos electrónicos privados, o peor aún, reformatear su disco duro.

También, los firewalls pueden funcionar de otra forma, impidiendo que los usuarios de red accedan a los sitios de la Internet que designe como fuera de alcance.

Existen varias maneras de configurar una firewall. La primera es comprar un hardware de firewall, el cual es básicamente un router con opciones de firewall incorporadas. La mayoría del hardware de firewalls incluye un programa de administración basado en la Web que le permite conectarse a una firewall desde cualquier computadora en su red utilizando un explorador de la Web. Luego puede personalizar las opciones de la firewall para que satisfagan sus necesidades.

Asimismo, puede configurar un servidor de Windows NT/2000, NetWare o UNIX/Linux para que funcione como un router y una firewall. De hecho, el Capítulo 25 ofrece varios consejos para crear una firewall usando Linux.

 Si está compartiendo una conexión a la Internet mediante una computadora de Windows XP, ya tiene una firewall incorporada. Todo lo que tiene que hacer es activarla. Simplemente, siga estos pasos:

1. **Escoja Start⇨Control Panel.**

   Aparece el panel de control.

2. **Haga clic sobre el vínculo Network Connections.**

   Si Control Panel aparece en Classic View en lugar de Category View, no verá el vínculo Network Connections. En su lugar, haga doble clic sobre el icono de Network Connections.

3. **Haga doble clic sobre el icono de Local Area Connection.**

   Aparece un recuadro de diálogo que muestra el estado de la conexión.

4. **Haga clic sobre el botón Properties.**

   Aparece el recuadro de diálogo Connection Properties.

5. **Haga clic sobre la pestaña Advanced, luego coloque una marca de verificación en la opción Protect My Computer...**

   Esta opción activa la firewall.

6. **Haga clic sobre OK.**

   Y eso es todo.

Considerar otros aspectos de seguridad en la Internet

Aparte de los intrusos que se pueden meter en su red por medio de su conexión en la Internet, usted tiene otras preocupaciones sobre seguridad cuando sus usuarios de la red tienen acceso a la Internet. A continuación, presentamos algunas de las más importantes:

✔ **Enviar información por la Internet.** Sin las medidas de seguridad adecuadas, la información importante que los usuarios envían por la Internet puede ser interceptada y robada. La información, como contraseñas y números de tarjeta de crédito, debería siempre ser transmitida por la Internet en un formulario secreto.

✔ **Bajar programas por la Internet.** Los programas que sus usuarios descargan a sus computadoras pueden contener virus que pueden infectar toda su red. La protección de virus está en orden.

✔ **Visualizar páginas Web que hacen más que llamar la atención.** Impulsadas para herramientas de programación avanzada, como Java y ActiveX y lenguajes de manuscritos, como JavaScript y VBScript, una página Web puede hacer más que desplegar información: la página en sí puede actuar como un programa de computadora. Un programador de la Web inescrupuloso puede configurar una página Web que despliega una carita feliz mientras borra secretamente los archivos en el disco duro de un usuario o planta un virus que infecta su red.

✔ **Abrir archivos adjuntos de correo electrónico no amistosos.** Una de las formas más comunes para que los virus se dispersen es por medio de archivos adjuntos de correo electrónico. Asegúrese de suministrar un escaneo para virus en su servidor de correo e indicarles a sus usuarios nunca abrir los archivos adjuntos que no están esperando.

Para protegerse de estas amenazas, asegúrese de que los usuarios de la Internet utilicen las opciones de seguridad incorporadas desde sus exploradores de la Web. Afortunadamente, tanto Internet Explorer como Navigator tienen opciones de seguridad para mantener a los chicos malos lejos.

Capítulo 18

Seleccionar un Servicio de Hospedaje

- -

En este capítulo

▶ Agregar un servidor de la Web en su LAN

▶ Proteger su LAN de acceso no autorizado

▶ Escoger herramientas para crear sus páginas Web

▶ Considerar Java y toda esa jerga

- -

Tarde o temprano, descubrirá que todos sus competidores han creado sus propias páginas de inicio en la World Wide Web y usted querrá hacer lo mismo. Respire profundo. Configurar su LAN para que sus usuarios puedan acceder a la Internet es bastante difícil. Crear su propio sitio en la Internet es otro cuento. Vamos a empezar a decir que esto no es algo que debería intentar usted solo. Busque ayuda profesional.

Si escoge ignorar nuestro sabio consejo, siga leyendo. (No se preocupe; estamos acostumbrados a ser ignorados).

La Web es uno de los campos que cambian más rápido en el mundo de la computación. Tan pronto domine una herramienta de desarrollo de la Web, aparece otra para ofrecerle justo la que acaba de comprender y que ya está obsoleta. Y cada ciertos meses aparece tecnología nueva que promete revolucionar la forma en la que trabaja en la Web. ¡Buena suerte y agárrese duro!

Escoger un Servicio de Hospedaje

La forma más fácil de configurar un servicio Web es fijar una cuenta con un servicio de hospedaje de la Web. De esa forma, no tiene que preocuparse de establecer un servidor, configurar un software de servidor de la Web, mantener la conexión del servidor a la Internet y así sucesivamente. Simplemente, tiene que pagar una cuota mensual para el privilegio de configurar su sitio Web en el servidor de otra persona.

La mejor forma de buscar un servicio de hospedaje de la Web confiable es preguntarle a gente que sabe de esto y que tiene sitios similares al suyo. También puede buscar por un "web host service" en un buscador popular como Google (www.google.com), pero una recomendación de un colega de confianza es mejor que escoger entre un listado proporcionado por un buscador.

A continuación, detallo algunos indicios para tener en mente cuando escoje un hospedaje en la Web:

✔ Consulte qué software brinda su servicio de hospedaje Web. La mayoría brinda un servidor Microsoft Web (Windows 2000 y IIS) o un servidor basado en Linux o Unix, como Apache. También otros brindan opciones adicionales como un servidor de base de datos, soporte para Microsoft FrontPage, o un servicio de canasta de compras que le permite vender sus productos directamente de su sitio Web. Generalmente, estos servicios cuestan un poco más que el paquete básico de hospedaje de la Web.

✔ Un ancho de banda ilimitado no existe. Cualquier compañía que promociona esto está mintiendo. Los servicios de hospedaje Web reconocidos restringen la cantidad de datos que pueden transferirse desde su sitio Web y hacia este, sea sobre una base diaria o mensual, y ofrece diversos planes que permiten variar cantidades de tráfico. Por ejemplo, una compañía que he utilizado tiene varios planes mostrados en la Tabla 18-1.

Tabla 18-1   Planes de Servicios Típicos de Hospedaje de la Web

Nombre de Plan	Tolerancia Diaria	Tolerancia Mensual	Cuota Mensual
Básico	100MB	3,000MB	$9.95
Avanzado	300MB	9,000MB	$17.95
Maestro de red	500MB	15,000MB	$27.95
Desarrollador	600MB	18,000MB	$49.95
Alto Volumen	1,000MB	30,000MB	$129.95

✔ Los planes de hospedaje Web también le restringen la cantidad de espacio en disco disponible en el servidor. Asegúrese de que su plan brinda suficiente espacio en disco para colocar su sitio.

✔ Lea la letra pequeña antes de firmar un contrato, especialmente, la parte acerca de cuánto más tiene que pagar si excede las restricciones de su plan. Asimismo, revise su estado de cuenta cada mes para asegurarse de que no le están cobrando de más.

✔ Si la compañía de hospedaje Web ofrece registrar su nombre de dominio por usted, verifique que lo inscriban a su nombre y no bajo el de ellos. Si lo registran bajo el nombre de ellos, puede resultar difícil, sino imposible, trasladar su sitio a otro servicio de hospedaje Web en el futuro. Mejor inscriba su nombre de dominio usted mismo. (Para más información, refiérase a la sección "Registrar su Propio Nombre de Dominio" más adelante en este capítulo).

✔ Si utiliza un servicio de hospedaje Web, asegúrese de mantener un respaldo actualizado de su sitio. No confíe en que el servicio de hospedaje respaldará su sitio.

Configurar su Propio Servidor

Otra forma de crear su página de inicio es configurar su propio servidor Web. La computadora-servidor Web es enlazada a la Internet mediante una conexión de alta velocidad, como DSL o una línea T1 o T3. La computadora-servidor de la Internet puede ejecutar Windows NT o 2000 Server, NetWare o una version de UNIX (incluyendo Linux). La mayoría de los servidores de la Internet ejecutan UNIX, aunque Windows NT/2000 está creciendo en popularidad. Además, necesita software especializado de servidor de la Internet.

La vida se hace más complicada si desea conectar la computadora-servidor de la Internet a su LAN. En ese caso, debe tomar precauciones especiales para asegurar que ningún extraño pueda usar su servidor a la Internet como una puerta trasera a su LAN. A los piratas informáticos les encantan introducirse en sus sistemas de computación de esta manera, ya sea para destruir archivos, robarse información o simplemente probar lo pueden hacer.

Definitivamente, recomiendo no configurar su propio servidor si está creando su primer sitio Web. Tiene suficientes cosas en qué ocuparse con solo la construcción de sus páginas Web y mantenerlas al día como para tener que preocuparse en configurar y mantener un servidor de la Web. Si aún insiste en hacerlo, las siguientes secciones le brindan algunos consejos.

Seleccionar un servidor Web

Para configurar un sitio Web, necesita dedicar una computadora separada para que actúe como servidor Web. Toda la información disponible por medio de su sitio Web reside en el disco de esta computadora, así que es indispensable tener suficiente espacio de almacenamiento en disco para su servidor Web. Suficiente RAM es también un requisito (considere 256MB como el mínimo). También adquiera los discos duros SCSI más grandes y rápidos que pueda costear.

Seleccionar un sistema operativo amistoso con la Web

Para seleccionar un sistema operativo de la red amistoso con la Web, tiene dos opciones básicas: Windows NT/ 2000 Server o UNIX. Como la Internet tuvo sus comienzos en el mundo UNIX, actualmente más sitios Web ejecutan UNIX en lugar de Windows NT. Sin embargo, Windows NT está ganando terreno, especialmente en intranets. Si está familiarizado con Windows, pero nunca ha tocado una computadora UNIX, Windows NT Server es el camino por seguir.

Oh, sé que Novell ha recientemente dotado a NetWare con herramientas servidor de la Internet. Sin embargo, la mayoría de los sitios Web están hospedados en Windows NT Server o UNIX. Quédese con una de estas opciones a menos que sea un defensor fanático de NetWare y desee ser un renegado.

Seleccionar software servidor de la Web

Además de un sistema operativo servidor, también necesita software servidor de la Web. Las siguientes secciones describen brevemente las tres opciones más populares.

Apache

Según algunos estimados, dos tercios o más de los servidores de la Web en la Internet ejecutan Apache como su software servidor de la Web. Apache está disponible para varios sistemas operativos, incluyendo Windows NT/2000 y Mac OS Server, pero la mayoría de las personas que utiliza Apache ejecuta la versión UNIX.

Apache es popular por varias razones:

- ✔ **Es gratuito.** Puede bajarlo desde www.apache.org.
- ✔ **Es muy confiable.** Apache no es el software servidor de la Web más rápido, pero está entre los más libres de pulgas.
- ✔ **Se ejecuta en casi cualquier versión de UNIX, incluyendo Linux.** De hecho, casi todos los distribuidores de Linux vienen con Apache.
- ✔ **Es el descendiente directo del servidor NCSA HTTPd, que fue el primer servidor de la Web.** Muchos de los más fervientes seguidores de Apache son viejos usuarios de la Web, que empezaron con los sitios Web cuando la Internet tenía apenas unos cuantos millones de usuarios.

Internet Information Server de Microsoft

El segundo lugar en popularidad, después de Apache, lo ocupa Internet Information Server de Microsoft (IIS). IIS es una parte incorporada de Windows NT y Windows 2000 Server. Como este opera bien con Windows NT/2000, IIS es el mejor servidor de la Web, si no sabe o no desea aprender UNIX.

Servidor de la Web Sun ONE y otros

Sun, las personas que desarrollan las estaciones de trabajo UNIX y quienes inventaron Java, han creado su propio servidor Web para competir con IIS y Apache, conocido como ONE Web Server. (Las versiones previas de ONE Web Server se conocían como iPlanet Web Server). A diferencia de Apache y IIS, el ONE Web Server le brinda la escogencia de sistemas operativos: puede ejecutarlo en UNIX o Windows NT.

La mala noticia es que iPlanet web Server no es gratuito. Debe pagar una cuota de licencia de $295–$1,495, dependiendo de cuál edición selecciona.

Además de IIS, Apache y ONE Web Server, existen muchos otros servidores menos populares entre los cuales puede escoger. Puede buscarlos utilizando cualquier buscador e indicando "Web server," o puede ir a ServerWatch (`serverwatch.internet.com`), un sitio Web dedicado a mantener un registro de los desarrollos más recientes en software de servidores de la Web.

Sin embargo, tenga en mente que IIS y Apache son los servidores Web más populares. Como tal, encontrará muchos libros y sitios Web consagrados a ellos. Si opta por un servidor menos conocido, puede tener problemas en encontrar la ayuda que necesita para configurarlo y mantenerlo en operación. Con su tarjeta de crédito a mano, puede fácilmente registrar un nombre de dominio de la página de inicio Network Solutions.

Registrar su Propio Nombre de Dominio

Una parte importante de configurar un sitio Web es obtener su propio nombre de dominio. Puede escoger cualquier nombre que desea, siempre y cuando este satisfaga las reglas básicas para los nombres de dominio de la Internet y nadie más haya reclamado ese nombre. (Para más información acerca de nombres de dominio, refiérase al Capítulo 17).

Afortunadamente, obtener su nombre de dominio es fácil y no muy costoso. Puede registrar un nombre de dominio por $35 al año. Por un pequeño monto adicional, la mayoría de las compañías de registro de nombres de dominio también le suministrarán un sitio Web de una página que puede utilizar hasta que tenga su servidor de la Web listo y en operación y pueda lanzar una o dos cuentas de correo electrónico.

Para encontrar una lista de empresas que registran un nombre de dominio para usted, busque "Domain Registration" en un servicio de búsqueda en Internet como Yahoo! o msn.com. Una de las empresas de registro de dominio más popular es Network Solutions (`www.networksolutions.com`). Con su tarjeta de crédito a mano, puede fácilmente registrar un nombre de dominio de la página de inicio Network Solutions.

La mala noticia es que con tantas compañías e individuos en la Web, es muy probable que el nombre de dominio que desea ya haya sido tomado. Compañías de registro del dominio como Network Solutions ofrecen servicios de búsqueda que le dirán si el nombre que desea está disponible. Quizás tenga que intentar varias búsquedas antes de encontrar un nombre de dominio que esté disponible.

Entender la Sopa de Letras de la Web

Además del software de servidor Web, como IIS o Apache, existen muchos otros servicios y opciones Web con los cuales necesita lidiar cuando configura un servidor Web. La mayoría de estas opciones son acrónimos de tres o cuatro letras (ATLs y ATLEs). Ocasionalmente, se encontrará con siglas de cinco letras (conocidas como AATLE, que significa Acrónimos Aumentados de Tres Letras Extendidos). Las secciones a continuación destacan los ATLs, ATLEs y AATLEs más importantes.

HTML

HTML, que significa *Lenguaje de Marcado de Hipertexto*, lo cual es lo que hizo despegar a la Web. Aunque muchas personas se encuentran perplejos con HTML, este realmente es sencillo. Es una forma de agregar códigos de marcado especiales a un archivo de texto para que el explorador de la Web sepa cómo mostrar el texto entre los códigos. A continuación, un pequeño ejemplo de HTML:

```
El texto es <b>bold</b>.
```

En este ejemplo, <b> y </b> son códigos de marcado de HTML que le indican al explorador Web que el texto entre los códigos debe mostrarse en negrita.

HTML se utiliza para mostrar páginas estáticas — páginas que no cambian o interactúan con usuarios. La mayoría de las nuevas páginas Web utilizan un dialecto de

HTML más avanzado, conocido como *DHTML*, que significa *Lenguaje de Marcado de Hipertexto Dinámico*. Las páginas creadas con el DHTML frecuentemente incluyen elementos sofisticados de usuario-interfaz como texto que cambia de color o tamaño cuando coloca el mouse encima de este.

HTTP

HTTP representa *Protocolo de Transferencia de Hipertexto*. El HTTP es el protocolo básico que les permite a los exploradores Web comunicarse con servidores de la Web. Cuando digita una dirección de la Web en la barra de direcciones de su explorador y pulsa la tecla Enter, el explorador de la Web envía un mensaje de HTTP al servidor, a esa dirección, para solicitar el archivo de HTML que corresponde a la dirección Web que introdujo. El servidor Web extrae el archivo de HTML de su disco y envía un mensaje de HTTP que contiene la página que envía de regreso a su explorador. Su explorador seguidamente muestra la página.

FTP

El FTP *(Protocolo de Transferencia de Archivo)* es un método para intercambiar archivos entre un cliente y un servidor. El FTP se utiliza a menudo para cargar archivos de HTML a un servidor Web. Para utilizar el FTP, el servidor debe tener su software de servidor FTP activado, la computadora-cliente debe tener un programa de cliente de FTP (Windows incluye un programa de FTP de línea de comando y un soporte incorporado de FTP en Internet Explorer), y el usuario debe tener una cuenta de FTP.

CGI

Las versiones más antiguas de HTML permitían que apareciera únicamente información estática en páginas Web. Los usuarios podían solicitar el despliegue de ciertas páginas, pero la información se trasladaba en una sola dirección: del servidor al cliente.

Luego, llegó una opción de HTML llamada *formularios (forms)*, que permite a los desarrolladores Web colocar campos sencillos de entrada de datos en sus páginas Web. Los campos de formularios se limitaban a cuadros sencillos de texto, botones de opciones, cuadros de verificación y solo dos tipos de botones de comando: uno para enviar datos al servidor y el otro para borrar datos introducidos en el formulario. Este repertorio limitado de controles permitía interacciones simples, pero a partir de aqui los formularios despegaron. Los mejores sitios Web utilizaban formularios para crear aplicaciones interactivas simples.

Posiblemente, los ejemplos más conocidos de sitios Web que usan formularios son los sitios de búsqueda como Yahoo! y AltaVista. En un sitio de búsqueda, usted introduce una palabra clave en un cuadro de texto y, luego, hace clic sobre un botón de comando. El sitio de búsqueda luego muestra una lista de sitios Web que está relacionada con la palabra clave que introdujo.

Para usar formularios de HTML, tiene que lidiar con una opción llamada *CGI*, que significa Interfaz *Común de Puerta de Enlace*. A continuación, se muestra cómo funciona una interacción a base de formulario utilizando CGI:

1. El cliente (es decir, el explorador de la Web) solicita una página que contiene un formulario. El servidor envía la página solicitada al explorador Web, que muestra la página junto con sus campos de formulario.

2. El usuario digita la información en los campos de formulario y, luego, hace clic sobre el botón Submit. El explorador Web recopila la información introducida por el usuario y la envía de nuevo al servidor.

3. El servidor recibe la información enviada del explorador Web, se da cuenta de que estos son, en verdad, datos de un formulario y ejecuta un programa que está diseñado especialmente para administrar datos de formulario.

   Este programa se conoce como un *programa CGI*. Tiene que crearlo usted mismo, lo cual implica que tiene que tener un buen conocimiento del lenguaje de script (guión) de CGI si desea emplear formularios en su sitio Web.

4. El programa de CGI examina los datos y realiza algo productivo con ellos.

   En la mayoría de los casos, el programa de CGI extrae información de una base de datos.

5. El programa de CGI genera un documento de HTML que contiene los resultados del procesamiento ejecutado en el paso 4.

   Por ejemplo, si el programa de CGI ejecutó una consulta de base de datos, el documento de HTML incluye los resultados de esta.

6. El servidor envía el documento de HTML generado por el programa de CGI al explorador Web.

7. El cliente muestra el documento de HTML.

El aspecto clave acerca de CGI es que el programa en sí siempre opera en el servidor. Así que, aunque CGI le permite crear aplicaciones interactivas en la Web, no es muy flexible o eficiente.

Tenga presente que utilizar el CGI en su servidor Web trae consigo múltiples problemas de seguridad con los cuales debe lidiar. Por ejemplo, debe asegurarse de que los usuarios no puedan modificar sus scripts de CGI o crear los suyos propios para que operen en su servidor.

Java

Por algún motivo, los grandes pensadores en el mundo de la Web consideran que nombrar productos nuevos de la Internet de acuerdo con varios tipos de café es algo fantástico. Todo empezó cuando Sun Microsystems lanzó un lenguaje revolucionario de programación para páginas Web llamado *Java*. Todo el mundo pronto siguió esta moda. Ahora se tiene JavaScript, Visual Café, Latte, Mocha, Hot Java (como si quisiera su café Java frío), Star Buck, y JavaBeans. Todo suena como un episodio de *L.A. Story*. ("Por favor, un JavaBean Latte doble descafeinado con una cucharada de azúcar").

¿Qué es exactamente Java? Java es un lenguaje de programación que se utiliza para crear programas que se ejecutan en la computadora de un usuario de Internet en lugar de un servidor. Los programas de Java Web se conocen como *applets* porque no son programas independientes. Un applet debe ejecutarse dentro de un explorador Web propulsado por Java, como Navigator o Internet Explorer. (También, Java puede usarse para crear programas que se ejecutan en el servidor Web en lugar de en la computadora de un usuario de Internet).

Java resuelve muchos de los problemas inherentes en el enfoque de CGI basado en formularios para crear aplicaciones Web interactivas. Primeramente, las aplicaciones basadas en formularios pueden usar solo un rango limitado de controles: cuadros de texto, botones de opciones, cuadros de verificación y botones Submit y Reset. En contraste, puede crear un applet de Java para mostrar cualquier tipo de control personalizado que desea en una página Web. Con Java, puede crear aplicaciones Web interactivas que muestran cuadros de desplazamiento, botones giratorios, objetos de arrastre y cualquier otro tipo de control que se pueda imaginar.

Scripts

Java es bueno, pero su desventaja principal es que es un lenguaje de programación complicado que requiere de herramientas especiales para su uso. Por su parte, los scripts son programas sencillos que usted puede colocar directamente en sus documentos de HTML sin necesidad de algún tipo de herramienta de programación particular. Estos scripts corren mucho más lentos que los applets de Java, pero son más fáciles de crear y utilizar.

Tiene dos lenguajes de creación de scripts que compiten entre ellos y entre los cuales tiene que optar:

✔ **JavaScript:** Este lenguaje fue desarrollado por Netscape y es el lenguaje de creación de scripts principal para Navigator. No se deje influenciar por el nombre: JavaScript no se semeja en casi nada con Java. Es más, cuando Netscape primero desarrolló JavaScript, se conocía como LiveScript. Netscape le cambió el nombre a JavaScript en un intento para capitalizar en la popularidad de Java, aunque JavaScript no esté relacionado de ninguna forma con Java.

✔ **VBScript:** Este es el lenguaje de creación de scripts de Microsoft para Internet Explorer. VBScript se basa en el popular lenguaje de programación Visual Basic de Microsoft y es un poco más fácil de aprender que JavaScript.

Nótese que Microsoft también despacha Internet Explorer con su propia versión de JavaScript, llamada JScript. De tal forma que con Internet Explorer, usted tiene dos lenguajes de creación de scripts entre los cuales escoger: JScript y VBScript. Con Navigator, JavaScript es la única alternativa.

Aplicaciones Web

Además de equipar archivos de HTML con scripts complejos de JavaScript o VBScript, o utilizar simplemente CGI para el procesamiento de formularios, los servidores Web modernos le permiten crear sofisticadas *aplicaciones* Web en las cuales los programas operen en el servidor para manejar las solicitudes presentadas por los usuarios.

Para crear una aplicación Web, tiene que ir a la escuela de informática de Nerds y aprender cómo escribir sus propios programas de computación. Luego, puede utilizar uno de estos ambientes populares de aplicaciones Web para crear sus mismas aplicaciones:

✔ **ASP** significa *Páginas Activas de Servidor*. Las ASP, que provienen de Microsoft, le permiten crear aplicaciones Web usando un lenguaje de creación de scripts como VBScript o JScript. Las ASP son incluidas gratuitamente con IIS.

✔ **ASP.NET** es la versión más reciente de ASP. Con ASP.NET, puede usar lenguajes de programación más poderosos como Visual Basic .NET, C#, o Java. ASP.NET también es gratis.

✔ **JSP** es un sistema basado en Java para desarrollar aplicaciones Web.

✔ **PHP** es un ambiente de desarrollo de aplicaciones Web que funciona con Apache. PHP no tiene costo alguno y puede ser bajado de `www.php.net`.

✔ **ColdFusion** es un sistema de desarrollo de aplicaciones de Macromedia. Puede averiguar más acerca de ColdFusion en la dirección `www.macromedia.com/software/coldfusion`.

Capítulo 19

Crear sus Propias Páginas Web

En este capítulo

▶ Cómo planear un sitio Web

▶ Cuáles herramientas necesita para crear un sitio Web

▶ Qué incluir en un sitio Web

▶ Algunos consejos para crear un sitio satisfactorio

Después de instalar su servidor Web, es hora de poner páginas en él para que el mundo pueda visitar su sitio. Este capítulo le señla la dirección correcta para que pueda empezar. No aprenderá todos los detalles sobre cómo crear páginas Web, pero gana algo de conocimiento sobre el tipo de información que debe poner en su sitio, cuáles herramientas usar para crear sus páginas y algunos aspectos básicos sobre trabajar con HTML.

Planificar su Sitio Web

Antes de profundizar y empezar a sacar páginas, debería dedicar algo de tiempo a la diagramación completa de su sitio. Piense en las opciones que desea incluir en el sitio, cuáles páginas tendrá que crear para implementar esas opciones y cómo se agruparán las páginas.

Por ejemplo, suponga que la famosa familia Cleaver del programa *Leave It To Beaver* decide instalar un sitio Web. El sitio podría incluir una mezcla de opciones personales y de negocios, como:

✔ Un catálogo de las tarjetas de béisbol de Beaver, con un sistema de compras en línea para las tarjetas que Beave está dispuesto a compartir.

✔ Una sección de intercambio de recetas en la que June puede colocar sus recetas favoritas — como su estofado, cerdo asado y los famosos emparedados de mantequilla de maní con mermelada — y que los visitantes al sitio Web puedan colocar sus propias recetas.

✔ Información de las últimas puntuaciones de golf de Ward y un programador en línea de golf para el fin de semana que les permite a los amigos de Ward programar los torneos.

✔ Una sección de pago de suscripción del periódico en línea, en la cual los clientes del periódico de Wally pueden pagar su recibo mensual de manera que este no tenga que ir puerta por puerta cobrándolo.

Una buena forma de planificar un sitio Web es esbozar un simple diagrama (algunas veces llamado storyboard) en papel que muestre las varias páginas que desea crear, con flechas que expongan los vínculos entre las páginas. O bien, puede crear un diagrama que represente todo su sitio. Puede ser tan detallado o vago, o tan torpe o nítido como desee. La Figura 19-1 muestra un simple diagrama del sitio Web de la familia Cleaver.

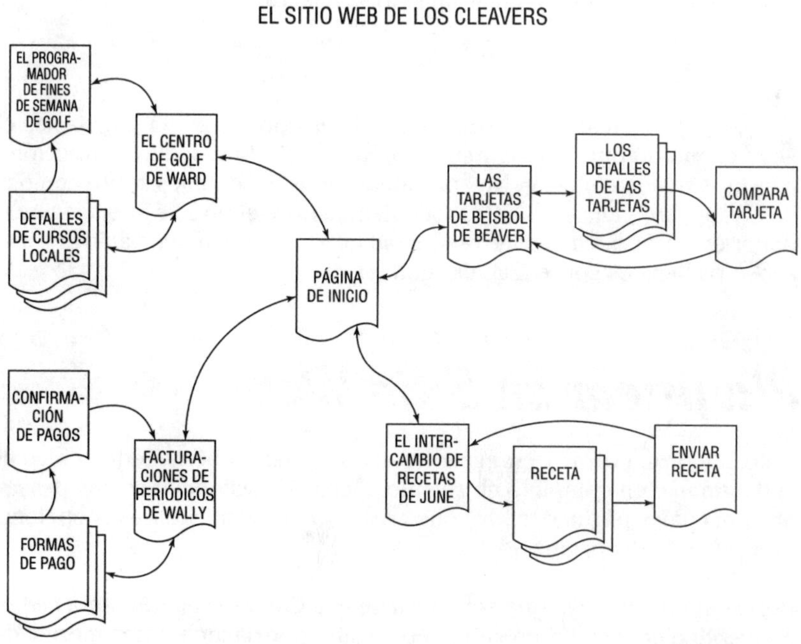

EL SITIO WEB DE LOS CLEAVERS

Figura 19-1:
El sitio Web
de los
Cleaver.

Cómo Organizar su Sitio Web

Conforme planee el contenido y la apariencia de su sitio Web, necesitará tener un esquema para organizar sus páginas. Las secciones siguientes describen cuatro tipos de organizaciones para sitios Web.

Organización secuencial

Si desea guiar a sus usuarios a través de su sitio Web una página a la vez, puede organizar sus páginas secuencialmente, al igual que las páginas en un libro, como se muestra en la Figura 19-2. Cada página debería incluir un vínculo a la próxima página en secuencia. Además, quizá desee incluir un vínculo a la página anterior para facilitarle al usuario devolverse y un vínculo a la primera página para que el usuario pueda empezar de nuevo.

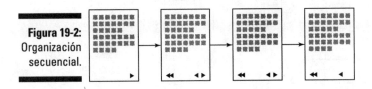

Figura 19-2:
Organización
secuencial.

Organización jerárquica

En un sitio Web jerárquico, las páginas están dispuestas por categorías y jerarquías, como se muestra en la Figura 19-3. Los página superior actúa como un menú, que le permite a los usuarios acceder a otras páginas directamente. De esa forma, los usuarios pueden ir directamente a las páginas que les interesan.

Si es necesario, su sitio puede usar varias capas de páginas de menú. Sin embargo, no exagere. Los sitios Web que tienen numerosos menúes, cada uno con solamente dos o tres vínculos, son molestos. Cuando un menú tiene más de una docena de opciones, considere dividir el menú en dos o tres menúes separados.

Organización de la Web

Algunos sitios Web se prestan entre ellos mismos páginas vinculadas a otras páginas relacionadas, sin importar si están en una organización secuencial o jerárquica. En casos extremos, cada página tiene vínculos a todas las otras páginas, creando una estructura que asemeja una tela de araña, como se muestra en la Figura 19-4.

Este es un buen estilo de organización si el número total de páginas en el sitio está limitado y no puede predecir la secuencia en la cual los usuarios desearán visualizar sus páginas.

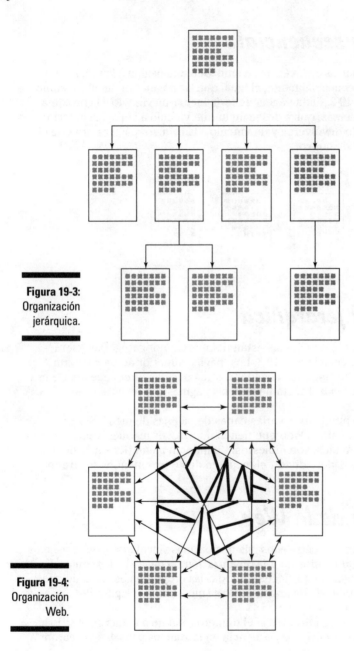

Figura 19-3:
Organización
jerárquica.

Figura 19-4:
Organización
Web.

Organización mixta

La mayoría de los sitios Web no usan una organización estrictamente secuencial, jerárquica o Web, sino más bien una combinación de los tres. Por ejemplo, la página de inicio puede servir como menú para diferentes secciones del sitio. Cada sección luego usa cualquier forma de organización que funcione mejor para su contenido. Si una sección es un tutor para armar un avión a escala, esa sección puede organizarse secuencialmente. Si otra sección es un catálogo de juegos a escala, esa sección puede organizarse jerárquicamente por tipo de modelo (nave aérea, autos, barcos, etcétera.

Qué Incluir en cada Página

Aunque cada página Web debería contener información única y útil, todas las páginas Web deberían contener los siguientes tres elementos:

✔ **Título:** Coloque un título en la parte superior de cada página. Este debería identificar no solo los contenidos específicos de la página, sino también el sitio Web en sí. Es importante un título específico en cada página porque algunos usuarios pueden no entrar a su sitio a través de su página de inicio. En lugar de esto, pueden ir directamente a una de las páginas de contenido en su sitio.

Aunque el título puede ser simple texto, la mayoría de los sitios Web usan una banda gráfica atractiva para desplegar el título. De esa forma, la banda crea una apariencia distintiva para sus páginas.

(Las páginas Web también incluyen un título que aparece en la barra de título de la ventana del explorador. Esto es aparte del título que aparece en la parte superior de la página).

✔ **Vínculos de navegación:** Todas las páginas de su sitio Web deberían tener un grupo consistente de vínculos de navegación. Como mínimo, brinde un vínculo a su página de inicio en cada página de su sitio. Quizás también desee incluir vínculos a las principales secciones de su sitio en cada página o incluir vínculos a las páginas anterior y siguiente si sus páginas tienen una organización secuencial.

Coloque los vínculos de navegación en una ubicación similar en cada página en su sitio. Las dos ubicaciones más populares para desplegar vínculos de navegación están debajo del título o banda y en el margen izquierdo de la página.

✔ **Información de autor y copyright:** Cada página debería también incluir créditos de autor y una notificación de copyright. Debido a que los usuarios pueden entrar a su sitio yendo directamente a cualquier página, colocar la información de autor y copyright solo en la página de inicio no es suficiente. Esta información es por lo general colocada en la parte inferior de la página.

También es común incluir un vínculo de correo electrónico en cada página. De esa forma, los usuarios pueden enviarle un mensaje para decirle cuán maravilloso es su sitio o informarle sobre problemas con él.

Qué Tipo de Páginas Incluir en su Sitio

Aunque cada sitio Web es distinto, puede encontrar ciertos elementos comunes en la mayoría de ellos. Las siguientes secciones describen los elementos que debería considerar incluir en su sitio Web.

Página de inicio

Cada sitio Web debería incluir una página de inicio que sirva como un punto de entrada al sitio. La página de inicio es la primera página que la mayoría de los usuarios ve cuando lo visitan (a menos que incluya una página de portada, como se describe en la próxima sección). Como resultado, dedique tiempo y energía considerables para asegurar que su página de inicio produzca una buena impresión.

Coloque un elemento de título atractivo en la parte superior de la página. Recuerde que la mayoría de los usuarios deben desplazarse hacia abajo para ver toda su página de inicio. Ellos tan solo ven la parte superior de la página al principio, así que procure que el título sea inmediatamente visible.

Después del título, incluya un menú del sitio que les permita a los usuarios acceder a los contenidos disponibles en su sitio Web. Estas son algunas cosas lindas que quizá desee incluir en su página de inicio.

✔ **Una indicación del nuevo contenido disponible en su sitio Web.** Los usuarios que retornan a su sitio a menudo desean saber de inmediato cuándo está disponible la nueva información.

✔ **La fecha cuando su sitio fue actualizado por última vez.**

✔ **Notificación de copyright.** Puede incluir un vínculo a una página de copyright separada en la cual capte si otros pueden copiar la información que haya colocado en su sitio.

✔ **Un recordatorio para marcar la página para que los usuarios puedan regresar a ella fácilmente.**

✔ **Un contador de visitas.** Si los usuarios ven que 4 millones de personas han visitado su sitio desde el martes pasado, automáticamente asumen que este debe ser un sitio increíble. Por otro lado, si ven que solo tres personas lo han visitado desde que Truman era presidente, bostezarán y se irán rápidamente. Si su sitio no es muy popular, quizá desee saltarse el contador de visitas.

Evite colocar una gran cantidad de gráficos en su página de inicio. Su página de inicio es la primera página en su sitio Web y que ve la mayoría de los usuarios. Si dura más de 15 segundos en bajarse, los usuarios pueden perder la paciencia y saltársela. Como prueba simple, intente sostener el aliento mientras baja su página de inicio. Si se pone azul antes de que la página termine de bajar, es demasiado grande.

Página de portada

Una página de portada aparece temporalmente antes de su página de inicio. Las páginas de portada, por lo general, presentan un logotipo atractivo o una animación. En la mayoría de las páginas de portada, el usuario debe hacer clic sobre el logotipo o algún otro elemento en la página para entrar a la página de inicio del sitio. O bien, la página puede programarse para que salte automáticamente a la página de inicio después de que haya pasado una cierta cantidad de tiempo — digamos 10 ó 15 segundos.

Muchos usuarios se molestan con las páginas de portada, especialmente aquellas que duran más que unos cuantos segundos para bajar y desplegarse. Piense cuidadosamente si la página de portada en realidad mejora su sitio o es una gran molestia. Si presenta una animación larga, incluya un vínculo que les permita a los usuarios impacientes ignorarla e ir directamente a su sitio.

Mapa de sitio

Si su sitio tiene muchas páginas, quizá desee incluir un mapa de sitio. Un mapa de sitio es un menú detallado que brinda vínculos a cada página del sitio. Al usar el mapa de sitio, un usuario puede ignorar menúes intermedios e ir directamente a las páginas que le interesan.

Información de contacto

Asegúrese de que su sitio incluya información sobre cómo contactarlo a usted o su compañía. Puede fácilmente incluir su dirección de correo electrónico como un vínculo justo sobre la página de inicio. Cuando el usuario hace clic sobre el vínculo, la mayoría de los exploradores de la Web disparan el programa de correo electrónico del usuario, listo para redactar un mensaje con la dirección de su correo electrónico incluida.

Si desea incluir información de contacto completa, como su dirección y número telefónico, o si desea enumerar información de contacto para varios individuos, quizá desee colocar la información en una página separada que pueda accederse desde la página de inicio.

Página de ayuda

Si su sitio Web contiene más que solo unas cuantas páginas, considere brindar una página de ayuda que brinde información sobre cómo usar el sitio. La página de ayuda puede incluir información sobre cómo navegar este, así como información de la forma en la que obtuvo la información para el sitio, cuán a menudo se actualiza el sitio, cómo alguien podría contribuir con el sitio, etcétera.

FAQ

Las páginas *Frequently Asked Questions (Preguntas Frecuentemente Formuladas) (FAQ,, siglas en inglés)* están entre las fuentes más populares de información en la Internet. Puede organizar su propia página FAQ sobre cualquier tema que desee. Solo haga una lista de preguntas y brinde las respuestas. O bien, solicite respuestas de los lectores de su página.

Vínculos relacionados

En algunos sitios, la página más popular es la página de vínculos, la cual brinda una lista de vínculos a sitios relacionados. Como compilador de su propia página de vínculos, puede hacer algo que los mecanismos de búsqueda como Yahoo! no pueden: escoger los vínculos que desea incluir y brindar su propio comentario sobre la información contenida en cada sitio.

Revise sus vínculos para asegurarse de que aun trabajan regularmente. Los sitios Web vienen y van y nada exaspera más a un usuario que hacer clic sobre un vínculo y descubrir que está roto.

Grupo de discusión

Un grupo de discusión agrega interactividad a su sitio Web al permitirles a los visitantes colocar artículos que puedan leer y responderse por otras personas que visitan su sitio.

Escoger Herramientas para Crear sus Páginas Web

Cuando esté listo para empezar a crear páginas Web para su sitio, necesitará decidir cuál editor de página Web usar. Hay muchas alternativas diferentes para escoger. Algunas de las más populares están descritas en las secciones siguientes.

Notepad

Notepad es el editor de texto gratuito que viene con todas las versiones de Windows. Debido a que las páginas HTML no son más que archivos de texto que contienen códigos de HTML entrelazados con texto, es posible crear sitios Web complicados usando nada más que Notepad.

Notepad es la herramienta preferida para muchos desarrolladores de HTML, pero debería usarlo solamente si el pensamiento de aprender HTML de arriba a abajo no le causa un dolor de cabeza. Con Notepad, debe digitar cada caracter de HTML manualmente. No descubrirá si ha cometido un error hasta que despliegue su página en un explorador Web.

FrontPage

FrontPage es un popular editor de página Web que es una parte de Microsoft Office, aunque viene solamente con algunas ediciones de Office. FrontPage es como un procesador para crear sitios Web. Incluye un editor de página Web WYSIWYG (What You See Is What You Get, Lo que Ve es lo que Obtiene) que le permite digitar información en la forma que desee que aparezca sin preocuparse sobre el HTML.

Si no tiene experiencia con crear páginas Web, FrontPage es un buen lugar para empezar. Sin embargo, cuanto más aprenda sobre el desarrollo Web y HTML, más puede frustrarlo FrontPage por sus limitaciones. Cuando eso ocurra, deseará moverse a una herramienta de desarrollo Web más avanzada, tal como Dreamweaver.

Dreamweaver

Dreamweaver de Macromedia (www.macromedia.com) es considerada por muchos desarrolladores como la mejor herramienta integrada para desarrollar páginas Web. Incluye un editor WYSIWYG sofisticado y también le permite trabajar directamente con HTML. Además, incluye opciones muy poderosas para crear sitios Web avanzados.

Dreamweaver no es un programa simple de aprender y no es barato. Pero si va a invertir mucho tiempo para desarrollar un sitio Web, invertir en Dreamweaver vale la pena.

Editores de texto HTML

Muchos desarrolladores Web cambian los editores WYSIWYG por poderosos editores basados en HTML diseñados para permitirles trabajar directamente con HTML. Estos editores brindan opciones útiles como ayuda de HTML incorporada, ventanas de vista previa integradas y finalización automática de elementos de HTML conforme los digita. Ofrecen lo mejor de los dos mundos al permitirle ver cómo aparecerán sus páginas cuando sean visualizadas con un explorador Web, así como al permitirle trabajar en forma práctica con los códigos HTML.

Uno de los editores de HTML más conocidos es el TextPad. Puede bajar una versión de evaluación gratuita en www.textpad.com. Si decide comprarla, el costo es aproximadamente $30.

Otras herramientas que necesitará

Aparte de ser un editor de HTML, necesitará un arsenal de otras herramientas de software para desarrollar un sitio Web. Los siguientes párrafos describen algunas de las herramientas que puede necesitar:

✔ Un programa de gráficos como Adobe Photoshop (www.adobe.com), CorelDraw (www.corel.com) o JASC Software's Paintshop Pro (www.jasc.com). Necesitará un programa de gráficos para crear los gráficos que aparezcan en su sitio Web.

✔ Una de cada versión de explorador Web con la que los usuarios visualizarán su sitio. Como mínimo, necesitará las versiones más recientes de Internet Explorer y Netscape Navigator.

✔ Si desea crear documentos que se puedan bajar en el formato popular PDF, necesitará Adobe Acrobat (www.adobe.com) o algún otro programa que pueda convertir archivos al formato PDF.

Consejos para Crear un Sitio Web Exitoso

¿Cómo medirá el éxito de su sitio Web? ¿Por el número de personas que lo visitan? ¿Por el número de clientes que obtiene a través de él? ¿Por comentarios que recibe de personas que dicen que su sitio les gusta? ¿Por reconocimientos que obtiene?

Existe una serie de formas para medir el éxito de un sitio Web. Pero sin importar cómo escoja evaluar el éxito de su sitio, los siguientes elementos le dan algunas ideas sobre cómo hacer su sitio llamativo.

- **Evalúe la competencia.** Descubra qué ofrecen otros sitios Web similares al suyo tienen que ofrecer. No cree un sitio Web "yo también" que ofrece nada más que información que ya está disponible en otra parte. En lugar de eso, busque información única que puede encontrarse en su sitio Web.

- **Ofrezca algo útil en cada página.** Demasiados sitios Web están llenos de basura - páginas que no tienen contenidos útiles. Evite crear páginas que solo son pasos a lo largo del camino para información realmente útil. En lugar de eso, busque incluir algo útil en cada página de su sitio Web.

- **Haga que se vea bien.** No importa cuán buena sea la información de su sitio Web, las personas se alejarán de él si este luce como que no tardó más de cinco minutos para diseñarlo y diagramarlo. Sí, el contenido es más importante que el estilo, pero un sitio Web feo aleja a las personas, mientras que uno atractivo las atrae. Una de las claves para hacer que un sitio Web se vea bien es crear un diseño consistente que siga en todo el sitio.

- **Revíselo cuidadosamente.** Si cada tres palabras de su sitio Web están mal escritas, las personas asumen que la información en su sitio Web es tan poco confiable como su ortografía. Si su editor de HTML tiene la opción de revisión ortográfica, úsela. De lo contrario, revise su trabajo cuidadosamente antes de colocarlo en la Web. O mejor aun, pídale a alguien más que lo revise por usted.

- **Manténgalo actualizado.** Los usuarios de la Internet no frecuentarán su sitio si este contiene información vieja y desactualizada. Asegúrese de actualizar con frecuencia sus páginas Web con información nueva. Obviamente, algunas páginas Web necesitan ser cambiadas más que otras. Por ejemplo, si mantiene una página Web que enumera los resultados de una liga de fútbol, debe actualizarla después de cada juego. Por otro lado, una página que presenta romances medievales no necesita actualizarse muy a menudo, a menos que alguien descubra un texto Chaucer no publicado y oculto en un tronco.

- **No se una a un explorador particular.** Explotar las nuevas opciones increíbles del último y mejorado explorador de la Web, ya sea Microsoft Internet Explorer o Netscape Navigator, es una buena idea. Pero no haga eso a costa de los usuarios que pueden estar usando el otro explorador, o a costa de los usuarios que todavía están trabajando con una versión anterior. Algunas personas todavía están usando exploradores que ni siquiera soportan marcos. Asegúrese de que cualquier página en la cual incorpora opciones avanzadas de los exploradores más nuevos también trabaje bien con exploradores más viejos.

✔ **No haga suposiciones con el software.** Recuerde que no todos tienen un monitor de 21 pulgadas y una conexión a Internet de cable módem de alta velocidad. Diseñe su sitio Web para que pueda ser usado por el pobre que está limitado a un monitor de 14 pulgadas y — tome aliento — una conexión de módem de marcado a la Internet.

✔ **Publíquelo.** Pocas personas se tropezarán con su sitio Web por accidente. Si desea que las personas lo visiten, debe publicarlo. Asegúrese de que su sitio sea enumerado en los mejores sistemas de búsqueda, como Google y Yahoo!. Además, puede promoverlo al colocar su dirección en todos los anuncios, correspondencia, tarjetas de negocio, etcétera.

Parte V
Más Formas de Poner en Red

La 5a Ola   Por Rich Tennant

"A PESAR DE SU INCLUSIÓN EN LA LISTA DE COMPATIBILIDAD DE HARDWARE, MARTÍN SE AMEDRENTÓ AL PENSAR QUE TENDRÍA QUE INSTALAR WINDOWS NT EN LA ESTACIÓN DE TRABAJO DE LOS INICIOS DE LOS AÑOS 50".

En esta parte . . .

Después de que ha comprendido los aspectos básicos de cosas más avanzadas, esta parte le ayuda a hacer cosas más avanzadas, lo que incluye configurar una red en su casa, crear una conexión de marcado para poder acceder a su red mientras está en la oficina o en la carretera, usar las opciones de la red de Microsoft Office, crear una red que incluya computadoras más viejas de MS-DOS y Windows, así como Macintosh, y configurar un servidor que ejecute el sistema operativo de Linux.

Capítulo 20

Redes Inalámbricas

• •

En este capítulo

▶ Volverse inalámbrico

▶ Usar adaptadores de redes inalámbricas

▶ Comprender los Wireless Access Points (Puntos de Acceso Inalámbrico)

▶ Consejos de seguridad para redes inalámbricas

• •

Desde los comienzos de las redes Ethernet, el cable cada vez se ha vuelto más pequeño y fácil de trabajar. El cable original Ethernet era tan grueso como su dedo pulgar, pesaba una tonelada y era difícil de doblar en las esquinas. Luego vino el cable coaxial, que era más liviano y fácil de trabajar. El cable coaxial fue sustituido por el cable Unshielded Twisted Pair (UTP, Cable Par Trenzado sin Protección), que es el que usan la mayoría de las redes actualmente. Pero el cable coaxial y el UTP son aun cables, lo que quiere decir que debe taladrar orificios y atravesarlo por las paredes y cielorrasos para alambrar todo su hogar u oficina.

Esta es la razón por la que las redes inalámbricas se han vuelto tan populares. Con ellas, no tiene necesidad de conectar cables a sus computadoras. En lugar de ello, las redes inalámbricas usan ondas de radio para enviar señales de red. Como resultado, una computadora puede conectarse a una red inalámbrica en cualquier ubicación en su hogar u oficina.

Las redes inalámbricas son especialmente útiles para las computadoras portátiles. Después de todo, el beneficio principal de una computadora portátil es que pueda llevarla a todas partes. En el trabajo, puede usar su computadora portátil en su escritorio, en el salón de conferencias, en el salón de descanso o, incluso, en el parqueo. En la casa, puede usarla en el dormitorio, la cocina, la terraza, el cuarto de juegos o afuera en la piscina. Con las redes inalámbricas, su computadora portátil puede conectarse a la red sin importar dónde la lleve.

Este capítulo lo introduce a los detalles de instalar una red inalámbrica. Además, le digo lo que necesita saber para usar componentes de una red inalámbrica en lugar de los componentes estándar de la Ethernet, cómo crear una red que mezcla componentes inalámbricos con los cableados y lo que necesita saber acerca de los riesgos especiales de seguridad que conlleva no utilizar cables.

Comprender las Redes Inalámbricas

Una red inalámbrica es una red que usa señales de radio para intercambiar información, en lugar de conexiones directas de cable. Una computadora con una conexión de red inalámbrica es como un teléfono celular. Al igual que no tiene que conectarse a una línea para usar un teléfono celular, no tiene que conectarse a un cable de red para usar una computadora inalámbrica.

Los siguientes párrafos resumen algunos de los conceptos y términos clave que necesita comprender para instalar y usar una red inalámbrica:

✔ Una red inalámbrica a menudo se conoce como WLAN, que significa *Wireless Local Area Network (Red de Área Local Inalámbrica)*. Algunas personas prefieren el acrónimo al revés *Local Area Wireless Network*, o *LAWN (Red Inalámbrica de Área Local)*. El término *Wi-Fi* a menudo se usa para describir redes inalámbricas, aunque técnicamente se refiere a solo una forma de red inalámbrica: el estándar 802.11b. (Refiérase al apartado, "802 Punto Once Algo").

✔ Una red inalámbrica tiene un nombre, conocido como *SSID*. SSID significa *Service Set Identifier (Identificador de Equipo de Servicio)* — ¿no sería esa una pregunta muy riesgosa? (Me llevo acrónimos oscuros de cuatro letras por $400, ¡por favor!) Cada una de las computadoras que pertenece a una sola red inalámbrica debe tener el mismo SSID.

✔ Las redes inalámbricas pueden transmitir en muchos canales. Para que las computadoras se hablen entre sí estas deben estar configuradas para transmitir en el mismo canal.

✔ El tipo más sencillo de red inalámbrica consiste en dos o más computadoras con adaptadores de red inalámbrica. Este tipo de red se llama *ad-hoc mode network (red de modo ad-hoc)*.

✔ Un tipo más complejo de red es una *infrastructure mode network (red de modo de infraestructura)*. Todo esto significa que un grupo de computadoras inalámbricas puede conectarse no solamente entre sí, pero también pueden hacerlo a una red cableada existente por medio de un dispositivo llamado *Wireless Access Point (Punto de Acceso Inalámbrico)*, o WAP (digo más acerca de las redes ad-hoc e infraestructura, más adelante en este capítulo).

Hogar en el Rango

El rango máximo de un dispositivo interior inalámbrico de 802.11b es aproximadamente 300 pies. Esto puede tener un efecto interesante cuando une un montón de computadoras inalámbricas y algunas de ellas están en el mismo rango, pero otras no. Por ejemplo, suponga que Wally, Ward y el Beaver tienen computadoras

802 Punto Once-Algo

Aunque existen varias formas de redes inalámbricas disponibles, el más popular es la Ethernet inalámbrica, la cual se basa en el estándar conocido como 802.11. En realidad, hay otras dos versiones del estándar 802.11 ampliamente usadas: 802.11a y 802.11b. 802.11a es la más cara de las dos, así que las redes más pequeñas domésticas y de oficina tienen que usar componentes 802.11b.

No puede mezclar y empatar 802.11a y 802.11b en la misma red, así que asegúrese de que todos los componentes que compre sean de alguno de estos dos. 802.11a es más rápido y confiable que el 802.11b, así que compre componentes 802.11a si puede pagar el costo extra. (Quizás pueda encontrar puntos de acceso inalámbricos que soportan 802.11a y 802.11b).

Advertencia: las redes 802.11b operan en la misma frecuencia de radio que muchos teléfonos inalámbricos: 2.4GMHz. Si instala una red 802.11b en su hogar y también tiene un teléfono inalámbrico 2.4GHz, quizá encuentre que la red y el teléfono ocasionalmente interfieren entre sí. O bien, puede usar más componentes de red 802.11a más costosos, los cuales transmiten a 5GHz en lugar de 2.4GHz.

portátiles inalámbricas. La de Wally está a 200 pies de distancia de la computadora de Ward y la de Ward está a 200 pies de la de Beaver en la dirección opuesta (refiérase a la Figura 20-1). En este caso, Ward es capaz de acceder a la computadora de Wally y Beaver, pero Wally solo puede acceder a la computadora de Ward y Beaver solo puede acceder a la computadora de Ward. En otras palabras, Wally y Beaver no podrán acceder a las otras computadoras, porque están fuera del límite del rango de los 300 pies (esto empieza a sonar sospechoso como un problema de álgebra. Ahora suponga que Wally empieza a caminar hacia Ward a 2 millas por hora y Beaver empieza a correr hacia Ward a 4 millas por hora...)

Aunque el rango normal para 802.11b es 300 pies, en la práctica, el rango puede ser menor. Obstáculos como paredes sólidas, mal tiempo, teléfonos inalámbricos, hornos microondas, reactores nucleares en el patio trasero, etcétera, pueden conspirar juntos para reducir el rango efectivo de un adaptador inalámbrico. Si está teniendo problemas al conectarse a la red, algunas veces ayuda tan solo adaptar la antena.

Además, las redes inalámbricas tienden a ponerse lentas cuando la distancia aumenta. Los dispositivos de red 802.11b afirman operar a 11Mbps, pero por lo general alcanzan esa velocidad solamente en rangos de 100 pies o menos. A 300 pies, a menudo operan a 1Mbps. Debería asimismo darse cuenta de que cuando está en el borde en rango del dispositivo inalámbrico, está más propenso a perder su conexión debido al mal tiempo.

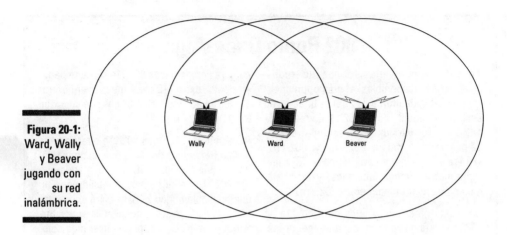

Figura 20-1:
Ward, Wally
y Beaver
jugando con
su red
inalámbrica.

Adaptadores de Redes Inalámbricas

Cada computadora que se conectará a su red inalámbrica necesita un *wireless network adapter (adaptador de red inalámbrica)*. Este adaptador es similar a la Network Interface Card (NIC) usada para una conexión Ethernet estándar. Sin embargo, en lugar de tener un conector de cable en la parte trasera, un adaptador de red inalámbrica tiene una antena.

Hay varios tipos de adaptadores de red inalámbrica que puede encontrar, dependiendo de sus necesidades y del tipo de computadora con la que lo usará:

✔ Una tarjeta inalámbrica PCI es un adaptador de red inalámbrica que usted instala en una ranura disponible dentro de una computadora de escritorio. Con el fin de instalar este tipo de tarjeta, necesita desensamblar su computadora. Así que use este tipo de tarjeta solamente si tiene la experiencia y la determinación de entrar en las entrañas de su computadora.

✔ Un adaptador USB inalámbrico es una caja separada que se conecta en un puerto USB en su computadora. Como el adaptador USB es un dispositivo separado, ocupa espacio de escritorio extra. Sin embargo, puede instalarlo sin desensamblar su computadora.

✔ Una tarjeta PC inalámbrica está diseñada para introducirse en la ranura | de la tarjeta PC que se encuentra en la mayoría de las computadoras portátiles. Este es el tipo de tarjeta que debe obtener si desea poner en red su computadora portátil.

Puede comprar un adaptador inalámbrico 802.11b por cerca de $100. Los adaptadores 802.11a cuestan aproximadamente $150 cada uno.

Al principio, puede pensar que los adaptadores de red inalámbrica son demasiado caros. Después de todo, puede comprar un adaptador Ethernet regular por hasta $20, pero cuando considera que no tiene que comprar e instalar cable para usar un adaptador inalámbrico, el precio de las redes inalámbricas se torna más apetecedor.

Wireless Access Points (Puntos de Acceso Inalámbrico)

A diferencia de las redes cableadas, las inalámbricas no necesitan un hub o switch. Si todo lo que desea es poner en red un grupo de computadoras inalámbricas, solo compre un adaptador inalámbrico para cada computadora, póngalas todas a una distancia de 300 pies entre ellas y tiene una red instantánea.

Pero ¿qué ocurre si ya tiene una red cableada? Por ejemplo, suponga que trabaja en una oficina con 15 computadoras cableadas y solo desea agregar un par de computadoras portátiles a la red. Allí es donde un Wireless Access Point, mejor conocido como WAP, entra en acción. Un WAP conecta sus computadoras inalámbricas a su red cableada existente, de manera que todas sus computadoras se llevan bien como una familia feliz. La Figura 20-2 muestra cómo funciona.

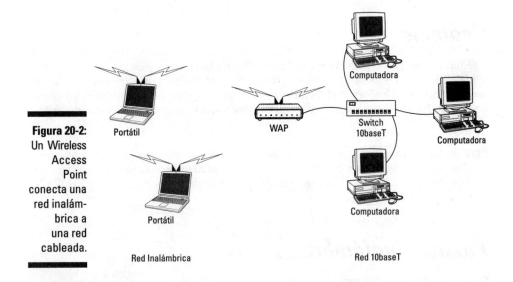

Figura 20-2: Un Wireless Access Point conecta una red inalámbrica a una red cableada.

Portátil

Portátil

Red Inalámbrica

WAP

Switch 10baseT

Computadora

Computadora

Computadora

Red 10baseT

Un Wireless Access Point es una caja que tiene una antena (o a menudo un par de antenas) y un puerto Ethernet RJ-45. Solo conecte el WAP en un cable de red, conecte el otro extremo al cable en un hub o switch y su red inalámbrica debería poder conectarse a su red cableada.

WAP Multifuncionales

Los Wireless Access Points a menudo incluyen opciones incorporadas. Por ejemplo, algunos WAPs se duplican como hubs o switches de la Ethernet. En ese caso, el WAP no tendrá más que un puerto RJ-45. Además, algunos WAPs incluyen cable de banda ancha o routers de la firewall DSL que le permiten conectarse a la Internet. Para mi red doméstica, uso un Linksys Wireless Access Point Router que incluye las siguientes opciones:

✔ Un 802.11b Wireless Access Point que me permite conectar una computadora portátil y una computadora localizada en el otro extremo de la casa porque no quería pasar el cable a través del ático.

✔ Un switch 10/100MHz de cuatro puertos que puedo conectar a cuatro computadoras por medio de cable par trenzado.

✔ Un router DSL/Cable que conecto a mi cable módem. Esto les permite a todas las computadoras en la red (cableada e inalámbrica) acceder a la Internet.

Roaming

Pueden usarse dos o más Wireless Access Points para crear una gran red inalámbrica en la cual los usuarios pueden pasear de área a área y seguir conectados a la red inalámbrica. Conforme el usuario se sale del rango de un WAP, otro WAP escoge automáticamente el usuario y toma control sin interrumpir el servicio de red del usuario.

Para instalar dos o más WAP, debe colocar cuidadosamente los WAP para que todas las áreas de la oficina o edificio puestas en red estén en un rango de al menos uno de los WAP. Luego, solo asegúrese de que todas las computadoras y los WAP usan el mismo SSID y canal.

Puentes inalámbricos

Suponga que tiene dos redes de computadora separadas en secciones cercanas de un edificio, pero no hay forma fácil de pasar el cable entre ellas. En ese caso, podría usar un par de puntos de acceso inalámbrico para crear un *wireless bridge (puente inalámbrico)* entre las dos redes. Conecte uno de los WAP a la primera red y el otro WAP a la segunda red. Luego, configure ambos WAP para usar el mismo SSID y canal. (Como alternativa, puede usar un solo WAP con una antena más poderosa para extender el rango).

Lidiar con Aspectos de Seguridad

Antes de que se meta en el extremo profundo del corazón de las redes inalámbricas, debería primero considerar los riesgos de seguridad que son inherentes al instalar una red inalámbrica. Con una red cableada, la mejor herramienta de seguridad que tiene es el seguro en la puerta frontal de su oficina. A menos que alguien pueda físicamente entrar en una de las computadoras en su red, no puede entrar en su red. (Bueno, estamos en alguna forma ignorando su conexión de banda ancha de la Internet por el bien del argumento).

Si prefiere la opción inalámbrica, un intruso no tiene que entrar en su oficina para meterse en su red. Puede hacerlo desde la oficina de al lado, el vestíbulo, el garaje debajo de su oficina.

De hecho, la reciente explosión de las redes inalámbricas ha conducido a un mundo nuevo de piratas de redes inalámbricas. Incluso, algunos practican el arte de *wardriving*, lo que significa que conducen alrededor de la ciudad con computadoras portátiles tan solo buscando un acceso abierto a redes inalámbricas. Algunos de ellos incluso hacen mapas y los ponen en la Internet.

El término wardriving se deriva de la palabra popular de los hackers *warez* (pronunciado wayrz), el cual se refiere a software pirateado. Así, wardriving se refiere a buscar acceso pirateado a la red inalámbrica. Otro término relacionado, es *warchalking*, el cual se refiere a marcar la ubicación de puntos de acceso abierto con símbolos de tiza especiales.

¿Cómo puede proteger su red de dicho acceso? Las siguientes directrices lo conducen en la dirección correcta:

✔ Habilite la opción de seguridad WEP de todos los dispositivos inalámbricos. WEP significa *Wired Equivalent Privacy (Privacidad Equivalente Cableada)* y está diseñada para hacer una transmisión inalámbrica tan segura como la transmisión con un cable de red. Resulta que la WEP no es completamente a prueba de balas, pero ayuda a mantener a los hackers alejados.

✔ Imponga seguridad para compartir archivos y acceso de seguridad al escoger buenas contraseñas, al compartir solo carpetas específicas en lugar de unidades enteras, etcétera.

✔ Cambie las contraseñas predefinidas para todo, especialmente la WAP y cuentas de administrador para sus servidores. Expertos de seguridad estiman que alrededor del 75 por ciento de todas las fallas de seguridad de computación se deben a contraseñas débiles.

✔ Si su WAP lo soporta, use la opción de acceso basado en dirección MAC. Esto les limita el acceso solo a computadoras específicas basadas en su dirección MAC.

✔ Cambie el SSID de su red desde los valores predefinidos.

✔ Tenga cuidado del Wireless Access Points no autorizados. Como los WAP son tan baratos y fáciles de conectar, no es raro que un usuario de red conocedor instale uno por sí solo, sin permiso o ayuda del administrador de la red. Dichos WAP a menudo exponen toda la red a los forasteros.

✔ ¡Respalde!

Capítulo 21

Marcar a su Red

● ●

En este capítulo

▶ Utilizar Dial-Up Networking para marcar a su red

▶ Instalar devolución de llamada en un servidor de acceso telefónico
  Windows 2000 Pro

▶ Descubrir acerca del Remote Access Service (Servicio de Acceso Remoto) en un
  Servidor Windows NT o 2000

● ●

Con las computadoras portátiles y caseras cada vez más populares, muchos usuarios de computadoras se llevan el trabajo a la casa para trabajar en las noches o los fines de semana. Este arreglo funciona bastante bien, excepto que intercambiar la información entre la computadora portátil y la de su oficina no es muy fácil que digamos.

Una forma de intercambiar archivos es copiarlos desde una computadora a un disquete y, luego, a la otra computadora. Sin embargo, este método tiene sus inconvenientes. ¿Qué ocurre si los archivos que desea intercambiar no caben en un solo disquete? ¿Y qué ocurre si, en la carrera de salir de la casa en la mañana, olvida poner el disco en su bolsillo o cartera? (Puede superar la limitación de tamaño de los disquetes utilizando discos Zip, que tienen una capacidad de 100MB. Pero todavía tiene el problema de olvidar los discos o perderlos en el metro de camino a la oficina).

Si utiliza una computadora potátil, puede agregar una tarjeta de interfaz de red y luego conectarla a su red en la oficina e intercambiar archivos con la computadora de la oficina. Pero las tarjetas Ethernet para computadoras portátiles no son baratas y debe usted habilitar la opción compartir archivos en la computadora portátil, su computadora de la oficina, o ambas.

Alternativamente, puede utilizar un programa, como LapLink, que le permite conectar su computadora portátil a su computadora de la oficina por medio de un cable conectado a los puertos serial o paralelo, o USB, de las computadoras. Después de que conecta las computadoras, puede transferir los archivos por el cable. Este proceso es mucho más eficiente que copiar los archivos utilizando disquetes, pero también tiene algunos inconvenientes. ¿Qué ocurre si llega a su casa y se da cuenta de que olvidó copiar un archivo importante?

Si debe trabajar en su casa, la mejor manera para acceder a su trabajo en la oficina es crear una conexión de acceso telefónico que utilice modems para conectar su computadora casera directamente a su red de la oficina. Al utilizar esta configuración, puede acceder desde su computadora casera a cualquier unidad compartida de disco disponible en la red de la oficina, como si su computadora casera fuera parte de ella.

Este capítulo le muestra cómo crear una conexión remota utilizando una opción de Windows llamada Dial-Up Networking. Esta opción ofrece un vínculo sencillo, pero limitado, entre una computadora remota y una computadora en red. También se destacan algunas ventajas de utilizar un enfoque más sofisticado para el acceso remoto, como Windows NT/2000 Remote Access Service o NetWare Connect.

La seguridad es una preocupación importante cuando instala una red de acceso telefónico. Si puede marcar a su computadora de la oficina y acceder a sus archivos, igual puede hacerlo cualquier otra persona. Las contraseñas ofrecen alguna medida de protección, pero los hackers serios de computación pueden burlar cualquier protección con contraseña tan fácilmente como los ladrones de autos pueden abrir uno. Por esa razón, sugiero que no utilice Windows 98 o Millennium Edition como un servidor de acceso telefónico, si la seguridad es una preocupación.

A lo largo de este capítulo, asumimos que está utilizando acceso remoto para llamar a la computadora de su trabajo desde la computadora casera. Por supuesto, esta no es la única forma de utilizar conexiones de acceso telefónico. Puede hacerlo de otras formas, como llamar a su computadora casera desde la oficina, o llamar a su oficina, desde un hotel utilizando la computadora portátil o la de su casa. Nos referimos a la computadora que usted utiliza para llamar a otra computadora como la *computadora casera,* y a la otra computadora a la que está llamando — como *computadora de la oficina.*

Comprender Dial-Up Networking

Todas las versiones de Windows, desde Windows 95, incluyen una opción llamada *Dial-Up Networking*, que le permite conectarse a una red utilizando modems y una línea telefónica. Con Dial-Up Networking, puede fácilmente instalar una conexión de acceso telefónico entre su computadora casera y su computadora de la oficina, de manera que pueda acceder a las unidades de disco de la computadora de su oficina e impresoras mientras está en la casa. Además, cualquier recurso de la red que esté disponible para su computadora de la oficina también estará disponible para su computadora casera.

Como los fanáticos de la computación adoran confundirse con acrónimos, han designado el *DUN* como el acrónimo oficial para la Dial-Up Networking. Prometemos no utilizar el término *DUN* de nuevo en este capítulo.

Para utilizar el DUN - ups, más bien el Dial-Up Networking, para conectarse desde la casa a la oficina, tanto su computadora casera como las de la oficina deben tener un módem y estar conectadas a una línea telefónica.

En terminología de Dial-Up Networking, la computadora a la que llama – o sea la computadora de su oficina – es referida como *dial-up server (servidor de acceso telefónico)*. De igual forma, la computadora de la que llama - su computadora casera – es llamada *dial-up client (cliente de acceso telefónico)*. Note que la computadora servidor de acceso telefónico no tiene que ser una computadora servidor dedicada. La computadora en su oficina puede funcionar como servidor de acceso telefónico, siempre que tenga un módem conectado a la línea telefónica.

Como Dial-Up Networking utiliza modems y líneas telefónicas, en lugar de tarjetas Ethernet para conectar su computadora casera a la computadora de su oficina, la conexión será lenta. La velocidad lenta de la conexión Dial-Up Networking no molesta demasiado si solo desea acceder a un par de archivos pequeños de Excel o enviar un documento corto a su impresora, pero si intenta copiar un archivo de 20MB por acceso telefónico, tendrá suficiente tiempo para mirar un par de películas de Kevin Costner mientras espera.

La capacidad de crear un servidor dial-up está incorporada en Windows 2000 Professional y Windows XP, así que no tiene que instalarlo separadamente. Pero si está utilizando una versión anterior de Windows, tiene que instalar el software del servidor dial-up desde el CD de Windows antes de que pueda instalar la red dial-up. Puede colocar el software necesario desde la pestaña Windows Setup del recuadro de diálogo Add/Remove Programs, que puede acceder en el Control Panel.

Antes de poder usar una conexión dial-up, debe configurar las computadoras de su casa y de su oficina para Dial-Up Networking. Primero, debe configurar la máquina de su oficina para trabajar como un servidor dial-up. Luego, debe hacer lo mismo con la de su casa para que sirva como un cliente dial-up. Una vez que haya configurado ambas computadoras, puede utilizar la máquina cliente dial-up desde su casa para llamar al servidor dial-up de la computadora de su oficina. En las secciones siguientes, describo cómo configurar el servidor y el cliente dial-up.

Configurar un Servidor Dial-Up

Para configurar un servidor dial-up en Windows XP, haga clic sobre el botón Start y seleccione All Programs⇨Accessories⇨Communications⇨Network Connections. Luego, haga clic sobre Create a New Connection para iniciar el Asistente New Connection. Cuando aparece la pantalla Welcome, haga clic sobre Next. El Asistente le pregunta qué tipo de conexión de red desea crear; escoja Set Up an Advanced Connection, luego haga clic sobre Next. El Asistente New Connection luego solicita qué tipo de conexión avanzada desea crear, como se muestra en la Figura 21-1. Seleccione Accept Incoming Connections y seguidamente haga clic sobre Next.

Para Windows 2000, abra My Computer, luego abra la carpeta Network and Dial-Up Connections y haga doble clic sobre el icono Make a New Connection para iniciar el Asistente Network Connection. Después de la pantalla de bienvenida, el Asistente le pregunta qué tipo de conexión desea crear. Seleccione Accept Incoming Connections y seguidamente haga clic sobre Next.

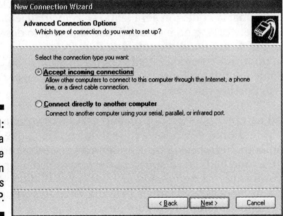

Figura 21-1:
Crear una conexión de red en Windows XP.

En Windows XP y 2000, el asistente posteriormente muestra una serie de recuadros de diálogo que solicitan la siguiente información:

✔ **El dispositivo al que desea permitirle conexiones entrantes.** En la mayoría de los casos, una conexión de módem y de LAN se detallarán. Escoja el módem para permitir conexiones dial-up.

✔ **Si debe permitir Redes Privadas Virtuales.** Para una conexión dial-up sencilla, escoja No.

✔ **A cuáles usuarios permitirles el acceso.** Todas las cuentas de usuario autorizadas para usar su computadora se mostrarán en la lista. Seleccione la cuenta del usuario que desea utilizar para la conexión dial-up.

Crear una cuenta de usuario separada que pueda utilizar para acceso dial-up es una buena idea. Luego, le puede dar acceso a esta cuenta solo a las carpetas e impresoras que necesita acceder desde su casa.

✔ **Los protocolos de red que desea utilizar para la conexión dial-up.** El protocolo predeterminado es TCP/IP, Microsoft File y Printer Sharing y Client for Microsoft Networks. Cambie estas opciones únicamente si tiene alguna razón y sabe lo que está haciendo.

✔ **Un nombre para su conexión.**

A continuación, se indican algunos puntos adicionales cuando esté considerando usar un servidor dial-up:

✔ Bajo ninguna circunstancia configure un servidor dial-up sin una contraseña. ¡Ya sé! Ya le advertí acerca de esto, pero vale la pena repetirlo.

✔ Si apaga su computadora mientras está en modo de Servidor Dial-Up, este se reiniciará automáticamente cuando inicia nuevamente su computadora.

✔ Si está utilizando Windows 98 o Edición Millennium, el procedimiento para configurar la conexión dial-up de red es levemente diferente. Abra el icono My Computer, luego haga doble clic sobre el icono Network Connections. Luego, puede configurar una conexión dial-up de red seleccionando el comando Connections➪Dial-Up Server.

✔ Si es un administrador de la red, la idea de que los usuarios puedan crear Servidores de Dial-Up para lograr acceso remoto a su red puede ser motivo de preocupación. Si es así, puede inhabilitar la función Dial-Up Server utilizando un programa de Windows llamado System Policy Editor.

Configurar su Computadora Casera para Dial-Up Networking

Para configurar su computadora casera para que actúe como un cliente de acceso telefónico, debe crear una nueva conexión de acceso telefónico que esté instalada para marcar a su computadora desde la oficina. Puede seguir estos pasos para Windows XP:

1. **Haga clic sobre el botón Start, luego seleccione All Programs⇨Accessories⇨ Communications⇨Network Connections.**

   Aparece la carpeta Network Connections.

2. **Haga clic sobre Create a New Connection.**

   Aparece el Asistente New Connection.

3. **Haga clic sobre Next para saltarse la pantalla Welcome, luego seleccione Connect to the Network at my Workplace y haga clic sobre Next.**

   El Asistente le solicita si desea conectarse con una conexión dial-up o con una conexión de Red Privada Virtual que trabaja por medio de la Internet.

4. **Seleccione Dial-Up Connection, luego haga clic sobre Next.**

   El Asistente solicita un nombre para su conexión.

5. **Digite un nombre para la conexión de la computadora de su oficina, luego haga clic sobre Next.**

   Use un nombre sencillo, como *Office*. Seguidamente, el Asistente le solicita el número telefónico de la computadora de su oficina.

6. **Digite el número de teléfono de la línea telefónica que está conectada al módem de la computadora de su oficina y luego haga clic sobre Next.**

   El asistente muestra un recuadro de diálogo de confirmación que indica que está listo para crear la conexión, como se muestra en la Figura 21-2.

Figura 21-2:
Crear una
conexión de
marcado.

7. **Haga clic sobre Finish.**

   El asistente crea la nueva conexión.

El procedimiento para Windows 98 o Me es muy similar. Empiece escogiendo Start
➪Programs➪Accessories➪Communications➪Dial-Up Networking. Cuando aparece la carpeta Dial-Up Networking, haga doble clic sobre el icono Make New Connection. Seguidamente, ejecute los procedimientos empezando con el paso 5.

A continuación, presentamos algunos aspectos por considerar al instalar su computadora casera para Dial-Up Networking:

✔ El Make New Connection Wizard puede pedir información adicional si descubre
que aún no ha configurado su módem para Windows. Si esto ocurre, responda
las preguntas que haga de la mejor forma posible. Si se confunde, actúe como
que supiera lo que está haciendo y el asistente no lo notará. En casi todos los
casos, el asistente puede automáticamente detectar y configurar su módem de
forma adecuada, así que todo lo que tiene que hacer es sentarse y mirar.

✔ Si no puede encontrar Dial-Up Networking en ninguna parte de su computadora, quizás no lo ha instalado. Encuentre su CD de Windows y luego haga doble
clic sobre el icono Add/Remove Programs en el Control Panel. Haga clic sobre
la pestaña Windows Setup en el recuadro de diálogo Add/Remove Programs, y
luego haga doble clic sobre el icono Communications y asegúrese de que Dial-
Up Networking sea seleccionado. Haga clic sobre OK y luego inserte su CD de
Windows en su unidad de CD-ROM para instalar Dial-Up Networking.

✔ Si planea llamar a la computadora de su oficina a menudo, arrastre el icono de
la conexión de la computadora de la oficina desde la ventana Dial-Up Networking hasta su escritorio. Así no tendrá que deambular a través de My Computer cada vez que desea conectarse.

Hacer la Conexión

Después de que configure las computadoras de su oficina y la casera para Dial-Up
Networking, indudablemente desea llamar a la computadora de su oficina y poner
el Dial-Up Networking a trabajar. Vea cómo:

1. **Cuando deje la oficina para ir a casa, asegúrese de dejar la computadora del
   servidor de acceso telefónico encendida.**

   No puede marcar al servidor de acceso telefónico desde su casa si apaga la
   computadora servidor de acceso telefónico.

2. **En su computadora casera, escoja Start➪All P̲rograms➪Accessories➪
   Comunications➪Network Connection y luego haga doble clic sobre el icono
   para la conexión de su computadora de la oficina.**

   También si arrastró una copia del icono a su escritorio, solo haga doble clic
   sobre este. De cualquier forma, aparece el recuadro de diálogo Connect To,
   como se muestra en la Figura 21-3.

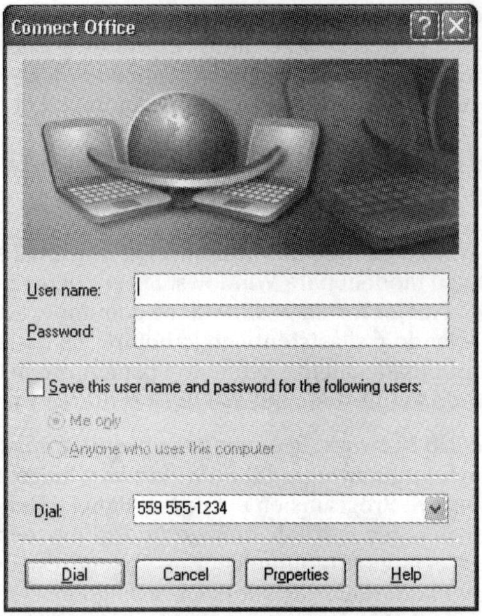

Figura 21-3:
El recuadro
de diálogo
Connect
Office.

3. **Asegúrese de que el número telefónico, nombre de usuario y contraseña sean los correctos. Luego, haga clic sobre Connect.**

   Windows llama a la computadora de su oficina y establece una conexión. Este proceso puede tomar un minuto aproximadamente, así que sea paciente. Usted ve varios mensajes en la pantalla mientras se hace una conexión, como Dialing, Verifying User Name and Password, Waiting for Godot, Twiddling Thumbs, y así sucesivamente. Después, los mensajes dicen Connected, en cuyo punto está oficialmente conectado a la computadora de su oficina.

Utilizar Recursos de la Red con una Conexión de Acceso Telefónico

Después de que se haya conectado al servidor de acceso telefónico, puede acceder a las unidades de disco e impresoras del servidor de acceso telefónico. Sin embargo, debido a que la transferencia de archivos mediante un módem es lenta, su computadora puede demorarse dramáticamente en la ejecución de ciertas operaciones. Por ejemplo, abrir un pequeño documento de Word puede tomar más de 10 ó 15 segundos.

Debe evitar navegar la red usando My Network Places (o Network Neighborhood en Windows 98 o Me) debido a que las conexiones de marcado son más lentas que las de red local. En su lugar, siga estos pasos para acceder a los recursos de su computadora de oficina cuando se conecta mediante el teléfono:

1. **Escoja el comando Start⇨Run.**

2. **Digite dos barras diagonales seguidas del nombre de la computadora de su oficina.**

   Por ejemplo, digite **Office**.

3. **Haga clic sobre OK.**

   Su computadora casera dura un poco para acceder a la computadora de su oficina por el teléfono. Eventualmente, sin embargo, aparece una ventana, como la mostrada en la Figura 21-4. Puede acceder a las unidades de disco e impresoras compartidas de la computadora de su oficina desde esta ventana.

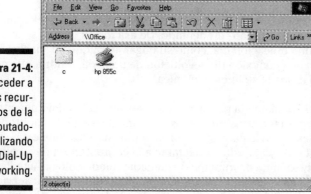

Figura 21-4:
Acceder a otros recursos de la computadora utilizando Dial-Up Networking.

Para desconectarse de la computadora de la oficina, haga doble clic sobre el icono de módem que aparece en la barra de tareas y, luego haga clic sobre Disconnect. O si lo prefiere, haga clic derecho sobre el icono de módem y seleccione Disconnect de menú desplegable que aparece.

También puede acceder archivos en la unidad de disco de su servidor de marcado utilizando los recuadros de diálogo estándares Open y Save As. Para saber cómo, refiérase a la sección sobre acceder archivos de red en el Capítulo 23.

No nos Llame –Nosotros lo Llamaremos

Una de las ventajas de utilizar Windows 2000 para sus servidores de acceso telefónico es que puede utilizar la opción devolución de llamada . La devolución de llamada es tanto una opción de seguridad como de ahorro de costos. Funciona así:

1. Desde su computadora remota, usted marca a la computadora servidor de acceso telefónico.

2. El servidor de acceso telefónico verifica su nombre de usuario y contraseña.

3. El servidor de acceso telefónico le cuelga.

4. El servidor de acceso telefónico luego lo llama de vuelta.

5. Su computadora responde el teléfono y verifica la conexión.

6. Puede luego utilizar la red.

Al ser utilizada como una opción de seguridad, el servidor de acceso telefónico lo llama de vuelta utilizando un número predefinido. De esa forma, puede solamente marcar a la red desde una ubicación fija, como su hogar. Para que un "hacker" entre en su red utilizando una conexión de devolución de llamada, tendría que entrar en su hogar y llamar desde su línea telefónica.

La opción de devolución de llamada puede también ser utilizada como una medida para reducir costos para usuarios que necesitan conectarse a la computadora de su oficina mientras están en la carretera. Por ejemplo, suponga que está en un cuarto del hotel en St. Louis y necesita conectarse a la computadora de su oficina en Detroit. Con una conexión de devolución de llamada, puede colocar una llamada de corta o larga distancia desde el cuarto del hotel a la computadora servidor de acceso telefónico en la oficina de Detroit. Antes de que le cuelgue, el servidor de acceso telefónico le pregunta a cuál número llamar de vuelta. Luego, el servidor de acceso telefónico le cuelga de inmediato, su computadora responde, se reconecta y puede utilizar la red mientras la llamada es cobrada al teléfono del servidor de acceso telefónico, en lugar del teléfono del cuarto del hotel.

La devolución de llamada para un servidor de acceso telefónico de Windows 2000 Professional está instalada sobre una base de usuario a usuario, porque cada usuario puede tener un número telefónico diferente para llamarlo de vuelta. Para configurar la devolución de llamada, siga estos pasos:

1. **Haga doble clic sobre My Computer, luego haga clic sobre el vínculo Network and Dial-up Connections.**

   Aparece la carpeta Network and Dial-up Connections.

2. **Haga clic en el botón derecho sobre el icono Incoming Connections; luego escoja Properties en el menú de selección que aparece.**

    Esto muestra el recuadro de diálogo Incoming Connections Properties.

3. **Haga clic sobre la pestaña Users.**

    Aparece una lista de cuentas de usuario en el recuadro de diálogo, como se muestra en la Figura 21-5.

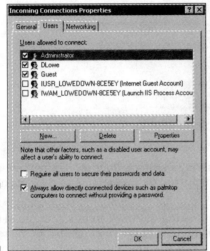

Figura 21-5:
La pestaña
Users.

4. **Haga clic sobre la cuenta de usuario que utilizará para llamar al servidor de acceso telefónico y luego haga clic sobre Properties.**

    Aparece el recuadro de diálogo User Properties. Este recuadro de diálogo tiene dos pestañas: General y Callback. La pestaña General se muestra primero.

5. **Haga clic sobre la pestaña Callback.**

    Aparecen las opciones de devolución de llamada, como se muestra en la Figura 21-6.

6. **Establezca la opción de devolución de llamada que desea utilizar.**

    Las opciones son:

    - **Do Not Allow Callback (No permitir devolución de llamada),** que deshabilita la opción de devolución de llamada para este usuario. (Esta es la configuración predefinida).

    - **Allow the Caller to Set the Callback Number (permita que quien llama establezca el número de devolución de llamada),** que significa que el servidor de acceso telefónico le pide introducir un número antes de colgar, luego llama de nuevo al número que usted brinda.

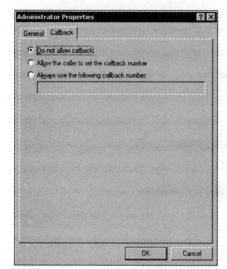

Figura 21-6:
Configurar
las opcio-
nes de de-
volución de
llamada
para un
usuario de
acceso
telefónico.

- **Al<u>w</u>ays Use the Following Callback Number (Utilizar siempre el siguiente número de devolución de llamada),** que significa que el servidor de acceso telefónico lo llamará a un número fijo.

7. **Si selecciona Al<u>w</u>ays Use the Following Callback Number, digite el número al que desea que el servidor llame de regreso en el cuadro de texto.**

   Por ejemplo, si marcará al servidor de marcado desde su casa, digite el número del módem al cual está conectado la computadora.

8. **Haga clic sobre OK.**

   Usted será devuelto al recuadro de diálogo Incoming Connections Properties.

9. **Repita los pasos del 4 al 8 para cualquier otro usuario al que desea configurarle las opciones de regresar llamada.**

   En la mayoría de los casos, configurará sólo un usuario para el servidor de marcado. Sin embargo, si está configurando el servidor de marcado para que varios usuarios puedan accederlo, repita los pasos del 4 al 8 para cada usuario.

10. **Haga clic sobre OK para cerrar el recuadro de diálogo Incoming Connections Properties.**

¡Ya terminó! Ahora, cuando llama al servidor de acceso telefónico, el servidor le colgará y lo llamará de vuelta.

Utilizar el Servicio de Acceso Remoto

Tanto Windows NT y 2000 Server incluyen soporte incorporado para acceso remoto, con una opción llamada *Remote Access Service (Servicio de Acceso Remoto),* también conocido como *RAS.* Con RAS, usted equipa una computadora servidor con uno o más modems (modems estándar o modems ISDN) y lo dedica como un servidor de acceso remoto. Los usuarios remotos pueden luego marcar a la red y, una vez conectados, utilizan la red como si estuvieran conectados con un cable de Ethernet. Por supuesto, la conexión es mucho más lenta porque opera por líneas telefónicas en lugar del cable real de la Ethernet.

Remote Access Service tiene varias ventajas sobre un simple servidor de acceso telefónico de Windows:

- ✔ RAS puede trabajar con más de un módem para permitirles a varios usuarios conectarse simultáneamente. Con equipo de pooling módem especial, RAS puede servir cientos de usuarios de acceso telefónico.

- ✔ RAS tiene mejores opciones de seguridad que un simple servidor de acceso telefónico de Windows. Con RAS, puede ocultar datos que son transmitidos por la línea telefónica y utilizar métodos de autenticación más confiables para verificar que los usuarios de acceso telefónico son realmente quienes dicen ser.

- ✔ RAS puede utilizar Caller ID para verificar que un usuario está llamando desde un número predeterminado. Esto ofrece la misma protección que la devolución de llamada a un número fijo, pero es más conveniente.

- ✔ RAS puede limitar el acceso telefónico a horas y fechas específicas.

- ✔ RAS también da soporte a conexiones Virtual Private Network (VPN), que le permiten a un usuario conectarse a su red por medio de la Internet, en lugar de marcar directamente a su red.

Novell ofrece un programa de acceso remoto similar llamado NetWare Connect.

Acceso Remoto Basado en Hardware

Una alternativa para dedicar una computadora servidor para acceso remoto es utilizar hardware de acceso remoto especializado, el cual se conecta directamente a su red y le permite a los usuarios marcar. De esa forma, no tiene que lidiar con instalar y mantener un servidor Windows NT, 2000 o NetWare y no tiene que dedicar toda una PC a la tarea de compartir modems para acceso remoto.

Uno de los servidores de acceso remoto más populares es LanRover, hecho por Shiva (propiedad de Intel). LanRover es un servidor de acceso remoto auto-contenido que incluye un puerto de Ethernet, de manera que pueda conectar LanRover a su red y ocho puertos seriales para modems de conectado. También puede obtener LanRover Plus, que incluye modems incorporados. LanRover puede utilizar conexiones de módem normales o conexiones ISDN de alta velocidad para conexiones más veloces.

Para más información acerca de LanRover, visite la página de inicio de Shiva en la Internet en `www.shiva.com`.

Redes Privadas Virtuales

Una alternativa para utilizar una conexión de acceso telefónico para acceder a la red de su oficina desde su casa es utilizar una técnica llamada *Redes Privadas Virtuales (Virtual Private Networking)*, o *VPN*. VPN le permite crear el equivalente de una conexión privada entre dos computadoras o redes utilizando la Internet en lugar de una conexión separada de acceso telefónico. Por ejemplo, suponga que ya tiene una conexión a la Internet en su casa, ya sea por medio de una línea de acceso telefónico o con un cable rápido o conexión DSL y la red en su oficina también tiene una conexión a la Internet. En lugar de utilizar la red de acceso telefónico para acceder a la red de su oficina desde la casa, podría utilizar la Internet para crear una conexión VPN entre su computadora casera y la red de su oficina.

Para utilizar VPN, debe primero establecer una conexión VPN en una computadora Windows NT o 2000 Server que ejecute RAS o un servidor NetWare con NetWare Connect. (Para más información, refiérase a la sección "Utilizar el Servicio de Acceso Remoto" anteriormente en este capítulo). Luego, puede configurar una conexión VPN en su computadora casera.

VPN utiliza un protocolo especial conocido como PPTP, que significa *Point-to-Point Tunneling Protocol (Protocolo de Túnel de Punto a Punto)*. El proceso de crear una conexión privada entre dos computadoras por una red intermedia como la Internet es a menudo llamado túnel, porque la conexión es similar a un túnel a través de la Internet que conecta las dos computadoras directamente.

Capítulo 22

Utilizar Microsoft Office en una Red

En este capítulo

▶ Instalar Office en una red

▶ Abrir archivos en la red

▶ Utilizar Workgroup Templates (Plantillas de Trabajo en grupo)

▶ Utilizar las opciones de colaboración de Office

▶ Compartir una base de datos de Access en una red

Microsoft Office es por mucho el grupo de programas de aplicación más popular utilizada en computadoras personales, la cual incluye los tipos más comunes de programas de aplicación utilizados en una oficina: un programa procesador de palabras (Word), un programa de hoja electrónica (Excel), un programa de presentación (PowerPoint) y un excelente programa de correo electrónico (Outlook). Dependiendo de la versión de Office que compre, quizás también obtenga un programa de base de datos (Access), un programa de desarrollo de sitios Web (FrontPage), un programa de publicación de escritorio (Publisher), un juego de cuchillos Ginsu (KnifePoint) y un rebanador (ActiveSalsa).

Este capítulo describe las opciones de red de Microsoft Office XP, la versión más nueva de Office. Algunas de estas opciones también funcionan con versiones anteriores de Office.

Para aprovechar al máximo Office en una red, debería comprar el Microsoft Office Resource Kit. El Office Resource Kit (también conocido como ORK) contiene información para instalar y utilizar Office en una red y viene con un CD que tiene herramientas valiosas. Si no desea comprar el ORK, puede verlo en línea y bajar las herramientas ORK del sitio Web TechNet de Microsoft en (technet.microsoft.com.) Nanu-nanu.

Instalar Office en una Red –algunas Opciones

Necesita tomar dos decisiones básicas cuando se prepara para instalar Microsoft Office en una red. La primera es si desea copiar los archivos de programa de Office en los discos duros en cada computadora, o bien, colocar algunos, o todos, los archivos de programa de Office en un disco servidor compartido. A continuación, presentamos los pros y los contras de cada opción:

- Instalar los archivos de programa de Office en los discos duros de cada computadora es, por lo general, la mejor elección. Sin embargo, esta opción requiere que cada computadora tenga suficiente espacio libre en disco para retener los archivos de programa de Office. Office XP puede requerir más de 500MB de espacio en disco si instala todos sus componentes.

- Colocar archivos de programa de Office en el servidor libera espacio en los discos duros de las computadoras cliente. Sin embargo, los usuarios de la red notarán que Office opera más lento porque los archivos de la red son más lentos de acceder que los locales. Para aliviar esto, puede instalar los archivos de programa de Office más comúnmente utilizados en el disco local de cada computadora y los archivos menos utilizados en el servidor de la red.

La segunda elección al instalar Office en una red es cuál de varios métodos de instalación alternativos utilizar. A continuación, presentamos las opciones:

- Ignore el hecho de que tiene una red, compre una copia separada de Office para cada usuario en la red e instale Office desde el CD en cada computadora. Esta opción funciona bien si su red es pequeña, si cada computadora tiene bastante espacio en disco para tener los archivos de Office necesarios y si cada computadora tiene su propia unidad CD-ROM.

- Compre una copia separada de Office para cada computadora, pero instale Office en cada computadora desde una unidad de CD-ROM compartida localizada en una computadora servidor. Esta opción funciona bien cuando tiene computadoras cliente en red que no tienen sus propias unidades de CD-ROM.

- Copie todo el CD de Office en una carpeta compartida en un servidor de la red. Luego, desde cada computadora en red, conéctese a la carpeta compartida y ejecute el programa Office Setup para instalar Office en cada computadora en la red.

- Use el programa Office Setup en el modo Administrative Setup. Esta opción le permite crear un tipo especial de configuración de un disco del servidor de la red, desde el cual puede instalar Office en las computadoras en red. El Administrative Setup le permite controlar las opciones de personalización seleccionadas para cada computadora en red y reducir la cantidad requerida de interacción con el usuario para instalar Office en cada computadora.

Si escoge Administrative Setup, puede emplear el Network Installation Wizard que incluye el Office Resource Kit. El Network Installation Wizard le permite personalizar las configuraciones para instalar Office en las computadoras cliente. Por ejemplo, puede escoger cuáles componentes de Office instalar; suministrar respuestas predefinidas a preguntas sí/no que le formula Setup al usuario mientras instala Office; y seleccionar la cantidad de interacción que desea que tenga el programa Setup con el usuario mientras instala Office.

No importa cuál opción escoja para instalar Office en su red, debe comprar una copia de Office o una licencia para instalar Office para cada computadora. Comprar una sola copia de Office e instalarla en más de una computadora es ilegal.

Acceder a Archivos en Red

Abrir un archivo que permanezca en una unidad de red es casi tan sencillo como abrir un archivo en una unidad local. Todos los programas de Office utilizan el comando File⇨Open para mostrar el recuadro de diálogo Open, como se muestra en un ejemplo de Excel en la Figura 22-1. (El recuadro de diálogo Open es casi idéntico en otros programas de Office).

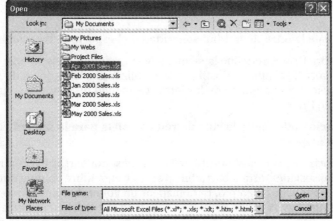

Figura 22-1:
El recuadro de diálogo Open en Excel 2002.

Para acceder a un archivo que se encuentre en un volumen de red que ha sido mapeado a una letra de unidad, todo lo que debe hacer es utilizar la lista desplegable Look In para seleccionar la unidad de la red. Si el volumen de la red no ha sido mapeado a una unidad, haga clic sobre My Network Places cerca de la esquina inferior izquierda del recuadro de diálogo Open.

Puede mapear una unidad de red directamente desde el recuadro de diálogo Open siguiendo estos pasos:

1. **Escoja el comando File⇨Open.**

   Eso muestra el recuadro de diálogo Open.

2. **Haga clic sobre Tools en el recuadro de diálogo Open y luego escoja Map Network Drive.**

   Aparece el recuadro de diálogo Map Network Drive, como se muestra en la Figura 22-2.

Figura 22-2: Mapear una unidad de red.

3. **Si no le gusta la letra de unidad sugerida en el espacio Drive, cámbiela.**

   Map Network Drive predefine la siguiente letra de unidad disponible (en el caso de la Figura 22-2, unidad F:). Si prefiere utilizar una letra de unidad diferente, puede escoger cualquiera de las letras de unidad disponibles en la lista desplegable Drive.

4. **En el espacio Path, digite la ruta de red completa para la unidad compartida que desea mapear.**

   En la mayoría de los casos, la ruta de la red presenta barras hacia atrás, el nombre del servidor, otra a barra hacia atrás y el nombre compartido del volumen compartido. Por ejemplo, para mapear un volumen compartido llamado MYDOCS en un servidor llamado WALLY, digite lo siguiente en el espacio Path:

   ```
   \\WALLY\MYDOCS
   ```

Este tipo de nombre de archivo, con las barras dobles hacia atrás, el nombre del servidor y el nombre compartido, se conoce como *UNC name (nombre UNC). (UNC significa Universal Naming Convention, Convención para Nombramiento Universal).*

5. **Si desea que esta unidad sea mapeada automáticamente cada vez que se registra en la red, marque la opción Reconnect at Logon.**

   Si deja esta opción sin marcar, el mapeo de la unidad se desvanece cuando sale de la red.

6. **Haga clic sobre OK.**

   Usted regresa al recuadro de diálogo Open. El espacio Look In muestra automáticamente la unidad de red recién mapeada, para que el recuadro de diálogo Open enumere los archivos y carpetas en la unidad de la red.

Si intenta abrir un archivo que otro usuario de la red ya ha abierto, Office le indica que el archivo está en uso y ofrece abrir una versión de solo lectura. Puede leer y editar la versión de solo lectura, pero Office no le permitirá escribir sobre la versión existente del archivo. Tendrá que usar el comando Save As en su lugar para guardar sus cambios en un nuevo archivo.

Utilizar Workgroup Templates

Una *template (plantilla)* es un tipo especial de archivo de documento que tiene información de formato, texto modelo y otras configuraciones personalizadas que puede utilizar como base para nuevos documentos.

Tres programas de Office (Word, Excel y PowerPoint) le permiten especificar una plantilla para indicar cuando crea un nuevo documento. Cuando crea un nuevo documento en Word, Excel o PowerPoint escogiendo el comando File⇨New, ve un recuadro de diálogo que le permite escoger una plantilla para el nuevo documento. Por ejemplo, la Figura 22-3 muestra el recuadro de diálogo que aparece cuando crea un nuevo documento en Word 2000.

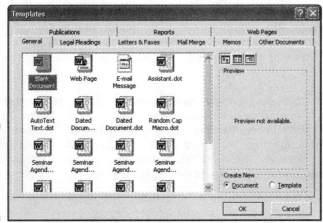

Figura 22-3: Recuadro de diálogo New en Word 2000.

Office incluye un grupo de plantillas para los tipos más comunes de documentos. Estas plantillas son agrupadas bajo las varias pestañas que aparecen en la parte superior del recuadro de diálogo New.

Además de las plantillas que vienen con Office, puede crear sus propias plantillas en Word, Excel y PowerPoint. Esto es especialmente útil si desea establecer una apariencia consistente para los documentos preparados por los usuarios de la red. Por ejemplo, puede crear una plantilla Letter que incluye el encabezado de su compañía o una plantilla Proposal que incluye un logotipo de la empresa.

Office le permite almacenar plantillas en dos ubicaciones. La primera ubicación, conocida como carpeta User Templates, por lo general, reside en la unidad de disco local del usuario. La segunda ubicación, llamada carpeta Workgroup Templates, es por lo general una carpeta en una unidad de red compartida. Este arreglo también le permite almacenar plantillas que desea hacer disponibles para todos los usuarios de la red en un servidor de la red, pero esto también le permite a cada usuario crear sus propias plantillas que no están disponibles para otros usuarios de la red.

Cuando utiliza tanto una carpeta User Templates como una carpeta Workgroup Templates, Office combina las plantillas desde ambas carpetas y las enumera en orden alfabético en el recuadro de diálogo New. Por ejemplo, suponga que la carpeta User Templates contiene plantillas llamadas Blank Document y Web Page, y además la carpeta Workgroup Templates contiene una plantilla llamada Company Letterhead. En este caso, aparecen tres plantillas en el recuadro de diálogo New, en este orden: Blank Document, Company Letherhed y Web Page.

Para configurar las carpetas User Templates y Workgroup Templates, escoja Tools⇨Options en Word para mostrar el recuadro de diálogo Options. Luego, haga clic sobre la pestaña File Locations para mostrar las opciones de ubicación de archivo, como se muestra en la Figura 22-4.

Aunque las configuraciones de User Templates y Workgroup Templates afectan a Word, Excel y PowerPoint, puede cambiarlas solamente desde Word. Los recuadros de diálogo Options en Excel y PowerPoint no muestran las opciones User Templates o Workgroup Templates.

Cuando instala Office, las plantillas estándar que incluye este son copiadas a una carpeta en la unidad de disco local de la computadora y la opción User Templates es establecida en esta carpeta. La opción Workgroup Templates se deja en blanco. Puede configurar la carpeta Workgroup Templates en una red compartida al hacer clic sobre Network Templates, luego de hacer clic sobre el botón Modify y especificar una carpeta de red compartida que contiene sus plantillas de grupo de trabajo.

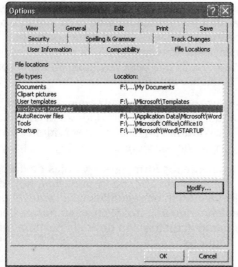

Figura 22-4:
El recuadro
de diálogo
Options.

Poner una Base de Datos de Access en Red

Si desea compartir una base de datos de Microsoft Access entre varios usuarios de la red, debería estar alerta de unas cuantas consideraciones especiales. A continuación, presentamos las más importantes:

✔ Cuando comparte una base de datos, más de un usuario puede intentar acceder al mismo registro en el mismo tiempo. Esta situación puede ocasionar problemas si dos o más usuarios intentan actualizar el registro. Para manejar esto, Access asegura el registro para que solamente un usuario a la vez pueda actualizarlo. Access utiliza uno de tres métodos para asegurar los registros:

   • **Edited Record (Registro Editado):** Asegura un registro cuando un usuario empieza a editarlo. Por ejemplo, si un usuario recupera un registro en una forma que permite su actualización, Access asegura el registro mientras el usuario lo edita, de manera que otros usuarios no puedan editarlo hasta que el primer registro se haya terminado.

   • **No Locks (Sin Seguros):** Esto no quiere decir realmente que el registro no está asegurado. Más bien, No Locks significa que el registro no está asegurado hasta que un usuario le haga un cambio a la base de datos. Este método puede ser confuso para los usuarios porque le permite a las personas escribir sobre los cambios hechos por otro.

   • **All Records (Todos los Registros):** Asegura una tabla entera cuando un usuario edita cualquier registro en la tabla.

✔ Access le permite dividir una base de datos para que los formularios, consultas y reportes sean almacenados en el disco local de cada usuario, pero los datos en sí son almacenados en una unidad de la red. Esta opción puede hacer que la base de datos opere más eficientemente en una red, pero es un poco más difícil de configurar. Para dividir una base de datos, utilice el comando Tools➪Database Utilities➪Database Splitter.

✔ Access incluye opciones de seguridad incorporadas que debería utilizar si comparte desde una computadora cliente como Windows XP. Si almacena la base de datos, en un servidor Windows NT/2000 o un servidor NetWare, puede utilizar las opciones de seguridad del servidor para proteger la base de datos.

✔ Access actualiza automáticamente los formularios y hojas de datos cada 60 segundos. De esta forma, si un usuario abre un formulario u hoja de datos y otro usuario cambia la información unos segundos más tarde, el primer usuario ve los cambios dentro de un minuto. Si 60 segundos es demasiado (o muy poco), puede cambiar la actualización desde la pestaña Advanced en el recuadro de diálogo Options.

Capítulo 23

Poner en Red Computadoras más Viejas

● ●

En este capítulo

▶ Comprender los retos de poner en red computadoras más viejas

▶ Manejar las computadoras viejas en dos formas comunes

▶ Utilizar una computadora DOS en red

▶ Configurar una tarjeta de red en la forma anticuada

● ●

No sería maravilloso que cada computadora en su red tuviera un procesador nuevo y brillante Pentium 4, 512 MB de RAM y un disco duro de 40GB? Manejar una red como esta sería un pastel. Todos podrían aprovechar las modernas opciones de red de Windows XP, y no tendría que preocuparse por los conflictos con las tarjetas de red incompatibles y los usuarios nunca reclamarían sobre un desempeño pobre.

Desafortunadamente, pocas redes en el mundo real tienen el lujo de trabajar solo con las computadoras más actuales. La mayoría de las redes consisten en una mezcolanza de computadoras: computadoras nuevas Pentium 4 con suficiente RAM y espacio en disco, computadoras Pentium III más viejas con RAM y espacio en disco adecuados, antiguas computadoras Pentium con apenas suficiente RAM y espacio en disco. Algunas incluso tienen computadoras prehistóricas 486 con RAM de un solo digito. Hacer que todas estas computadoras funcionen en su red es el tema de este capítulo.

Poner en Red las Computadoras más Viejas Presenta Retos

Acomodar las computadoras más viejas en su red presenta una serie de retos por superar. La siguiente lista destaca los obstáculos más importantes que encuentra al poner en red computadoras que no son la última tecnología:

✔ Sus computadoras cliente pueden ejecutar varias versiones diferentes de Windows. Puede encontrar computadoras con Windows XP, Millennium Edition (Windows Me), Windows 98 (primera y segunda edición), Windows 95, Windows 3.1 y computadoras Windows for Workgroups en su red. Puede también encontrar Windows NT 4 Workstation y Windows 2000 Professional. Windows 95, 98 y Me, así como Windows NT 4 y Windows 2000, tienen soporte de red incorporado, pero configurar versiones más viejas de Windows para redes puede ser un reto.

✔ Algunas de las computadoras cliente no pueden ni siquiera ejecutar Windows. Quizás tenga que descubrir cómo incorporar computadoras que ejecutan DOS sin Windows en su red.

✔ Las computadoras más viejas son probablemente muy limitadas en espacio en disco. No hace mucho tiempo, 650MB de espacio en disco parecía mucho. Ahora es apenas suficiente para tener Windows, mucho menos para cualquier programa de aplicación o archivos de información. Los usuarios de estas computadoras suplicarán por espacio en disco en sus servidores de red.

✔ Las computadoras más viejas tienen limitaciones de hardware que dificultan la instalación y configuración de las tarjetas de red. (Para más información, refiérase a la sección "Configurar una Tarjeta de Red en una Computadora más Vieja", más adelante en este capítulo).

✔ Cuando mezcla en la red sus viejas computadoras con las nuevas, van a surgir incompatibilidades de software. Por ejemplo, algunos usuarios pueden utilizar Microsoft Office 2000, mientras otros utilizan la versión más vieja de Office. Algunos pueden incluso utilizar versiones de DOS, de WordPerfect y Lotus 1-2-3.

Lidiar con Computadoras más Viejas en dos Formas

Las siguientes secciones resumen dos enfoques básicos para manejar los retos de poner en red computadoras más viejas.

Opción 1: No incluya computadoras más viejas en la red

Una opción es simplemente establecer una configuración mínima que soportará en su red y rehusar poner en red cualquier computadora que no satisfaga ese mínimo. Por ejemplo, puede decir que no pondrá en red ninguna computadora que ya no ejecuta al menos Windows 95. Cualquier persona que esté aún utilizando Windows 3.1 o el viejo y puro DOS está sin suerte.

Por supuesto, este enfoque puede enojar a muchas personas, especialmente aquellas que tienen computadoras más viejas. Para hacer a estas personas felices, tiene dos opciones: actualizar sus propias computadoras para que puedan ejecutar Windows XP, o tirar las computadoras viejas y reemplazarlas con nuevas.

Si la computadora no es demasiado vieja talvez, puede actualizarla a Windows XP sin mucho problema. De acuerdo con Microsoft, los requerimientos mínimos del sistema para Windows XP son los siguientes:

✔ Un procesador Pentium, o mejor, que corra a 233 MHz o más rápido

✔ 128MB de RAM

✔ 1.5G de espacio disponible en disco

Si tiene una computadora que no satisface estos requisitos, quizás pueda ser capaz de obtener una versión más antigua de Windows, como Windows 98 o hasta Windows 95. La máquina será algo lenta, pero al menos será capaz de trabajar en red.

El truco más grande es instalar y configurar una tarjeta de red para trabajar en una computadora basada en 486. Para consejos sobre cómo hacer esto, refiérase a la sección "Configurar una Tarjeta de Red en una Computadora más Vieja," más adelante en este capítulo.

Una computadora con un procesador de 486 (o más viejo) requiere de un "overhaul" más sustancial para ponerla en estándares de Windows XP. De hecho, para actualizar una computadora 486 para que ejecute Windows, probablemente necesita reemplazar casi todos los componentes más importantes de la computadora: la tarjeta madre, el disco duro, la tarjeta de video y quizás incluso el monitor. Para el momento en que termine, ha gastado tanto o realmente más de lo que cuesta una nueva computadora. Es mejor descartar estas computadoras y reemplazarlas con nuevas.

Aunque es posible ejecutar Windows 98 en una computadora 486, yo no lo intentaría. Debido al tiempo que dura al instalar cualquier actualización necesaria, configurar manualmente la tarjeta de red e instalar Windows 98 (que tomará mucho tiempo por la velocidad lenta de la computadora), se dará cuenta de que reemplazar la computadora 486 con una nueva sería menos costoso.

Opción 2: Utilizar el soporte DOS de su red

Si tiene computadoras que ejecutan MS-DOS, con el anticuado Windows 3.1 o sin él, puede incluirlas al utilizar el soporte incorporado del sistema operativo de su red para computadoras cliente MS-DOS. Tanto Windows NT/2000 Server y NetWare dan soporte a las computadoras cliente MS-DOS. Una computadora cliente MS-DOS puede acceder a discos duros e impresoras de la red compartida, pero no pueden compartir sus propios discos o impresoras con otros usuarios de la red.

Para más información acerca de utilizar una computadora DOS en una red, refiérase a la sección "Utilizar una Computadora Cliente DOS", más adelante en este capítulo.

Utilizar una Computadora Cliente DOS

Tanto Windows NT/2000 Server como NetWare le permiten utilizar computadoras DOS como clientes en la red. Una computadora cliente DOS no puede compartir sus propios discos duros o impresoras con otros usuarios de la red, pero puede acceder a unidades e impresoras de la red. Las siguientes secciones describen los elementos básicos de utilizar una computadora DOS en una red.

Registrarse en la red

Para utilizar recursos de la red, una computadora cliente DOS debe primero registrarse en la red. Por lo general, el proceso de registro se inicia automáticamente por el archivo `AUTOEXEC.BAT` de la computadora cuando inicia su máquina. Usted ve un indicador similar a lo siguiente:

```
Enter your login name:
```

Digite su ID de usuario y pulse Enter. Luego aparece un indicador similar a este:

```
Enter your password:
```

Cuando digita su contraseña, esta no aparece en la pantalla, lo que evita que alguien que esté mirando encima de su hombro la pueda aprender, a menos por supuesto que vea sus dedos mientras digita.

Después de que la red verifica su ID de usuario y contraseña, ejecuta un *login script* (*script de inicio de sesión*) especial. El script de inicio de sesión configura su computadora para que pueda utilizar unidades e impresora de la red.

Utilizar una unidad de red

Después de que se registre en la red, debe acceder a una o más unidades de red. Al igual que las unidades locales, las unidades de la red son accedidas utilizando letras de unidad que son asignadas por el script de inicio de sesión.

Cada red es configurada en forma diferente, de manera que no podemos decirle cuáles son sus letras de unidad o cuáles restricciones hay para acceder a las unidades de red. Pero puede descubrirlo fácilmente. Si trabaja en una red Windows Server, solo digite el siguiente comando en el indicador MS-DOS:

```
NET USE
```

Este comando despliega una lista de las unidades de red que están disponibles para usted. Para ver una lista similar para una red NetWare, utilice este comando:

```
MAP
```

Este despliega una lista de todas las unidades de red mapeadas.

Impresión en la red con NetWare

Si su red es Novell NetWare y está utilizando software cliente DOS de NetWare, usted configura la redirección para una impresora de la red utilizando el comando CAPTURE. Este comando le indica al software de NetWare capturar todo lo que se envíe a un puerto de impresora en particular y redirigirlo a una cola de impresión de la red. Probablemente, usted desea poner el comando CAPTURE en el archivo AUTOEXEC.BAT de la computadora o un script de inicio de sesión.

He aquí un comando CAPTURE típico:

```
CAPTURE Q=LJET TI=10
```

Este comando redirige cualquier impresión que envíe a LPT1 a una cola de impresión llamada LJET. TI=10 establece el valor de tiempo fuera en diez segundos. Si su programa deja de enviar la impresión a la impresora por diez segundos, NetWare asume que el trabajo de impresión ha terminado.

Impresión de red con Windows NT/2000 Server

Si su red es Windows NT o 2000 Server y usa software cliente de Microsoft MS-DOS, puede configurar su impresora para redirigirla utilizando el comando NET USE. Este comando le indica al software cliente de MS-DOS emplear una impresora de red particular cuando envía documentos a la esta.

A continuación, un típico comando NET USE para configurar una impresora de red:

```
NET USE LPT1: \\WARD\LASER
```

Este comando redirige cualquier documento de impresora que envía a LPT1 hacia otra llamada LASER en el servidor llamado WARD.

Salirse de la red

Cuando haya terminado de utilizar la red, debería salirse. Al salirse de la red, hace a las unidades e impresoras de esa red no disponibles, así que los extraños no pueden entrar a su computadora y accederla.

Si solo apaga su computadora, está automáticamente fuera de la red. Si desea salirse de la red, pero mantener su computadora encendida para que pueda continuar utilizándola, digite el comando **LOGOUT** si utiliza una red NetWare o **NET LOGOFF** si su red utiliza Windows NT/2000 Server.

Configurar una Tarjeta de Red en una Computadora más Vieja

Una de las mejores opciones acerca de las versiones modernas de Windows es *Plug and Play*, que convierte el trabajo instalar nuevos dispositivos, como una tarjeta de interfaz de la red, en algo muy simple. Plug and Play automáticamente reconoce su tarjeta de red, la configura e instala cualquier dispositivo especial que la tarjeta necesita para operar.

Para instalar una tarjeta de red en una computadora que ejecuta Windows 3.1 o simple DOS, debe configurar la tarjeta manualmente. Quizás debe juguetear con confusas configuraciones de software o, peor aun, puede realmente tener que hacer cambios en la tarjeta en sí antes de que la instale en su computadora. Si ese es el caso, los siguientes consejos deberían ser útiles:

✔Si es posible, utilice tarjetas de red de marcas reconocidas (como Intel o 3Com) para computadoras más viejas. Las tarjetas de marca pueden costar más, pero son por lo general más fáciles de configurar, lo que puede ser un aspecto positivo para computadoras más viejas.

✔ En algunas tarjetas, las configuraciones están hechas cambiando switches especiales llamados *DIP switches* o moviendo un *jumper block*. La Figura 23-1 muestra cómo se ve un DIP switche y un jumper block. El switch o block deben ser configurados antes de que instale la tarjeta en su computadora.

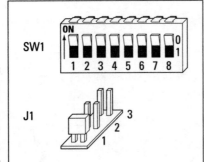

Figura 23-1:
Un DIP
switch y un
jumper
block

✔ Un clip de papeles estirado es la herramienta ideal para configurar DIP switches.

✔ Para cambiar un jumper block, usted mueve el *enchufe* desde un juego de pines a otro. Usted necesita uñas para hacerlo adecuadamente, o bien, un buen par de pinzas.

✔ Si tiene suerte, sus tarjetas de red han sido preconfiguradas para usted con las configuraciones más aptas. Necesita revisar doblemente, porque *(1)* las configuraciones de la fábrica no son siempre adecuadas y *(2)* algunas veces cometen errores en la fábrica y configuran las tarjetas incorrectamente.

✔ Si tiene más suerte, sus tarjetas no utilizan DIP switches o jumper blocks del todo. Estas tarjetas todavía deben ser configuradas, pero la configuración se hace con software, en lugar de con un clip de papel o sus uñas.

✔ La mayoría de las tarjetas de red tiene dos especificaciones de configuracion: número IRQ y dirección de puerto I/O. Algunas tarjetas también le permiten configurar un canal DMA. El truco para configurar estas especificaciones es asegurarse que la tarjeta no tenga conflicto con las especificaciones usadas por otra tarjeta instalada en la computadora. Usted puede averiguar qué especificaciones están en uso corriendo el programa MSD desde un comando de prompt en DOS.

✔ Las tarjetas de red que soportan más de un tipo de conectador de cable también deben ser configuradas para el tipo adecuado del cable. Por ejemplo, si su tarjeta soporta tanto los conectadores 10baseT como los coaxiales, debe configurar la tarjeta dependiendo del tipo de cable que utiliza.

✔ Cuando configure una tarjeta de red, escriba las configuraciones que selecciona. Las necesitará más adelante cuando instala el software cliente. Almacene su lista de configuraciones de tarjeta de red en su portafolio de la red.

✔ Agregar una broma acerca de DIP switches aquí sería demasiado fácil. Inserte su propia broma si así lo desea.

Capítulo 24

Darle la Bienvenida a las Computadoras Macintosh a su Red

En este capítulo

▶ Interconectar una red Macintosh

▶ Utilizar una red Macintosh

▶ Mezclar Macs y PCs

Este libro hace énfasis en poner en red las PCs como si IBM fuera el único juego en la ciudad. Para ser imparcial, debería al menos reconocer la existencia de una raza diferente de computadoras: la Apple Macintosh.

Apple se enorgullece de incluir cosas en su sistema operativo Macintosh que los usuarios de Windows tienen que comprar en forma separada. El soporte de la red es un ejemplo. Cada Macintosh viene con soporte de red incorporado. Todo lo que tiene que hacer para poner en red su Macintosh es comprar cable de red.

Bien, usted realmente descubre que poner en red su Macintosh involucra mucho más que eso. Este capítulo presenta lo que necesita saber para interconectar una red Macintosh, utilizar una red Macintosh y mezclar Macs y PCs en la misma red. Este capítulo no es un tomo extenso sobre cómo poner en red las computadoras Macintosh, pero debería ser suficiente para que empiece.

Lo que Necesita Saber para Interconectar una Red Macintosh

Las siguientes secciones presentan algunas indicaciones clave que debería saber acerca de poner en red computadoras Macintosh, antes de que empiece a conectar cables.

AppleTalk y Open Transport

Cada Macintosh, incluso el modelo original de 1984, incluye el soporte de red. Por supuesto, las computadoras Macintosh más nuevas tienen mejores opciones de red incorporadas que las computadoras más viejas. Las Macs más nuevas incluyen adaptadores Ethernet 10/100Mbps y sotisficado soporte de red en el sistema operativo, similar a las opciones de red que vienen con Windows XP. La belleza de las redes Macintosh es que la tarjeta de red ya viene incorporada, por lo que usted no debe preocuparse por instalar y configurar la red.

Las computadoras Macintosh utilizan un grupo de protocolos de red colectivamente llamados *AppleTalk*. Como AppleTalk está incorporado en todas las Mac, se ha vuleto un estándar de red indiscutible entre los usuarios Macintosh. Usted no tiene que preocuparse de las diferencias entre los sistemas operativos de la red, porque las redes Macintosh se basan en AppleTalk.

AppleTalk ha pasado varias revisiones importantes desde su introducción en 1984. Originalmente, soportó solo pequeñas redes que operaban en conexiones de baja velocidad. En 1989, Apple mejoró AppleTalk para soportar redes más grandes y conexiones más rápidas.

En 1996, con el lanzamiento de MacOS System 7.5.3, Apple convirtió AppleTalk en un esquema de redes conocido como Open Transport. La idea detrás de Open Transport es poner todos los diferentes tipos de software de comunicaciones bajo una misma sombrilla y hacerlos fáciles de configurar y utilizar. Actualmente, dos tipos de redes son manejados por Open Transport:

- **Open Transport/AppleTalk:** Maneja las redes de área local (LANs) basadas en los protocolos AppleTalk. Open Transport/AppleTalk es una versión reforzada de AppleTalk que es más eficiente y flexible.

- **OpenTransport/TCP:** Maneja comunicaciones de TCP/IP, como por ejemplo conexiones de la Internet.

Open Transport es un buen estándar en todas las computadoras Macintosh nuevas, y también las viejas computadoras Macintosh pueden ser actualizadas a Open Transport, siempre que sean suficientemente poderosas. (Los requerimientos mínimos del sistema para Open Transport son un procesador 68030, 5MB RAM y MacOS System 7.5.3).

AppleTalk le permite subdividir una red en *zonas*, que son similares a grupos de trabajo en Windows for Workgroups. Cada zona consiste en los usuarios de la red que regularmente comparten información.

Aunque el soporte básico para redes está incorporado en cada Macintosh, usted debe comprar cables para conectar las computadoras entre sí. Usted tiene varios

¿Quién está ganando en el AFP Oeste?

AFP no es una división del NFL, sino una abreviación para AppleTalk Filing Protocol. Es la parte de AppleTalk que regula la forma en la cual los archivos son almacenados y accedidos en la red. El AFP les permite a los archivos ser compartidos con computadoras no-Macintosh. Puede integrar Macs en cualquier sistema operativo de red que reconoce el AFP. NetWare, Windows NT/2000, Windows 95/98 y Windows Millennium Edi-tion utilizan el AFP para soportar Mac en sus redes. Desafortunadamente, Windows for Workgroups no soporta el AFP, así que no puede utilizar Macintosh en una red Windows for Workgroups.

En caso de que esté interesado (y no debería estarlo), el AFP es un protocolo de presentación de capa. Refiérase al Capítulo 30 si no tiene idea de lo que estamos hablando.

tipos de cables para escoger. Puede utilizar AppleTalk con dos esquemas de cableado que se conectan al puerto de impresora Macintosh, o utilizar AppleTalk con tarjetas de interfaz Ethernet más veloces.

LocalTalk: la forma barata de poner en red

LocalTalk es un método muy viejo de conectar computadoras Macintosh que no tienen adaptadores de red incorporados. LocalTalk conecta computadoras Macintosh utilizando cables especiales que unen a cada puerto de impresión de cada computadora.

He aquí los detalles:

- ✔ Los conectores de LocalTalk son auto-terminantes, lo que significa que los "terminator" separados no son requeridos en ambos extremos del segmento de cable.

- ✔ Cada conector LocalTalk viene con un cable Local Talk de 2 metros de largo (eso es aproximadamente 6 1/2 pies). Puede también comprar cables de 10 metros si sus computadoras no están tan cerca.

- ✔ LocalTalk utiliza cables par trenzados protegidos. La protección es para evitar la interferencia eléctrica en el cable, pero limita la longitud total de un cable utilizado en un segmento de red a 300 pies.

- ✔ No más de 32 computadoras e impresoras pueden conectarse a un solo segmento.

✔ Una alternativa popular al LocalTalk es PhoneNET, hecho por Farallon Computing. PhoneNET utiliza cable telefónico en lugar del cable par trenzado protegido utilizado por LocalTalk.

Ethernet con computadoras Macintosh

LocalTalk es popular porque es barata, pero tiene un problema grande: es insoportablemente lenta. LocalTalk utiliza los puertos de impresora serial de Macintosh y, por lo tanto, transmite información por la red a 230,400 bits por segundo (bps). Esta frecuencia de transmisión es aceptable para uso casual de una impresora de red y para copiar ocasionalmente un archivo pequeño hasta otra computadora o desde ella, pero no para redes serias.

Afortunadamente, AppleTalk también soporta los adaptadores y cables de red Ethernet. Con Ethernet, la información viaja a 10 ó 100 megabits por segundo (Mbps) – mucho más aconsejable para redes reales.

Cuando utiliza Ethernet, tiene acceso a todas las opciones de cableado descritas en el Capítulo 10: 10base5 (cable amarillo), 10base2 (thinnet) y 10baseT (par trenzado). La Ethernet rápida (100Mbps) también funciona.

A continuación, presentamos algunos puntos adicionales por considerar cuando utilice Ethernet para poner en red sus computadoras Macintosh:

✔ El AppleTalk, ejecutado en una red Ethernet, es algunas veces conocido como *EtherTalk*.

✔ Las tarjetas de interfaz de Ethernet para Macintosh son un poco más costosas que sus contrapartes de PC, sobre todo porque no son tan ampliamente utilizadas. Sin embargo, la mayoría de las Macs creadas en los últimos años tienen a Ethernet incorporada, así que si sus Macs son nuevas, probablemente usted no necesita tarjetas. Todas las computadoras Macintosh Apple actuales vienen incorporadas con adaptadores 10/100MHz Ethernet.

✔ Algunas computadoras Macintosh que no tienen adaptadores Ethernet incorporados, poseen las mismas ranuras de expansión PCI estándar que tienen las PCs modernas. Eso quiere decir que puede utilizar cualquier tarjeta PCI Ethernet en una Macintosh equipada con PCI. (Bueno, casi cualquiera. El fabricante de la tarjeta debe suministrar un controlador Macintosh para la tarjeta y algunos fabricantes no lo hacen).

✔ Algunas computadoras Macintosh más viejas utilizaban una interfaz especial para tarjetas Ethernet, llamada *Ethernet cabling system (sistema de cableado Ethernet)*. Cuando el sistema de cableado Ethernet es utilizado, las tarjetas de red en sí no tienen conectadores coaxiales o 10baseT. En lugar de ello, tienen un tipo especial de conectador llamado *Apple Attachment Unit*

Interface (AAUI) (*Interfaz de Unidad de conexión de Apple*). Debe conectar un dispositivo llamado transceptor en el conectador AAUI, de manera que pueda unir la computadora a un cable par trenzado o coaxial. Las computadoras Macintosh más nuevas con adaptadores Ethernet incorporados utilizan conectores RJ-45 estándar.

✔Puede utilizar un router para conectar una red LocalTalk a una red Ethernet. Este arreglo a menudo conecta un pequeño grupo de usuarios de Macintosh a una red más grande, o conecta una red LocalTalk existente a una red Ethernet.

AppleShare

AppleShare convierte cualquier computadora Macintosh que ejecuta el sistema operativo Mac OS 9 en un servidor de archivo dedicado. AppleShare puede soportar hasta 250 usuarios conectados al servidor simultáneamente utilizando AppleTalk, ó 500 usuarios con TCP/IP.

La versión actual de AppleShare, llamada AppleShare IP 6.3, ofrece las siguientes opciones:

✔ Servidor de archivo que utiliza el protocolo de archivo estándar de AppleTalk, AFP

✔ Servidor de impresión

✔ Servidor de correo

✔ Servidor Web

✔ Servidor FTP

✔ Soporte para los protocolos AppleTalk y TCP/IP

Necesita comprar AppleShare solamente si desea configurar una computadora Macintosh para actuar como un servidor de archivo dedicado. Todas las computadoras Macintosh tienen la habilidad de conectarse a una red, acceder a las impresoras y unidades de la red y compartir sus propias impresoras y discos duros con otros usuarios.

Mac OS X Server

Apple también ofrece un sistema operativo de red dedicado conocido como Mac OS X Server (la X se pronuncia "Ten," o "Diez"), diseñado para computadoras PowerMac G3 o más recientes. Mac OS X Server está basado en un meollo del sistema operativo UNIX conocido como Mach. Como resultado de ello, Mac OS X Server puede manejar muchas tareas de servidor de red tan eficientemente como cualquier sistema operativo, incluyendo Windows 2000, NetWare y UNIX.

(Mac OS X Server es la versión de servidor del sistema operativo de Mac OS X, la cual es la versión actual del sistema para computadoras clientes de Macintosh).

El Mac OS X Server incluye las siguientes opciones:

✔ Apache Web Server

✔ NetBoot, una opción que simplifica la tarea de manejar computadoras cliente de la red

✔ Servicios de archivo utilizando AFP

✔ WebObjects, una herramienta de alta tecnología para crear sitios Web

✔ QuickTime Streaming Server, que le permite al servidor transmitir programas de multimedia por medio de la red

Lo que Necesita Saber para Utilizar una Red Macintosh

A continuación, presentamos algunas de las preguntas más comunes que aparecen después de instalar el cable de la red. Note que las siguientes secciones asumen que está trabajando con redes AppleTalk que utilizan Mac OS X. Los procedimientos pueden variar en alguna forma si está utilizando la red Open Transport o una versión anterior del Sistema Operativo de Macintosh.

Configurar una Mac para una Red

Antes de que pueda acceder a la red desde su Mac, debe configurarla para ponerla en red al activar AppleTalk y asignar su nombre de la red y contraseña.

Activar AppleTalk

Después de que todos los cables estén en posición debe activar AppleTalk. He aquí cómo:

1. **Escoja el accesorio de escritorio Chooser en el menú de Apple.**

2. **Haga clic sobre el botón Active.**

3. **Cierre el accesorio Chooser.**

Eso es todo.

Asignar su nombre y contraseña

Luego, asigne un nombre de propietario, una contraseña y un nombre para su computadora. Este proceso les permite a otros usuarios de la red acceder a su Mac. He aquí cómo:

1. **Escoja en el control panel File Sharing en el menú Apple (Apple⇨Control Panels⇨File Sharing).**

2. **Digite su nombre en el espacio Owner Name.**

3. **Digite una contraseña en el espacio Owner Password.**

   No olvide lo que es contraseña.

4. **Digite un nombre descriptivo para su computadora en el espacio Computer Name.**

   Otros usuarios de la red conocerán su computadora por este nombre.

5. **Haga clic sobre el botón Close.**

Un pastel, ¿eh?

Acceder a una impresora de red

Acceder a una impresora de red con AppleTalk no es diferente a acceder a una impresora cuando no tiene una red. Si más de una impresora está disponible en la red, usted utiliza el Chooser para seleccionar la impresora que desea utilizar. Chooser despliega todas las impresoras de red disponibles, solo escoja la que desea utilizar. También mantenga los siguientes puntos en mente:

✔ **Asegúrese de habilitar Background Printing para la impresora de la red.** Si no lo hace, su Mac estará conectada hasta que la impresora termine su trabajo – eso puede ser mucho tiempo si alguien envió un reporte de 500-páginas justo antes que usted. Cuando habilita Background Printing, su impresión es capturada en un archivo de disco y luego enviada a la impresora más adelante mientras continúa con el trabajo.

   Para habilitar Background Printing:

1. **Escoja el accesorio de escritorio Apple⇨Chooser.**

2. **Seleccione la impresora que desea utilizar desde el Chooser.**

3. **Haga clic sobre el botón Background Printing On.**

✔ **No habilite Background Printing si un servidor de impresora dedicado ha sido configurado.** En ese caso, la información impresa es automáticamente enviada a la cola al disco del servidor de impresión para que su Mac no tenga que esperar a que la impresora se vuelva disponible.

Compartir archivos con otros usuarios

Para compartir archivos en su Mac con otros usuarios de la red, debe instalar un recurso compartido. Puede compartir todo un disco o solo carpetas individuales y restringir el acceso a ciertos usuarios, si así lo desea.

Antes de que pueda compartir archivos con otros usuarios, debe activar la opción AppleTalk. He aquí como:

1. **Escoja el panel de control File Sharing en el menú de Apple Menu.**

2. **Haga clic sobre el botón Start en la sección File Sharing del panel de control.**

3. **Haga clic sobre el botón Close.**

Para compartir un archivo o carpeta, haga clic sobre el archivo o carpeta. Luego, abra el menú de File, escoja Get Info y luego escoja Sharing en el submenú que aparece. Puede también usar la sección Sharing de la ventana Info para establecer los privilegios de acceso para restringir el acceso al archivo o carpeta.

Acceder a archivos compartidos

Para acceder a archivos en otra Macintosh, siga este procedimiento:

1. **Escoja el Chooser en el menú de Apple.**

2. **Haga clic sobre el icono AppleShare en la ventana Chooser.**

3. **Haga clic sobre el nombre de la computadora que desea acceder. (Si su red tiene zonas, debe primero hacer clic sobre la zona que desea acceder).**

4. **Haga clic sobre OK.**

   Aparece una pantalla para registrarse.

5. **Si tiene una cuenta de usuario en la computadora, haga clic sobre el botón Registered User e introduzca su nombre de usuario y contraseña. De lo contrario, haga clic sobre el botón Guest y luego haga clic sobre OK.**

   Aparece una lista de carpetas y discos compartidos.

6. **Haga clic sobre las carpetas y discos que desea acceder.**

   Aparece un recuadro junto a cada elemento en la lista. Si hace clic sobre este recuadro, se conecta a la carpeta o disco automáticamente cada vez que inicia su computadora.

7. **Haga clic sobre OK.**

Con Mac OS 8.5 y más nuevas, puede también usar el Network Browser, ubicado en el menú de Apple, para acceder a las unidades de red o carpetas. Solo abra el Network Browser en el menú de Apple, haga doble clic sobre el servidor que contiene el disco o carpeta compartida y haga doble clic sobre la unidad o carpeta que desea usar.

Lo que Necesita Saber para Conectar en Red Macintosh es con PCs

La vida sería demasiado aburrida si las Mac vivieran en un lado de la carretera y las PC en el otro. Si su organización tiene una mezcla de Mac y PC, las probabilidades son que eventualmente deseará poner en red a ambas. Afortunadamente, tiene varias formas de hacer eso:

✔ Si su red tiene un servidor AppleShare, puede usar el software cliente de Windows que viene con AppleShare para conectar cualquier versión de Windows al servidor AppleShare. Al hacer eso, les permite a los usuarios de Windows acceder a los archivos e impresoras en el servidor AppleShare.

✔ Si tiene Windows NT/2000 Server, puede usar una opción llamada Services for Macintosh para permitirles a las computadoras Macintosh acceder a archivos e impresoras administradas por el Windows NT/2000 Server sin tener que instalar un software cliente especial en las computadoras Macintosh.

✔ Si utiliza NetWare, debe comprar software cliente NetWare para sus computadoras Macintosh. Después de que instale este software cliente, las Mac pueden acceder a archivos e impresoras administradas por sus servidores NetWare.

La mayor complicación que ocurre cuando mezcla computadoras Macintosh y Windows en la misma red es que las Mac OS y Windows tienen reglas levemente diferentes para ponerles nombre a los archivos. Por ejemplo, los nombres de archivo de las Macintosh están limitados a 31 caracteres, pero los nombres de archivo de Windows pueden tener hasta 255 caracteres. Y aunque el nombre de archivo de las Macintosh puede incluir cualquier carácter diferente a punto y coma, Windows no puede incluir barras hacia atrás, signos de mayor que o menor que y unos otros cuantos caracteres excéntricos.

La mejor forma de evitar problemas con nombres de archivos es limitarse a nombres cortos (menos de 31 caracteres), además de limitar sus nombres a letras, números y símbolos comunes como el guión o signo de números. Aunque puede traducir cualquier nombre de archivo que viola las reglas del sistema usado en una forma aceptable tanto para Windows como para Macintosh, hacer eso algunas veces produce nombres de archivos crípticos o ambiguos.

Capítulo 25

Utilizar un Servidor Linux

* *

En este capítulo

▶ Descubrir acerca de Linux y cómo difiere de Windows

▶ Escoger cuál versión de Linux utilizar para su servidor

▶ Instalar Linux

▶ Configurar la red y cuentas de usuario de Linux

▶ Ejecutar un servidor de la Web

▶ Utilizar Samba para crear un servidor de archivo

▶ Crear una firewall Linux

* *

L inux, el sistema operativo gratuito basado en UNIX, se está volviendo más y más popular por ser una alternativa a los costosos sistemas operativos servidor como Windows 2000 Server y NetWare. De hecho, según algunos estimados, hay más computadoras ahora que ejecutan el sistema operativo de Linux que el sistema operativo de Macintosh. Puede utilizar Linux como un servidor Web para la Internet o una Intranet, o bien, utilizarlo como una firewall o un servidor de archivo e impresión en su red de área local.

Linux fue creado en 1991 por un tal Linus Torvalds, que era en ese momento un estudiante de la Universidad de Helsinski en Finlandia. Él pensó que sería diverti-do crear su propio sistema operativo para su nueva PC basado en UNIX. En los si-guientes diez años, desde que Linux fue concebido, se ha vuelto un sistema operativo con todas las opciones, rápido y confiable.

En este capítulo, descubrirá los elementos básicos para configurar un servidor de Linux en su red y utilizarlo como un servidor de archivo, como un servidor Web para la Internet o una intranet, como servidor de correo electrónico y como router y firewall para ayudarle a conectar su red a la Internet.

Linux es un sistema operativo complicado. Aprender cómo utilizarlo puede ser una tarea difícil, especialmente si su experiencia previa en computación fue con Windows. Afortunadamente, Wiley Publishing, Inc. tiene una gran cantidad de libros *For Dummies* que hacen el aprendizaje de Linux menos doloroso. Dele una hojeada a Linux *For Dummies*, 2da Edición por Jon "maddog" Hall, *Linux For Dummies Quick Reference, 2nd Edition* por Phil Hughes y *Linux Administration For Dummies* por Michael Bellomo.

Comparar Linux con Windows

Si su única experiencia en computación es con Windows, enfrentará una curva de aprendizaje pronunciada cuando empiece a trabajar con Linux. Existen muchas diferencias fundamentales entre los sistemas operativos de Linux y Windows. A continuación, presentamos las más importantes:

✔ **Linux es un sistema operativo multiusuario.** Eso significa que más de un usuario puede registrarse y utilizar una computadora Linux al mismo tiempo. Dos o más usuarios pueden registrarse en una computadora Linux desde el mismo monitor y teclado utilizando consolas virtuales, lo que les permite intercambiar de una sesión de usuario a otra con una combinación de teclas especial. Además, los usuarios pueden registrarse en la computadora Linux desde una ventana terminal que corre en otra computadora en la red.

En contraste, la mayoría de las versiones de Windows son sistemas de un solo usuario. Solamente un usuario a la vez puede registrarse en una computadora de Windows y ejecutar comandos. (Windows 2000 puede ser configurado como un sistema multiusuario con servicios terminales).

✔ **Linux no tiene una interfaz gráfica de usuario incorporada (GUI) como Windows.** En lugar de ello, la GUI en Linux es suministrada como un componente adicional llamado *X Window System*. Puede ejecutar Linux sin X Window, en cuyo caso usted interactúa con Linux digitando comandos. Si prefiere utilizar una GUI, debe instalar y ejecutar X Window.

X Window está dividido en dos partes: un componente servidor, llamado *X server (servidor X)*, que maneja las tareas básicas de administrar múltiples ventanas y suministrar servicios gráficos para programas de aplicación y un componente de interfaz de usuario llamado *window manager (administrador de ventana)*, que suministra opciones de interfaz de usuario como menúes, botones, barras de herramientas, una barra de tareas, etcétera. Varios administradores de ventana diferentes están disponibles, cada uno con una apariencia y sensación diferentes. Con Windows, está atascado con la interfaz de usuario que diseñó Microsoft. Con Linux, puede utilizar la interfaz de usuario de su preferencia.

✔ **Linux no puede ejecutar programas de Windows.** Eso significa que no puede ejecutar Microsoft Office en un sistema de Linux; en lugar de ello, debe encontrar un programa similar escrito específicamente para Linux. Muchas distribuciones de Linux vienen con una grupo de programas llamado StarOffice, que suministra software para procesador de palabras, hoja electrónica, presentación, gráficos, base de datos, correo electrónico, calendario y programación. Miles de otros programas están disponibles para Linux. (Existen programas

¡No puedo ver mi unidad C!

Linux y Windows tienen un método completamente distinto de referirse a las unidades de disco y particiones de su computadora. Las diferencias pueden tomar algo de tiempo para que los usuarios experimentados de Windows se acostumbren.

Windows utiliza una letra separada para cada unidad y partición en su sistema. Por ejemplo, si tiene una sola unidad formateada en tres particiones, Windows identifica las particiones como unidades C, D y E. Cada una de estas unidades tiene su propio directorio raíz, que puede a su vez contener directorios adicionales utilizados para organizar sus archivos. En cuanto a Windows, las unidades C, D y E son completamente separadas, aún cuando las unidades son realmente solo particiones en una sola unidad.

Linux no utiliza letras de unidad. En lugar de ello, combina todas las unidades y particiones en una sola jerarquía de directorio. En Linux, una de las particiones es diseñada como partición *root (raíz)*. La raíz es vagamente análoga a la unidad C en el sistema de Windows. Entonces, las otras particiones pueden estar *montadas* en la partición raíz y tratadas como si fueran directorios de la partición raíz. Por ejemplo, podría diseñar la primera partición como la partición raíz y, luego, montar la segunda partición como /user y la tercera partición como /var. Luego, cualquier archivo almacenado en el directorio /user estaría realmente almacenado en la segunda partición y los archivos almacenados en el directorio /var estarían almacenados en la tercera partición.

El directorio en el que una unidad se monta es llamado *mount point (punto de montaje)* de la unidad.

Note que Linux utiliza caracteres de barra hacia adelante para separar nombres de directorio, en lugar de los caracteres de barra hacia atrás utilizados por Windows. Digitar barra hacia atrás, en lugar de las barras regulares, es uno de los errores más comunes cometidos por los usuarios nuevos de Linux.

Linux también utiliza una convención diferente para ponerles nombre a los archivos. En Windows, los nombres de archivo terminan con una extensión de tres letras separadas del resto del nombre por un punto. La extensión es utilizada para indicar el tipo de archivo. Por ejemplo, los archivos que terminan en .exe son archivos de programa, pero los archivos que terminan en .doc son documentos procesadores de palabras.

Linux no utiliza extensiones de archivo, sino puntos que a menudo son utilizados en nombres de archivo de Linux para separar partes diferentes del nombre y la última parte a menudo indica el tipo de archivo. Por ejemplo, ldap.conf, y pine.conf son archivos de configuración.

emuladores de Windows, el más conocido es Wine – que puede ejecutar algunos programas de Windows en Linux. Pero los emuladores pueden ejecutar solamente algunos programas de Windows y los ejecuta más lento de lo que se ejecutarían en un sistema de Windows).

✔ **Linux no hace Plug and Play como Windows.** Aunque las distribuciones más importantes de Linux incluyen programas de configuración que pueden automáticamente detectar y configurar los componentes de hardware más comunes, Linux no tiene el soporte incorporado para dispositivos de hardware Plug-and-Play. Como resultado, tiene más probabilidad de enfrentar un problema de configuración de hardware con Linux que con Windows.

✔ **Linux utiliza sistemas diferentes a los de Windows para acceder a unidades de disco y archivos.** Para una explicación de cómo funciona el sistema de archivo de Linux, refiérase al apartado "¡No puedo ver mi unidad C!", más adelante en este capítulo.

✔ **Linux se ejecuta mejor en hardware más viejo que las versiones actuales de Windows.** Linux es un sistema operativo ideal para una computadora Pentium más vieja con al menos 32MB de RAM y 2GB de disco duro. Sin embargo, con un poco de malabarismos, puede hacer que Linux se ejecute bien aún en una computadora 486 con tan poca RAM como 4MB y unos cuantos cientos de MB de espacio en disco.

Escoger una Distribución de Linux

Como el núcleo (o sea, las funciones operativas principales del sistema operativo de Linux) es gratuito, varias compañías han creado sus propias *distribuciones* de Linux, que incluyen el sistema operativo Linux junto con varios paquetes, como herramientas de administración, servidores Web y otras utilidades, así como documentación impresa. Estas distribuciones no son costosas, oscilan entre $25 a $100, y bien valen la pena.

A continuación, presentamos algunas de las distribuciones de Linux más populares:

✔ **Red Hat** es por mucho la distribución más popular de Linux. Red Hat viene en tres versiones: Red Hat Standard Edition ($29.95), que incluye el sistema operativo Linux y herramientas básicas; Deluxe Edition ($79.95), que agrega una colección de herramientas de estación de trabajo y documentación impresa adicional; y Professional Edition ($179.95), que agrega el servidor avanzado y herramientas de e-commerce. Si lo prefiere, puede también bajar Red Hat Linux en forma gratuita del sitio Web de Red Hat. Para más información, refiérase a www.redhat.com.

Todos los ejemplos en este capítulo están basados en Red Hat Linux.

✔ **Linux-Mandrake** es otra distribución popular de Linux a menudo recomenda-da como la más fácil para que la instalen usuarios principiantes de Linux.

✔ **SuSE** (pronunciado "Soo-zuh," como el famoso compositor de marchas) es una distribución de Linux popular que viene en seis discos CD-ROM e incluye más de 1,500 aplicaciones y utilidades de Linux, incluyendo todo lo que necesita instalar en una red, Web, correo electrónico o servidor de comercio electróni-co. Puede encontrar más información en `www.suse.com`.

✔ **Caldera OpenLinux** enfatiza el papel de Linux como servidor de comercio electrónico para Internet con sus distribuciones de OpenLinux. Con Caldera, obtiene casi todo lo que necesita para instalar una tienda Web en línea. Revise `www.caldera.com` para más información.

✔ **Slackware**, una de las distribuciones más viejas de Linux, es aun popular espe-cialmente entre los viejos usuarios de Linux. Una instalación completa de Slack-ware le brinda todas las herramientas que necesita para instalar una red o servidor de la Internet. Refiérase a `www.slackware.com` para más información.

✔ **Corel** ofrece no solo la distribución de Corel Linux, sino también una ver-sión de Linux de su grupo de programas, WordPerfect Office 2000. Aunque Corel Linux fue diseñado con usuarios de escritorio en mente, viene con servidores Web, correo y noticias para que pueda utilizarlo como servi-dor de Internet o intranet. Puede encontrar más información acerca de Corel Linux en `linux.corel.com`.

Todas las distribuciones de Linux incluyen los mismos componentes principales (el núcleo de Linux, un X Server, administradores de ventanas populares como GNOME y KDE, compiladores, programas de Internet como Apache, Sendmail, et-cétera). Sin embargo, no todas las distribuciones de Linux son creadas igual. En particular, los fabricantes de cada distribución crean sus propios programas de instalación y configuración para Linux.

El programa de instalación es lo que hace o rompe una distribución de Linux. Todas las distribuciones que enumeramos en esta sección tienen programas de instalación fáciles de usar, los cuales automáticamente detectan el hard-ware presente en su computadora y configuran Linux para trabajar con ese hardware, y elimina la mayoría, sino todas, las tareas de configuración. Los programas de instalación también le permiten seleccionar los paquetes de Li-nux que desea instalar y le permiten instalar una o más cuentas de usuario aparte de la cuenta raíz.

El programa de instalación más divertido viene con la distribución Cal-dera ¡y le permite jugar PacMan mientras copia archivos del disco CD-ROM a su disco duro!

Instalar Linux

Todas las distribuciones de Linux descritas en la sección "Escoger una Distribución de Linux" incluyen un programa de instalación que simplifica la tarea de instalar Linux en su computadora. El programa de instalación le hace una serie de preguntas sobre su hardware, cuáles componentes de Linux desea instalar y cómo desea configurar ciertas opciones. Luego, copia los archivos adecuados a su disco duro y configura su sistema de Linux.

Si la idea de instalar Linux le da pánico, puede comprar computadoras con Linux preinstalado, al igual que puede comprar computadoras con Windows ya instalado.

Antes de empezar a instalar Linux, debería hacer una lista de todos los componentes de hardware en su computadora y cómo están configurados. Sea tan específico como pueda: escriba el fabricante y número de modelo de cada componente, así como la información de configuración, tal como la dirección IRQ e I/O de cada componente, si es adecuado.

Ahora, decida cómo desea particionar su disco duro para Linux. Aunque Windows está instalado, por lo general, en una sola partición de disco, las instalaciones de Linux típicamente requieren tres o más particiones:

✔ **Boot partition (Una partición de inicio):** Esta debería ser pequeña, se recomiendan 16MB. La partición de inicio contiene el núcleo del sistema operativo y es requerido para iniciar Linux adecuadamente en algunas computadoras.

✔ **Swap partition (Una partición de permuta):** Esta debería ser aproximadamente el doble del tamaño de la RAM de su computadora. Por ejemplo, si la computadora tiene 64MB de RAM, ubique una partición de permuta de 128MB. Linux utiliza esta partición como una extensión de la RAM de su computadora.

✔ **Root partition (Una partición raíz):** Esta, en la mayoría de los casos, utiliza el espacio libre restante en el disco. La partición raíz contine todos los archivos y datos utilizados por su sistema de Linux.

Puede también crear particiones adicionales si lo desea. El programa de instalación incluye una opción de particiones de disco que le permite instalar las particiones de su disco e indicar el punto de montaje para cada partición. (Para más información acerca de particiones de disco, refiérase al apartado "¡No puedo ver mi unidad C!", anteriormente en este capítulo).

Linux se siente feliz de compartir su disco duro con otro sistema operativo como Windows. Sin embargo, quizás deba reparticionar su disco para instalar Linux sin borrar su sistema operativo existente. Si necesita reparticionar su disco duro, recomendamos que escoja una copia de PartitionMagic de PowerQuest (`www.powerquest.com`) o un programa de particionamiento similar, que le permitirá hacer malabarismos con sus particiones sin perder el sistema operativo existente.

También necesitará decidir cuáles paquetes adicionales de Linux debe instalar junto con el núcleo de Linux. Si tiene suficiente espacio en disco duro, le recomendamos instalar todos los paquetes que vienen con su distribución. De esa forma, si decide utilizar un paquete, no tendrá que descubrir cómo instalarlo fuera del programa de instalación. Si está ajustado con el espacio, asegúrese de que al menos instala los paquetes básicos de red y servidor de Internet, que incluyen Apache, Sendmail, FTP y Samba.

Finalmente, necesitará establecer la contraseña para la cuenta raíz y, en la mayoría de las distribuciones, escoger si crear o no más cuentas de usuario. Sugiero que cree al menos una cuenta de usuario durante la instalación, de manera que pueda registrarse en Linux como un usuario, en lugar de hacerlo con la cuenta raíz. Así, puede experimentar con los comandos de Linux sin eliminar o estropear accidentalmente un archivo de sistema importante

Administrar Cuentas de Usuario

Después de que termina su servidor Linux y lo pone a ejecutarse, probablemente traqueteará por días, semanas o incluso meses sin ninguna atención de parte suya. Sin embargo, en ocasiones tendrá que ponerse su gorra de Administrador de la Red y realizar algunas tareas básicas de administración del sistema Linux. Una de las tareas más comunes de administración de red es agregar una cuenta de usuario.

Cada cuenta de usuario de Linux tiene la siguiente información asociada con ella:

✔ **User name (Nombre de usuario):** El nombre que el usuario digita para registrarse en el sistema Linux.

✔ **Full name (Nombre completo):** El nombre completo del usuario.

✔ **Home directory (Directorio de Inicio):** El directorio donde estará ubicado el usuario cuando se registre. En Red Hat Linux, el directorio de inicio predefinido es `/home/username`. Por ejemplo, si el nombre de usuario es `blowe`, el directorio de inicio será `/home/blowe`.

✔ **Shell:** El programa utilizado para procesar comandos de Linux. Varios programas shell están disponibles. En la mayoría de las distribuciones, la shell predefinida es /bin/bash.

✔ **Group (Grupo):** Puede crear cuentas grupales, lo cual facilita la aplicación de derechos de acceso idénticos a grupos de usuarios.

✔ **User ID (ID de usuario):** El identificador interno para el usuario.

Puede agregar un nuevo usuario utilizando el comando useradd. Por ejemplo, para crear una cuenta de usuario llamada slowe con los valores predefinidos para la información de la otra cuenta, digite este comando:

```
# useradd slowe
```

El comando useradd tiene muchos parámetros óptimos que puede utilizar para establecer la información de la cuenta como el directorio de inicio y shell de usuario.

Afortunadamente, la mayoría de las distribuciones de Linux incluye programas especiales que simplifican las tareas de administración rutinarias. Por ejemplo, la Figura 25-1 muestra el programa linuxconf que viene con la distribución Red Hat Linux. Desde este programa, puede administrar la configuración de red, cuentas de usuario, derechos del sistema de archivo y otras opciones de configuración del sistema. Otras distribuciones de Linux incluyen programas similares.

Figura 25-1:
Utilizar
linuxconf
para
administrar
un servidor
de Red Hat
Linux.

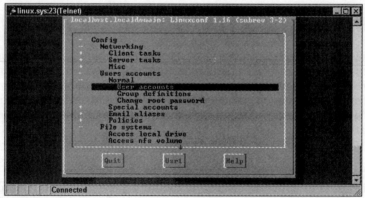

En Linux, el ID de usuario para la cuenta de administrador del sistema es llamado *root*. Usted obtiene la contraseña para la cuenta raíz cuando instala Linux. La cuenta raíz es una cuenta muy poderosa, ya que tiene acceso total a todos los archivos, directorios y programas en su sistema de Linux. Cuando está registrado en la cuenta raíz, tenga cuidado de no eliminar o modificar accidentalmente archivos de sistema importantes.

¡No adquiera el hábito de registrase en su sistema de Linux utilizando la cuenta raíz! En lugar de ello, regístrese en su cuenta de usuario normal. Luego, cuando necesite realizar algún tipo de administración de sistema, utilice el comando *su (s*in comentarios) para cambiar al usuario raíz. *(su* significa Switch User). El comando *su* le pide introducir la contraseña de usuario raíz y luego temporalmente lo cambia a la cuenta de usuario raíz. Cuando haya terminado de realizar sus responsabilidades de administrador, digite **exit** para regresar a su cuenta de usuario regular.

Configurar la Red Linux

En la mayoría de los casos, el programa de instalación para su distribución de Linux detectará automáticamente su tarjeta de interfaz de la red e instalará las unidades necesarias para la tarjeta. Linux se refiere a su tarjeta Ethernet como dispositivo eth0. (Si tiene más de una tarjeta Ethernet, la segunda tarjeta es eth1, la tercera tarjeta es eth2, etcétera).

Puede revisar para ver si su tarjeta Ethernet está trabajando adecuadamente con el comando ifconfig. Si su tarjeta Ethernet está trabajando, ifconfig desplegará algo parecido a esto:

```
eth0      Link encap:Ethernet  Hwaddr 00:20:78:16:7C:16
          inet addr:192.168.1.103  Bcast:192.168.1.255
               Mask:255.255.255.0
          UP BROADCAST RUNNING MULTICAST  MTU:1500  Metric:1
          RX packets:3441 errors:0 dropped:0 overruns:0 frame:0
          TX packets:2622 errors:0 dropped:0 overruns:0
            carrier:0
          collisions:0 txqueuelen:100
          Interrupt:9 Base addr:0x600

10        Link encap:Local Loopback
          inet addr:127.0.0.1  Mask:255.0.0.0
          UP LOOPBACK RUNNING  MTU:3924  Metric:1
          RX packets:44 errors:0 dropped:0 overruns:0 frame:0
          TX packets:44 errors:0 dropped:0 overruns:0 carrier:0
          collisions:0 txqueuelen:100
```

La primera sección muestra información para su tarjeta Ethernet (dispositivo eth0), como por ejemplo, la dirección IP de la tarjeta (192.168.1.103) y el número de paquetes que ha recibido (3,441). La segunda sección muestra información para un dispositivo de ciclo de retorno interno, que es utilizado para pruebas y diagnósticos.

Si `ifconfig` no muestra una dirección IP para su tarjeta y desea configurar manualmente una dirección, puede hacer eso utilizando un comando `ifconfig` similar a este:

```
ifconfig eth0 192.168.1.103
```

El comando `ifconfig` tiene numerosos argumentos que le permiten establecer otras opciones de red aparte de la dirección IP. Afortunadamente, el programa de configuración del sistema incluido en la mayoría de las distribuciones de Linux suministra una forma más fácil de configurar la red. Por ejemplo, la Figura 25-2 muestra una de varias pantallas de configuración de red desplegadas por el programa `linuxconf` que viene con Red Hat Linux.

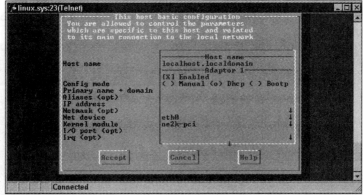

Figura 25-2:
Configurar la red utilizando el programa Red Hat `linuxconf`

Una prueba básica para ver si su red está lista y en operación es utilizar el comando `ping` para ver si su computadora Linux puede contactar otras computadoras en la red y viceversa. Todo lo que necesita conocer es la dirección IP de la computadora que desea contactar. A continuación, presentamos un ejemplo de una sesión `ping` que intenta contactar un sistema de computadora cuya dirección IP es 192.168.1.1:

```
# ping 192.168.1.1 -c 5
PING 192.168.1.1 (192.168.1.1) from 192.168.1.103 : 56(84)
            bytes of data.
64 bytes from 192.168.1.1: icmp_seq=0 ttl=64 time=1.2 ms
64 bytes from 192.168.1.1: icmp_seq=1 ttl=64 time=1.0 ms
64 bytes from 192.168.1.1: icmp_seq=2 ttl=64 time=1.0 ms
64 bytes from 192.168.1.1: icmp_seq=3 ttl=64 time=1.0 ms
64 bytes from 192.168.1.1: icmp_seq=4 ttl=64 time=1.0 ms
--- 192.168.1.1 ping statistics ---
5 packets transmitted, 5 packets received, 0% packet loss
round-trip min/avg/max = 0.9/1.0/1.2 ms
```

En este ejemplo, utilizamos un comando "ping" para llamar a la computadora en 192.168.1.1 cinco veces. El resultado del comando ping muestra que cada uno de los cinco intentos de contactar 192.168.1.1 fueron exitosos. Si alguno de los intentos de ping falló, aparece un mensaje de error.

Ejecutar el Apache Web Server

Todas las distribuciones populares de Linux vienen con Apache, el servidor Web más popular en la Internet actualmente. En la mayoría de los casos, Apache está instalado y configurado automáticamente cuando instala Linux. Luego, configurar un servidor Web para la Internet o una intranet es simplemente un asunto de modificar unas cuantas configuraciones de Apache y copiar sus archivos de documento HTML al directorio de inicio de Apache.

Una forma fácil de descubrir si Apache está listo y en operación es intentar desplegar la página de inicio predefinida de Apache desde otra computadora en su red. Puede hacer eso al lanzar un explorador Web como Internet Explorer y digitar la dirección IP de su servidor Linux en la barra Address. Si Apache está siendo ejecutado en el servidor, aparece una página como la mostrada en la Figura 25-3.

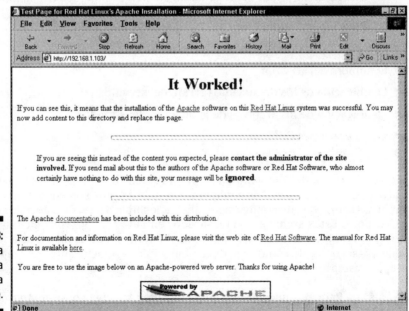

Figura 25-3:
La página
predefinida
desplegada
por Apache.

Apache debería correr bien usando las configuraciones predefinidas hechas cuando lo instaló. Sin embargo, puede cambiar varias configuraciones, ya sea editando los archivos de configuración de Apache o utilizando el programa de configuración de la distribución. Por ejemplo, la Figura 25-4 muestra algunas configuraciones disponibles de Apache del programa `linuxconf` de Red Hat.

Figura 25-4:
Opciones de configuración de Apache.

Desde esta pantalla, puede cambiar las siguientes configuraciones de Apache:

✔ La dirección de correo electrónico del administrador del servidor

✔ La dirección IP del servidor

✔ El nombre del servidor

✔ La ubicación de los documentos HTML del servidor

✔ La ubicación de los archivos de la bitácora del servidor

✔ Configuraciones CGI

✔ El número de puerto TCP/IP

Si lo prefiere, puede configurar su servidor Apache directamente al editar los archivos de configuración. Las configuraciones de Apache son encontradas en tres archivos separados de configuración, llamados `httpd.conf`, `srm.conf` y `access.conf`. Estos archivos son localizados en `/etc/httpd/conf` en Red Hat Linux, pero podrían estar en una ubicación diferente en otras distribuciones de Linux. ¡Asegúrese de estudiar la documentación de Apache antes de empezar a estropear estos archivos!

Para más información sobre ejecutar Apache, consulte *Apache Server For Dummies* por Ken A.L. Coar, publicado, por supuesto, por Wiley Publishing, Inc.

Ejecutar el Sendmail Mail Server

Sendmail, que viene con todas las distribuciones de Linux mencionadas en este capítulo, es uno de los programas más populares de la Internet. Puede también utilizar Sendmail como una alternativa a los costosos programas servidor de correo como Microsoft Exchange Server para brindar servicios de correo electrónico a su LAN.

El programa `linuxconf` de Red Hat tiene varias pantallas que le permiten configurar Sendmail. La Figura 25-5 muestra la pantalla de configuración básica de Sendmail, en la que puede establecer dichas opciones, como el nombre del servidor de correo, el nombre de una entrada de correo para reenviar el correo saliente y otras opciones básicas. Otras distribuciones incluyen programas de configuración similares.

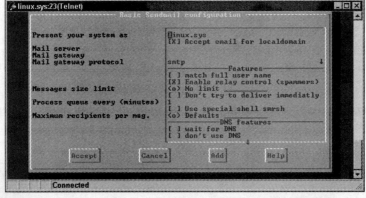

Figura 25-5:
Configurar
Sendmail en
Red Hat
Linux.

Para más control sobre la configuración de Sendmail, puede editar archivos macro de configuración que contienen configuraciones detalladas. Debe primero ejecutar los archivos macro de configuración por medio de un programa llamado m4, antes de que Sendmail pueda utilizarlos.

Los artistas del "spam", es decir, vendedores inescrupulosos que aglomeran la Internet con decenas de cientos de correos electrónicos no solicitados, están constantemente merodeando los servidores Sendmail no protegidos, los cuales pueden aprovechar para lanzar sus campañas no deseadas. Si no protege su servidor, tarde o temprano alguien no deseado se conectará a su computadora para gastar casi todo su tiempo enviando el correo electrónico de la persona no deseada. Para proteger a su servidor para que no se vuelva un sirviente del "spam", puede configurarlo para rechazar cualquier correo que meramente desea utilizar su computadora para difundir mensajes a otras computadoras.

Hacer la Danza de la Samba

Hasta ahora, probablemente pensó en la Samba como una danza brasileña con pasos particulares y ritmos graciosos. Pero en el mundo de Linux, Samba se refiere a un archivo y programa para compartir una impresora que le permite a Linux imitar un archivo y servidor de impresión de Windows, de manera que las computadoras de Windows puedan utilizar directorios e impresoras de Linux compartidos. Si desea utilizar Linux como un servidor de archivo o impresión en una red de Windows, tendrá que aprender a bailar la Samba.

¿Por qué los desarrolladores de Samba escogieron nombrar a su programa *Samba*? Simplemente, porque el protocolo que los servidores de archivo e impresión de Windows utilizan para comunicarse entre sí es llamado *SMB*, que significa *Server Message Block (Bloque de Mensaje Servidor)*. Agregue un par de vocales a *SMB* y obtendrá *Samba*. Una forma de describir Samba es decir que Samba es una implementación de SMB de Linux.

Puede configurar Samba editando el archivo smb.conf localizado en /etc en instalaciones de Red Hat. (Las distribuciones diferentes pueden colocar este archivo en algún otro lugar). También, puede utilizar un programa de configuración como linuxconf de Red Hat para configurar Samba. La Figura 25-6 muestra la pantalla linuxconf utilizada para configurar el Samba básico. Puede utilizar esta pantalla para configurar las opciones básicas, como nombre del servidor, nombre de grupo de trabajo y una breve descripción del servidor.

Figura 25-6:
Configurar Samba con el programa linuxconf de Red Hat.

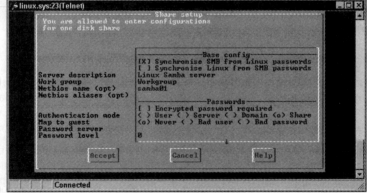

El programa linuxconf de Red Hat también facilita compartir directorios en su servidor Samba. La Figura 25-7 muestra la pantalla que utiliza para compartir un directorio.

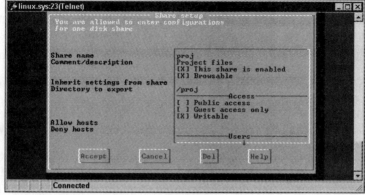

Figura 25-7:
Compartir un
directorio
de Linux
utilizando
`linuxconf`.

En esta pantalla, usted suministra la siguiente información:

✔ El nombre compartido que otras personas utilizarán para acceder al directorio.

✔ Si habilitar o no la opción compartida. Si deja esta opción sin marcar, el directorio compartido no estará disponible para los usuarios de la red.

✔ Si la compartida será o no explorable. Si la compartida es explorable, los usuarios pueden accederla por medio de Network Neighborhood o My Network Places. Si no, los usuarios deben conocer el nombre compartido para acceder al directorio.

✔ El directorio por ser compartido.

✔ Acceder a controles, los cuales le permiten restringir el acceso a ciertos usuarios, hacer la compartida de solo lectura, evitar que ciertos usuarios accedan a la compartida, etcétera.

Utilizar Linux como un Firewall

Si su red está conectada a la Internet, debería utilizar algún tipo de barrera de protección para proteger a su LAN del acceso no autorizado de usuarios de la Internet no amigables. Puede comprar dispositivos especiales de firewall para este propósito o crear su propia barrera de protección no costosa utilizando Linux.

Una firewall de Linux es una especie de router que realiza dos funciones:

✔ La firewall selectivamente permite que ciertos paquetes de TCP/IP pasen desde la Internet a su LAN y evita que otros paquetes pasen. Esto es conocido como *packet filtering (filtrado de paquete)*.

✔ La firewall oculta todo el conocimiento de las computadoras individuales que están en su red y representa a todas sus computadoras en la Internet utilizando una sola dirección IP. Esto se conoce como *IP masquerading (Mascarada IP)*.

Afortunadamente, el filtro de paquete y máscara IP son opciones estándar de Linux.

Para crear una firewall de Linux, la computadora Linux debe tener dos interfaces de red: una tarjeta Ethernet para conectarse a su LAN y un módem u otro tipo de conexión de alta velocidad (como cable o DSL) para conectarse a la Internet. La computadora firewall debe tener dos direcciones IP: una para su conexión a la Internet y otra para la conexión a su LAN.

El primer paso al configurar una firewall de Linux es instalar la firewall Linux en la computadora y lograr que ambas interfaces de la red estén listas y en operación. Luego, instalar firewall es cuestión de decirle a Linux cuáles tipos de paquetes de TCP/IP bloquear y cuáles tipos dejar pasar e instruir a Linux sobre cómo manejar las máscaras IP. Ambas tareas son realizadas utilizando el comando ipchains.

Desafortunadamente, los detalles de utilizar ipchains para instalar una firewall de Linux son lo suficientemente complicados para hacer que la mayoría de las personas normales griten o lloren. Para hacer esto en forma adecuada, debe crear un script que contiene quizás docenas de comandos ipchains cada uno configurando una regla que bloquee o permita un tipo particular de paquete TCP/IP.

Si es un experto en TCP/IP, puede probablemente instalar usted mismo los comandos ipchains necesarios. Por fortuna, los buenos amigos en Red Hat han creado un script que puede bajar y personalizar para crear una firewall básica. Puede encontrar el script firewall en la siguiente página Web:

```
www.redhat.com/support/docs/tips/firewall/firewallservice.html
```

Lea el script cuidadosamente (tiene muchos comentarios) y luego modifíquelo para satisfacer las necesidades de su firewall.

Parte VI
Los Diez Mejores

La 5a Ola

Por Rich Tennant

"CLARO, AL PRINCIPIO SONÓ INCREÍBLE — UN ADAPTADOR DE RED INTUITIVO QUE LES AYUDA A LAS PERSONAS A ESCRIBIR SUS MEMORANDOS TERMINANDO SUS PENSAMIENTOS POR ELLOS"

En esta parte . . .

Si mantiene este libro en el baño, los capítulos en esta sección son los que leerá más. Cada capítulo consiste en diez (más o menos) cosas que vale la pena conocer acerca de distintos aspectos de la red. Sin mayor preámbulo, aquí están directo desde las oficinas centrales en Fresno, California.

Capítulo 26

Diez Grandes Errores de la Red

• •

En este capítulo

▶ Escatimar en cable

▶ Apagar o reiniciar un servidor mientras los usuarios están registrados

▶ Eliminar archivos importantes en el servidor

▶ Copiar un archivo desde el servidor, cambiarlo y luego copiarlo de nuevo

▶ Enviar de nuevo algo a la impresora solo porque no lo imprimió la primera vez

▶ Desconectar un cable mientras la computadora está encendida

▶ Asumir que el servidor está respaldado en forma segura

▶ Pensar que no puede trabajar solo porque la red está caída

▶ Siempre culpar a la red

• •

*J*usto cuando empieza a descubrir cómo evitar los errores de computación más vergonzosos, como por ejemplo usar su unidad de CD como un portavasos, la red llega a su computadora. Ahora tiene una nueva lista de cosas tontas que puede hacer, errores que pueden provocarle al fanático de computación promedio una enorme carcajada porque le parecen demasiado básicos. Bueno, eso es porque él es un fanático de la computación. Nadie tenía que decirle no doblar el disco – nació con un gen extra que le dio un conocimiento instintivo de dichas cosas.

A continuación, presentamos una lista de los errores más comunes cometidos por novatos de la red. Evite estos errores y prive al fanático de computación local del placer de una buena risa a costa suya.

Escatimar en Cable

Si su red consiste en más de unas cuantas computadoras o tiene computadoras localizadas en diferentes cuartos, debería invertir en una instalación de cable de calidad profesional: con enchufes montados en la pared, paneles parche y hubs de alta calidad. Si está intentando reducir costos al utilizar los hubs más baratos y tirar cable barato directamente desde los hubs a cada computadora en la red, a largo plazo, ese enfoque probará realmente ser más costoso que invertir en una buena instalación de cable.

A continuación, presentamos algunas de las razones para hacer el cableado correcto:

✔ Una buena instalación de cable durará mucho más que las computadoras a las que sirve. Una buena instalación de cable puede durar 10 ó 15 años, mucho después de que las computadoras de su red hayan sido colocadas en un museo de la historia de la computación.

✔ Instalar cable es difícil. Nadie disfruta ir al ático, asomarse a través de los paneles del cieloraso o pescar cables a través de las paredes. Si va a hacerlo, hágalo bien para que no tenga que hacerlo de nuevo en unos cuantos años. Construya su instalación de cable para que dure.

✔ Los usuarios de su red pueden estar satisfechos con redes de 10BaseT ahora, pero no pasará mucho antes de que pidan 100BaseT. Y unos pocos años después, querrán velocidad Gigahertz. Si reduce costos utilizando cable categoría 3, en lugar de categoría 5, o instalando paneles parche o enchufes modulares de menos de Cat 5, tendrá que reemplazarlos más adelante.

✔ Podría estar tentado a saltarse los enchufes de pared modulares y cables parche y en lugar de correr el cable por la pared, sacarlo por un hoyo y luego ir directo a la computadora o hub. Esa es una mala idea porque los alambres dentro del cable de la red son sólidos, diseñados para durar mucho tiempo, siempre que no se manipulen demasiado. Si corre cable de alambre sólido directamente a una computadora, el alambre se dañará cada vez que alguien desconecta el cable. Aun solo sacudiendo detrás de la computadora (lo que algunas personas hacen) puede empujar el cable. Tarde o temprano, uno de los cables internos se romperá. Los cables parche están hechos con alambre trenzado en lugar de alambre sólido, de manera que pueda tolerar el manejo sin romperse.

Para más información acerca de consejos profesionales para instalar cable, refiérase al Capítulo 10.

Apagar o Reiniciar una Computadora Servidor mientras los Usuarios Están Registrados

La forma más rápida de sacar a los usuarios de la red es apagar una computadora servidor mientras están registrados. Reiniciarla al pulsar su botón de reinicio puede tener un efecto desastroso.

Si su red está configurada con un servidor de archivo dedicado, probablemente no estará tentado a apagarla o reiniciarla. Pero si su red está configurada como una verdadera red de igual-a-igual, en la que cada una de las computadoras de estación de trabajo, incluyendo la suya, también funciona como computadora servidor, tenga cuidado de la urgencia impulsiva para apagar o reiniciar su computadora. Alguien puede estar accediendo a un archivo o impresora en su computadora en ese momento.

Antes de apagar o reiniciar una computadora servidor, descubra si alguien está registrado. Si es así, pídale amablemente que se salga.

Eliminar Archivos Importantes en el Servidor

Sin una red, puede hacer cualquier cosa a su computadora y la única persona a la que puede dañar es a usted mismo. Un poco como el viejo debate "crimen sin víctima". Ponga su computadora en una red y tendrá una cierta cantidad de responsabilidad. Debe descubrir cómo vivir como un miembro responsable de la sociedad de la red.

Eso quiere decir que no puede eliminar caprichosamente archivos desde un servidor de la red solo porque no los necesita. Puede que no sean suyos. No quisiera que alguien eliminara sus archivos, ¿no es cierto?

Sea especialmente cuidadoso con los archivos que se requieren para operar la red. Por ejemplo, el correo electrónico de Windows utiliza una carpeta llamada wgpo0000 como una oficina postal del grupo de trabajo. Elimine esta carpeta y su correo electrónico es historia.

Copiar un Archivo desde el Servidor, Cambiarlo y luego Copiarlo de nuevo

Algunas veces trabajar en un archivo de la red es más fácil si copia primero el archivo a su disco duro local. Luego, puede accederlo desde su programa de aplicación más eficientemente porque no tiene que utilizar la red. Esto es especialmente cierto para archivos de base de datos grandes que han sido acomodados para imprimir reportes.

Usted está buscando problemas si copia el archivo a su disco duro local de su PC, hace cambios al archivo y luego copia la versión actualizada del archivo de nuevo al servidor. ¿Por qué? Porque alguien más puede intentar lo mismo al mismo tiempo. Si eso ocurre, las actualizaciones hechas por uno de ustedes, aquel que copie el archivo de regreso al servidor primero, están perdidas.

Copiar un archivo a un disco duro local es una cosa buena, pero no si planea actualizar el archivo y copiarlo de nuevo.

Enviar de nuevo Algo a la Impresora solo porque No lo Imprimió la primera vez

¿Qué hace si envía algo a la impresora y nada ocurre? *Respuesta correcta:* descubra por qué nada ocurre y arréglelo. *Respuesta incorrecta:* envíelo de nuevo y vea si funciona esta vez. Algunos usuarios se mantienen enviándolo una y otra vez, esperando que uno de estos días funcione. El resultado es más bien vergonzoso cuando alguien finalmente limpia la presa de papel y luego ve imprimirse 30 copias del mismo documento.

Desconectar un Cable mientras la Computadora Está Encendida

¡Mala idea! Si por alguna razón usted necesita desconectar un cable desde la parte trasera de su computadora, apáguela primero. No desea freír ninguna de las partes electrónicas delicadas dentro de su computadora, ¿no es cierto?

Si necesita desconectar el cable de la red, debería esperar hasta que todas las computadoras en la red estén apagadas. Esto es especialmente verdadero si su red está conectada con cable coaxial thinnet; no ocurre tal cosa con un cable par trenzado.

Nota: Con el cable thinnet, puede desconectar el conector T de su computadora mientras no desconecte el cable en sí desde el conector T.

Asumir que el Servidor Está Respaldado en Forma Segura

Algunos usuarios hacen la suposición desafortunada de que la red en alguna forma representa una burocracia eficiente y organizada en la que usted puede confiar. Eso está lejos de la verdad. Nunca asuma que los "jocks" de la red están haciendo su trabajo al respaldar la información cada día. Mantenga un ojo sobre ellos. Haga una inspección sorpresa un día: irrumpa en el cuarto de computación llevando puestos guantes blancos y pidiéndoles ver las cintas de respaldo. Revise la rotación de la cinta para asegurarse de que hay más respaldos que solo un día.

Si no está impresionado con los procedimientos de respaldo de su red, encárguese usted mismo para asegurarse de que nunca pierda nada de su información. Respalde frecuentemente los archivos más valiosos en disquetes, o mejor aun, en un disco CD-R.

Conectarse a la Internet sin Considerar Asuntos de Seguridad

Si conecta a la Internet una computadora que no forma parte de la red y luego es afectado por un virus o es atacado por un pirata informático, solamente esa computadora es afectada. Pero si conecta una computadora en red a la Internet, la red total se hace vulnerable. Consecuentemente, nunca conecte una computadora en red a la Internet sin considerar primero asuntos de seguridad. ¿Cómo se protegerá usted y su red en caso de ser afectado por un virus? ¿Cómo asegurará que los archivos que ubica en su servidor no se harán repentinamente accesibles al mundo entero? ¿Cómo puede impedir que los piratas informáticos se adentren en su red y se roben sus archivos de cliente y vendan los datos de tarjeta de crédito de sus clientes en el mercado negro?

Para las respuestas a estas y otras preguntas sobre la seguridad en la Internet, refiérase al Capítulo 17.

Conectarse a un Punto de Acceso Inalámbrico sin Preguntar

Con esto en mente, conectar cualquier dispositivo a su red sin el permiso previo de su administrador de red no está nada bien. Pero los puntos de acceso inalámbricos (WAPs) son particularmente insidiosos. Muchos usuarios caen con las promesas de mercadeo que las redes inalámbricas son tan fáciles como colocar uno de estos dispositivos en la red. Así, su PC portátil inalámbrica o dispositivo manual podría unirse instantáneamente a la red.

El problema es que cualquier persona en un radio de ¼ milla del punto de acceso inalámbrico también lo puede hacer. Eso significa que se necesitan utilizar medidas de seguridad adicionales para asegurarse de que los "hackers" no puedan ingresar a su red utilizando una computadora inalámbrica ubicada en el parqueo o del otro lado de la calle.

Si piensa que no es probable, piénselo de nuevo. Existen varios sitios Web ocultos en la Internet que muestran mapas reales de redes inalámbricas no seguras en ciudades importantes. Para más información acerca de seguridad en redes inalámbricas, refiérase al Capítulo 20.

Pensar que no Puede Trabajar sólo porque la Red Está Caída

Hace unos cuantos años, me di cuenta de que no puedo hacer mi trabajo sin electricidad. En caso de que ocurra una falla eléctrica, no puedo ni siquiera prender una candela y trabajar con lápiz y papel porque el único tajador que tengo es eléctrico.

Algunas personas tienen la misma actitud acerca de la red: piensan que si la red se cae, lo mejor es irse a casa. Ese no es siempre el caso. Solo porque su computadora esté unida a una red no quiere decir que no trabajará cuando la red esté caída. Cierto, si el viento apaga las velas de la red, no puede acceder a ninguno de sus dispositivos. No puede obtener archivos desde unidades de la red y no puede imprimir en impresoras de la red. Pero siempre puede utilizar su computadora para su trabajo local: accediendo a los archivos y programas en su disco duro local e imprimiendo en su impresora local (si tiene la suerte de tener una).

Siempre Culpar a la Red

Algunas personas tratan a la red como el villano que era culpado de cualquier cosa que saliera mal. Las redes causan problemas propios, pero no son la raíz del mal.

Si su monitor despliega solamente letras en mayúscula, probablemente se debe a que pulsó la tecla Caps Lock. No culpe a la red.

Si derrama café en el teclado, bueno, es culpa suya. No culpe a la red.

Si su niño mete plastilina en la unidad de disquete - hey, los niños siempre serán niños. No culpe la red.

¿Comprende?

Capítulo 27

Diez Mandamientos de la Red

- -

En este capítulo

▶ Respaldarás tu disco duro religiosamente

▶ Protegerás a tu red de los paganos

▶ Mantendrás tu disco puro y limpio de archivos viejos

▶ No jugarás con los archivos de configuración de tu red a menos que sepas lo que estás haciendo

▶ No codiciarás la red de tu vecino

▶ Programarás el tiempo de inactividad antes de trabajar en tu red

▶ Mantendrás un suministro adecuado de repuestos

▶ No robarás el programa de tu vecino sin una licencia

▶ Le darás capacitación a tus usuarios sobre las cosas de la red

▶ Escribirás la configuración de tu red en tablas de piedra

- -

"***B***endito sea el administrador de la red que no camina por los caminos de la ignorancia, ni se detiene en los caminos de los olvidadizos o se sienta en la silla del aprendiz, sino que se deleita con la Ley de la Red y medita sobre esta Ley noche y día".

—Networks 1:1

Y entonces llegó la hora de pasar estos Diez Mandamientos de la Red de generación en generación. Obedece estos mandamientos y te harás el bien a tí, a tus hijos y los hijos de tus hijos.

1. Respaldarás tu Disco Duro religiosamente

La oración es algo maravilloso, pero cuando se trata de proteger la información en su red, nada es mejor que una buena programación de respaldos bien pensados y realizados religiosamente. Si esta fuera una Biblia de red válida, un pie de página aquí lo referiría a los versos correspondientes en el Capítulo 15.

II. Protegerás a tu Red de los Paganos

¿Recuerda al Coronel Flagg de M*A*S*H, que se escondía en basureros buscando comunistas? Usted no desearía exactamente convertirse en él, pero por otro lado, no desea ignorar la posibilidad de ser a tacado por un virus o que su red sea invadida por piratas. Asegúrese de que su conexión con la Internet esté asegurada y no permita el uso de modems para acceder a la Internet, a menos que haya suministrado la seguridad adecuada.

En cuanto a las amenazas de virus, empiece a asegurarse de que todos los usuarios estén conscientes de que cada disquete que venga del exterior puede estar infectado, y después de que una computadora está infectada, toda la red está en problemas. Luego, muéstreles a los usuarios cómo pueden fácilmente revisar los discos sospechosos antes de utilizarlos.

Si es posible, instale un programa antivirus en cada computadora en la red y muéstreles a los usuarios cómo utilizarlo.

Además, asegúrese de que sus usuarios estén conscientes del peligro de los virus que se pueden infiltrar en su red por medio de archivos adjuntos de correo electrónico.

III. Mantendrás tu Disco Duro Puro y Limpio de Viejos Archivos

No espere a que su unidad de red de 40GB esté reducida a solo un poco de espacio libre para pensar en limpiarla. Establezca una rutina de mantenimiento de disco en la que revise los archivos y directorios en el disco de la red para eliminar la basura.

IV. No Jugarás con los Archivos de Configuración de tu Red a menos que Sepas lo que Estás Haciendo

Las redes son cosas delicadas. Después de que la suya esté lista y en operación, no juegue con ella a menos que sepa lo que esta haciendo. Y sea especialmente cuidadoso si piensa que sabe lo que está haciendo. ¡Las personas que piensan que saben lo que están haciendo son las que se meten en problemas!

V. No Codiciarás la Red de tu Vecino

La envidia en la red es una enfermedad común entre los administradores de la red. Si su red utiliza el viejo Windows 98 y funciona, nada puede ganarse con la codicia. Si ejecuta NetWare 4.2, resista la tentación de actualizarse a 5, a menos que tenga una razón realmente buena. Y si ejecuta Windows NT Server, fantasear acerca de Windows 2000 Enterprise Server es un pecado.

Usted es especialmente susceptible a la envidia en la red si es un fanático de los dispositivos. Siempre hay un hub mejor por tener o algún accesorio de protocolo de la red por codiciar. ¡No ceda ante estas necesidades básicas! ¡Resista el mal y este se desvanecerá!

VI. Programarás el Tiempo de Inactiviad antes de Trabajar en tu Red

Como cortesía, intente avisarle a sus usuarios con suficiente tiempo antes de bajar la red para trabajar en ella. Obviamente, no puede predecir cuándo atacarán los problemas repentinos. Pero si sabe que va a agregar una nueva computadora a la red el jueves en la mañana, gana puntos si les dice a todos acerca del inconveniente dos días antes, en lugar de dos minutos antes.

VII. Mantendrás un Suministro Adecuado de Repuestos

No hay razón para que su red esté inactiva por dos días solo porque un cable se rompió. Asegúrese siempre de tener al menos un suministro mínimo de repuestos a mano. El Capítulo 28 sugiere diez cosas que debería mantener en su closet.

VIII. No Robarás el Programa de tu Vecino sin una Licencia

¿Qué le parece si el Inspector Clouseau irrumpiera en su oficina, mirara por encima de su hombro mientras ejecuta Lotus 1-2-3 desde un servidor de la red y le preguntara, "¿Tiene una licencia?"

"¿Una licencia?" contestaría, sorprendido.

"Sí, por supuesto, una licencia, eso es lo que dije. La ley específicamente prohibe correr un programa en una computadora de red sin una licencia adecuada".

Usted no quiere quebrantar la ley, ¿o sí?

IX. Le Darás Capacitación a tus Usuarios sobre las Cosas de la Red

No culpe a los usuarios si no saben cómo utilizar la red. No es su culpa. Si usted es el administrador, su trabajo es brindarles capacitación para que ellos sepan cómo utilizarla.

X. Escribirás la Configuración de tu Red en Tablas de Piedra

Si cruza el río Jordán, ¿quién más sabrá acerca de la red si no lo escribe en alguna parte? La parte trasera de una servilleta no servirá. Escriba todo y póngalo en un portafolio oficial llamado *Biblia de la Red,* y protéjalo como si fuera sagrado.

Su esperanza debería ser que en 2,000 años a partir de hoy, cuando los arqueólogos estén explorando cuevas en su área, encuentren documentación de su red escondida en un frasco y se maravillen de lo meticulosamente que la gente de nuestros tiempos guardaba sus configuraciones de la red.

Probablemente, sacarán conclusiones ridículas, como que nosotros hacíamos sacrificios de paquetes de información para alguna divinidad llamada TCP/IP, pero eso lo hace más divertido.

Capítulo 28

Diez Cosas que Debería Mantener en su Closet

C uando usted pone las computadoras de la oficina en red por primera vez, necesita encontrar un closet donde pueda guardar algunas cositas lindas de la red. Si no puede encontrar un closet entero, tome un estante, una gaveta, o al menos una caja de cartón.

A continuación, presentamos una lista de las cosas que debe mantener a mano.

Herramientas

Asegúrese de tener al menos un equipo básico de herramientas de computación, el tipo que puede encontrar por $15 en casi cualquier tienda de suministros de oficina. Debería también tener cortadores de cable, peladores de cable y plegadores de cable que funcionan para el tipo de cable de su red.

Cable extra

Cuando compre cable de red, nunca compre exactamente la cantidad que necesita. De hecho, comprar al menos el doble de cable que necesita no es una mala idea, porque la mitad del cable es dejada en caso que lo necesite más adelante. Algunas cosas irán mal y sospechará de un problema de cable, así que necesitará cable extra para reemplazar el malo. También puede agregar una o dos computadoras a la red y necesitar cable extra.

Si su red está conectada con longitudes pre-ensambladas de 25-pies de cable coaxial thinnet, tener al menos un segmento de 25-pies en el closet es una buena idea.

Duct Tape

Ayudó para que la tripulación del Apollo 13 regresara de su casi desastroso viaje a la luna. No lo utilizará mucho para mantener su red, pero sirve como un propósito simbólico para demostrar que usted a veces se da cuenta de que las cosas no están funcionando y que está dispuesto a improvisar para que su red corra nuevamente y funcione.

Si no le gusta el duct tape, un poco de alambre y chicle servirá para el mismo propósito.

Conectadores Extra

No se quede sin conectadores. Si utiliza un cableado de par trenzado, encontrará que los conectadores se descomponen más a menudo de que lo que le gustaría. Compre 25, 50 ó 100 conectadores para que tenga suficientes repuestos.

Si utiliza un cable thinnet, mantenga unos cuantos conectadores BNC de repuesto, además de unos conectadores T y unos cuantos "terminators". Los "terminators" desaparecen misteriosamente. Hay rumores de que son absorbidos por algún tipo de espiral del tiempo hacia el futuro distante, en el que son refabricados y retornados a nuestro tiempo en la forma de Arnold Schwarzenegger.

Cables Parche

Si alambrara su red en la forma profesional, con enchufes de pared en cada oficina, mantenga unos cuantos cables parche de varias longitudes en el closet. De esa
forma, no tendría que correr a la tienda cada vez que necesita cambiar un cable. Y
créame, necesitará reemplazar los cables de parche de vez en cuando.

Twinkies

Si fueran dejados en sus pequeños paquetes individualmente envueltos, los
twinkies se mantendrían por años. De hecho, probablemente durarían más que la
red misma. Puede dárselos a los fanáticos de redes futuras, para asegurar el soporte a la red continuado para las generaciones venideras.

Tarjetas de Red Extra

Idealmente, usted desea utilizar tarjetas de red idénticas en todas sus computadoras. Pero si la computadora del jefe está caída, probablemente se inclinará por
cualquier tarjeta de red que venda la tienda a la vuelta de la esquina. Esa es la razón por la que siempre debería mantener al menos una tarjeta de red extra en el
closet. Puede descansar tranquilo sabiendo que si una tarjeta de red falla, tendrá
una tarjeta de reemplazo idéntica que espera en un estante para ser instalada, y no
tendrá que comprar una de alguien que vende imitaciones de alfombras persas.

Obviamente, si tiene solo dos computadoras en su red, es difícil justificar el
gasto de dinero por una tarjeta de red extra. Con redes más grandes, es más fácil justificarlo.

Documentación Completa de la Red en Tablas de Piedra

He mencionado varias veces en este libro la importancia de documentar su red.
No gaste horas documentando su red y luego escondiendo la documentación debajo de una torre de revistas detrás de su escritorio. Coloque el portafolio en el
closet con los otros suministros de la red para que usted y cualquier persona
siempre sepa dónde encontrarlo. Y mantenga copias de respaldo de documentos
de Word, Excel u otros paquetes que conforman el portafolio de la red en un sito a
prueba de incendios o en algún otro lugar.

No se atreva a escribir las contraseñas en la documentación de la red. ¡Debería darle vergüenza solo pensarlo!

Si decide esculpir la documentación de la red en tablas de piedra, considere utilizar piedra de afilar. Es atractiva, barata y fácil de actualizar (solo lije la vieja información y esculpa la nueva). Tenga presente, sin embargo, que la piedra de afilar está sujeta a erosión por derrames de Jolt Cola o Snapple. Oh, y asegúrese de que la almacena en un estante reforzado.

Manuales y Discos de la Red

En la tierra de Oz, un lamento común del Espantapájaros de la red es "Si tan solo tuviera el manual." Cierto, el manual probablemente no es candidato al premio Pulitzer, pero eso tampoco quiere decir que debería tirarlo a un relleno sanitario. Ponga el manual donde pertenece: en el closet con todas las otras herramientas y artefactos de la red.

De igual forma, los discos. Quizás los necesitará algún día, así que manténgalos con las cosas de la red.

Diez Copias de este Libro

Obviamente, usted desea mantener un suministro adecuado de este libro para distribuir a todos los usuarios de su red. Cuanto más sepan, más lo dejarán tranquilo. 10 copias podrían no ser suficiente - 20 podrían estar más cerca de lo que usted necesita.

Capítulo 29

Diez Accesorios de la Red que solamente las Grandes Redes Necesitan

- -

En este capítulo

▶ Repetidoras

▶ Hubs administrados

▶ Switches

▶ Puentes

▶ Puertas de Enlace

▶ RAIDs

▶ Granjas de servidores

▶ Gigabit Ethernet

▶ Analizadores de protocolo

- -

*L*as personas que compilan estadísticas sobre cosas, como la relación de pollitos a humanos en Arkansas y la probabilidad de los Mets de perder cuando el otro equipo se presenta, reportan que más del 40 por ciento de todas las redes tienen menos de diez computadoras y se espera que este porcentaje crezca en los años venideros. Un gráfico circular al estilo de Ross Perot de seguro serviría aquí, pero mi editor me dice que estoy extendiéndome, así que tendré que dejar pasar eso.

El punto es que si usted es un afortunado que está dentro del 40 por ciento que tiene menos de diez computadoras en su red, puede saltarse este capítulo entero. Aquí describimos brevemente varios dispositivos que podría necesitar si su red es realmente grande. ¿Cuán grande es grande? No hay una regla estricta para ello, pero una regla flexible es que debería echar un vistazo a este capítulo cuando su red tenga aproximadamente 25 computadoras.

Las excepciones a esta regla flexible son las siguientes: *(1)* su empresa tiene dos o más redes que desea conectar y estas redes fueron diseñadas por personas diferentes que rehusaron hablarse entre sí hasta que fue demasiado tarde; *(2)* su red necesita conectar computadoras localizadas a más de unas cuantas yardas de distancia entre sí en diferentes edificios o por medio de la Internet.

Repetidoras

Una *repeater (repetidora)* es un dispositivo que les da un impulso a las señales de su red, de manera que las señales puedan viajar más rápido. Es parecido a las estaciones de Gatorade en un maratón. Cuando las señales pasan por la repetidora toman un vaso de Gatorade, beben un sorbo, se riegan el resto en sus cabezas, tiran el vaso y saltan a un taxi cuando están seguras de que nadie las está mirando.

Necesita una repetidora cuando la longitud total de un simple intervalo de cable de red sea más larga que el máximo permitido para su tipo de cable:

Cable	Longitud Máxima
10Base2 (Coaxial)	185 metros o 606 pies
10/100baseT (hermano trenzado)	100 metros o 328 pies

Para cable coaxial, las longitudes de cable precedentes aplican a segmentos de cable, no a longitudes individuales de cable. Un segmento es la carrera completa del cable desde un "terminator" a otro y puede incluir más de una computadora. En otras palabras, si tiene diez computadoras y las conecta con longitudes de 25-pies de cable coaxial delgado, la longitud total del segmento es 225 pies. (Solamente, se requieren nueve cables para conectar diez computadoras - por eso no son 250 pies).

Para cable 10baseT ó 100baseT, el límite de longitud de 100-metros aplica al cable que conecta una computadora al hub o el cable que conecta hubs entre sí cuando dichos hubs tienen una conexión con cable par trenzado. En otras palabras, puede conectar cada computadora al hub con no más de 100 metros de cable y conectar hubs entre sí con no más de 100 metros de cable.

La Figura 29-1 muestra cómo puede utilizar una repetidora para conectar dos grupos de computadoras que están demasiado lejos para ser unidas en un solo segmento. Cuando utiliza una repetidora como esta, la repetidora divide el cable en dos segmentos. El límite de la longitud del cable aún aplica al cable en cada lado de la repetidora.

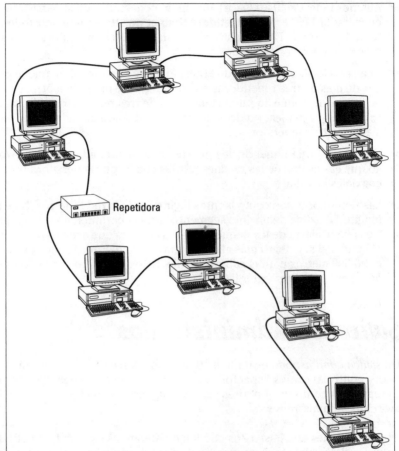

Figura 29-1:
Utilizar una
repetidora.

A continuación, presentamos algunos puntos por considerar cuando se quede despierto esta noche pensando en repetidoras:

✔ Las repetidoras son utilizadas solamente con redes Ethernet alambradas con cable coaxial. Las redes 10/100baseT no utilizan repetidoras.

En realidad, eso no es del todo cierto: 10/100baseT sí utiliza repetidoras. Es solo que la repetidora no es un dispositivo separado. En una red 10/100baseT, el hub es en realidad una repetidora multipuerto. Por eso, el cable utilizado para unir cada computadora al hub es considerado un segmento separado.

✔ Algunos hubs de 10/100baseT tienen un conector en la parte trasera. Este conector BNC es una repetidora thinnet que le permite unir todo un segmento de 185-metros. El segmento puede unir otras computadoras, hubs 10baseT o una combinación de ambos.

✔ Una regla básica de la vida de Ethernet es que una señal no puede pasar a través de más de tres repetidoras en su ruta desde un nodo a otro. Eso realmente no quiere decir que no puede tener más de tres repetidoras o hubs, pero si es así, tiene que planear cuidadosamente el cableado de red para no violar la regla de las tres repetidoras.

✔ Una repetidora thinnet de dos puertos cuesta alrededor de $200. ¡Wow! Supongo que esa es una de las razones por las cuales pocas personas usan cables coaxiales hoy día.

✔ Las repetidoras son componentes legítimos de la red Ethernet. No extienden la longitud máxima de un solo segmento; solo le permiten unir dos segmentos entre sí. Esté alerta de las pequeñas cajitas negras que aseguran poder extender el límite del segmento más allá del límite estándar de 185-metros para el thinnet ó 500-metros para el cable amarillo. Estos productos por lo general funcionan, pero es mejor seguir las reglas.

Switches Administrados

Un *switch administrado* es un hub 10baseT ó 100baseT que le permite monitorear y controlar varios aspectos de la operación del hub desde una computadora remota. A continuación, presentamos algunos de los beneficios de los switches administrados:

✔ Los switches administrados pueden mantener las estadísticas del uso de la red y el desempeño, para que pueda descubrir cuáles partes de su red son muy utilizadas y cuáles no.

✔ Un switch administrado puede alertarlo cuando algo va mal con su red. De hecho, el software de administración que controla el switch puede incluso ser configurado para enviar su correo electrónico o marcar a su localizador de personas cuando ocurre un error con la red.

✔ Puede reconfigurar un switch administrado desde cualquier computadora en la red, sin tener en realidad que ir al switch.

Los switches baratos, que pueden comprarse hasta por $5 por puerto, no incluyen las opciones de administración. Un switch no administrado está bien para una red pequeña, pero para las más grandes, debería invertir en switches administrados. Un switch administrado típico puede costar dos o tres veces más que uno no administrado, pero para redes más grandes, los beneficios de la administración del switch bien valen el costo adicional. Sin embargo, si su red solo tiene uno o dos switches, probablemente no necesitará algún tipo de administración.

Puentes

Un puente es un dispositivo que conecta dos redes para que puedan actuar como si fueran una sola. Los puentes son utilizados para partir una gran red en dos más pequeñas por razones de desempeño. Puede pensar en un puente como una especie de repetidora pequeña. Las repetidoras escuchan las señales que bajan por un cable de la red, las amplifica y las envía por otro cable. Esto lo hacen a ciegas, sin prestar atención al contenido del mensaje que repiten.

Por su parte, un puente es un poco más inteligente en relación con los mensajes que vienen carretera abajo. Para comenzar, la mayoría de los puentes tiene la capacidad de escuchar a la red y descubrir automáticamente la dirección de cada computadora en ambos lados del puente. Luego, el puente puede inspeccionar cada mensaje que viene de un lado del puente y lo transmite al otro solamente si el mensaje está destinado para una computadora al otro lado.

Esta opción clave les permite a los puentes partir una red grande en dos más pequeñas, más eficientes. Los puentes funcionan mejor en redes muy segregadas. Por ejemplo (sígame la corriente aquí - Soy seguidor del Dr. Seuss), suponga que los Sneetches pusieron en red todas sus computadoras y descubrieron que, aunque las computadoras de los Sneetches con estrellas se comunicaban entre sí con frecuencia y las computadoras de los Sneetches sin estrellas también se comunicaban entre sí frecuentemente, rara vez una computadora Sneetch con estrellas se comunicaba con computadora Sneetch sin estrellas.

Un puente puede partir la Sneetchnet en dos redes: la red con estrellas y la red sin estrellas. El puente aprende automáticamente cuáles computadoras están en la red red con estrellas y cuáles en la red sin estrellas. El puente reenvía los mensajes desde el lado con estrellas al lado sin estrellas (y viceversa) solamente cuando es necesario. El rendimiento general de ambas redes mejora, aunque el rendimiento de cualquier operación de la red que tenga que viajar por el puente se torna un poco más lenta.

A continuación, presentamos unas cuantas cosas adicionales por considerar acerca de los puentes:

✔ Como mencioné, algunos puentes también tienen la capacidad de traducir los mensajes de un formato a otro. Por ejemplo, si Sneetches con estrellas crea su red con Ethernet y Sneetches sin estrellas utiliza la Token Ring, un puente puede unir las dos.

✔ Puede obtener un puente básico para partir dos redes Ethernet por aproximadamente $500 de proveedores de órdenes por correo. Los puentes más sofisticados pueden costar hasta $5,000 ó más.

✔ Si nunca ha leído la historia clásica de los Sneetches del Dr. Seuss: debería hacerlo.

✔ Si todavía no está confundido, no se preocupe. Siga leyendo.

Puertas de Enlace

Este tipo de puertas de enlace es un router súper inteligente, que es un puente súper inteligente que es, a su vez, una repetidora súper inteligente. ¿Nota algún patrón?

Las *puertas de enlace* están diseñadas para conectar tipos de redes radicalmente diferentes. Hacen esto trasladando mensajes de un formato de red a otro formato, muy similar al Traductor Universal que sacó a Kirk y Spock de tantos líos.

Las puertas de enlace por lo general conectan una red a una computadora "mainframe" o una minicomputadora. Si no tiene alguna de estas, probablemente no necesita una entrada.

Mantenga estos puntos presentes

✔ Las puertas de enlace son necesarias solamente por el desastre en que nos metieron los fabricantes de computadoras al insistir en utilizar sus propios diseños propietarios para las redes. Si los fabricantes de computadoras se hubieran hablado entre sí hace 20 años, no tendríamos que utilizar las puertas de enlace para hacer que sus redes se comuniquen entre sí ahora.

✔ Las puertas de enlace presentan muchas variedades. Mi favorita es la de hierro forjado.

¡Es un RAID!

En la mayoría de las redes pequeñas, es una molestia si un disco duro se estropea y debe ser enviado al taller para ser reparado. En algunas redes grandes, un disco estropeado es más que una molestia: es un desastre. Las grandes compañías no saben cómo hacer nada cuando la computadora se "cae". Las personas tan solo se sientan alrededor mirando el piso, manteniendo una vigilia en silencio hasta que las computadoras levanten de nuevo.

Un *RAID system (sistema RAID)* es un tipo sofisticado de almacenamiento de disco que casi nunca falla. Funciona amontonando varios discos duros juntos y tratándolos como si fueran una unidad. RAID utiliza algunas técnicas sofisticadas propuestas por nerdos de computación en Berkeley. Estos nerdos garantizan que si uno de los discos en el sistema RAID falla, no se pierde ninguna información. El disco duro que falló puede ser removido y reparado y la información que estaba en él puede ser reconstruida de las otras unidades.

A continuación, presentamos unos cuantos pensamientos adicionales acerca del RAID:

✔ RAID significa Redundant Array of Inexpensive Disks (Arreglo Redundante de Discos No costosos), pero eso no importa. No tiene que recordar eso para la prueba.

✔ Un sistema RAID es por lo general albergado en un estante por separado que incluye su propio controlador de disco RAID. Algunas veces se le llama subsistema del disco.

✔ En los sistemas RAID más increíbles, los discos duros en sí son *hot swappable (intercambiables rápidos)*. Eso quiere decir que puede cerrar y remover uno de los discos duros mientras el sistema RAID continúa operando. Los usuarios de red nunca sabrán que uno de los discos ha sido removido, porque el sistema RAID reconstruye la información que estaba en el disco removido utilizando información de los otros discos. Después de que el disco removido ha sido reemplazado, el nuevo disco se pone en línea sin problemas.

Granjas de Servidores

Las redes grandes con múltiples servidores a menudo tienen sus propios servidores en un solo cuarto, conocidos como *granjas de servidores*. Si tiene más de dos o tres servidores, quizás desee considerar algunos o todos los siguientes métodos de lidiar con ellos:

✔ Puede utilizar estantería de alambre no costosa para sotener sus servidores. Puede encontrar estantes de alambres especiales diseñados para retener teclados, monitores y procesadores, que suministran acceso fácil para el cableado. Para una apariencia más profesional, puede acostumbrarse al mobiliario de administración de la LAN diseñado para retener múltiples computadoras servidor en casi cualquier configuración que necesite.

✔ Si tiene espacio limitado, puede utilizar un dispositivo conocido como *KVM Switch (Interruptor KVM)* para conectar varias computadoras servidor a un solo teclado, monitor y mouse. (*KVM* significa Keyboard, Video y Mouse). En esa forma, puede controlar cualquiera de los servidores desde el mismo teclado, monitor y mouse girando el disco en el interruptor KVM.

✔ Para ahorrar aún más espacio, puede obtener servidores montados sobre estantes, en lugar de incorporados en los cajones estándar de computadoras. Los servidores montados sobre estantes pueden estar unidos a los mismos estantes estándar de 19 pulgadas en los que se montan los hubs y paneles parche.

✔ La última moda en servidores es el uso de *servidores de cuchillas*. Estos son servidores complejos que caben en una sola tarjeta y que puede ser montada verticalmente en un gabinete especial configurado en rejillas y diseñado para sostener varios servidores. Por ejemplo, Hewlett Packard hace un chasis de cuchillas que puede llevar hasta 16 servidores de cuchillas en un solo gabinete.

Gigabit Ethernet

La mayoría de las redes pequeñas opera bien con conexiones estándar 10baseT o 100baseT Ethernet. Sin embargo, si su red es lo suficientemente grande para merecer una conexión "backbone" de alta velocidad, quizás desee ver la Gigabit Ethernet. Gigabit Ethernet es una versión relativamente nueva de Ethernet, que opera a 1000Mbps en lugar de 10 ó 100Mbps.

Gigabit Ethernet, también conocida como 1000baseX, fue inicialmente diseñada para operar por medio de cables de fibra óptica, pero eventualmente también podrá operar en cable Categoría 5 UTP. Esa es una de las razones por las que usted debería tener cuidado al instalar solamente cable categoría 5 de la mejor calidad y mantener la longitud del cable inferior a 100 metros.

Por supuesto, Gigabit Ethernet es más costosa que la 10baseT ó 100baseT. Un switch Gigabit Ethernet puede costar miles de dólares y necesita uno en cada extremo del backbone.

Analizador de Protocolo

Un *analizador de protocolo* es un dispositivo que se adjunta a su red y examina todos los paquetes que se están trasladando dentro de los cables. En manos de un experto en la materia, un analizador de protocolo puede ayudarle a diagnosticar problemas de red de todo tipo: problemas de rendimiento, de seguridad, de conexiones y así sucesivamente.

Pero para utilizar un analizador de protocolo, necesitará un nivel bajo de entendimiento de cómo funcionan las redes. Necesita comprender los protocolos, las diferencias entre el vínculo de datos y las capas de MAC, y los detalles que se incluyen dentro de los paquetes que conforman su tráfico de red.

Por eso aunque un analizador de protocolo puede ser una herramienta práctica, generalmente se encuentra únicamente en manos de los técnicos de red que trabajan con redes grandes.

Aparatos que se incluían anteriormente en este capítulo

A través de los años, conforme le he realizado revisiones a este libro para mantenerlo actual con la última tecnología, he tenido el privilegio de dejar de lado algunos elementos de este capítulo. Lo he hecho ya que algunos objetos ya no se utilizan ni siquiera en las grandes redes. Otros componentes los he eliminado porque sus costos han bajado tan dramáticamente que hoy día se utilizan hasta en las redes más pequeñas.

A continuación, le detallo algunos dispositivos que he excluido de este capítulo:

- ✔ **Fast Ethernet**. Cuando la Ethernet de 100Mbps era novedosa, esta era lo suficientemente cara que solo las grandes organizaciones podían justificarla. En la actualidad, es muy barata. Hasta las tarjetas y componentes de red más económicos soportan 100BaseT. Así que he eliminado Fast Ethernet de este capítulo. (Gigabit Ethernet es otro cuento. La mayoría de las redes funcionan perfectamente con 100Mbps. Solo las grandes necesitan de 1,000 veces más esa velocidad).

- ✔ **Switches**. En los tiempos antiguos, las redes económicas de 10BaseT usaban hubs, y los switches eran utilizados solamente para las grandes redes donde el rendimiento era un factor determinante. Sin embargo, el precio de los switches ha bajado tanto recientemente que reco-

miendo que configure todas sus redes de 10BaseT usando switches en vez de hubs.

- ✔ **Ruteadores**. Hace tiempos, los ruteadores fueron requeridos para las grandes redes. Sin embargo, ahora que el acceso de banda ancha a la Internet es el estándar, muchas redes pequeñas — hasta aquellas con solo dos o tres computadoras — usan ruteadores baratos para conectarse a la Internet.

- ✔ **Firewalls**. Nuevamente, debido a la proliferación de accesos baratos y rápidos a la Internet, ya no puedo decir que únicamente las grandes redes necesitan de firewalls. En la actualidad, cualquier red que tiene una conexión de banda ancha a la Internet necesita una firewall.

- ✔ **Superservidores**. Esta es una de mis palabras arcaicas favoritas en la jerga. Hubo una vez, en que los fabricantes de computadoras utilizaban esta frase para referirse a los grandes servidores con procesadores múltiples que podían soportar el trabajo que normalmente hacían varios servidores a la vez. La idea era que los servidores de red se convertirían más bien en las computadoras "mainframe" de antaño, en las que una sola computadora asumía toda la carga de trabajo para toda la organización. Afortunadamente, esta idea no se popularizó.

Capítulo 30

Diez Palabras Pegajosas Garantizadas para Animar una Fiesta

* *

En este capítulo

▶ Intranet

▶ Wi-fi

▶ Cliente/servidor

▶ Computación empresarial

▶ Interoperabilidad

▶ Fibra

▶ E-commerce

▶ Dot-com

▶ .NET

▶ Banda ancha

* *

Cansado de fiestas aburridas en las que todos hablan del último programa de juegos o sobre quién va a interpretar a Anakin Skywalker en la próxima película de Star Wars? Aquí presentamos algunos temas de conversación garantizados para animar las cosas un poco o hacer que lo echen. De cualquier forma, funcionan. Inténtelas.

Intranet

Qué significa: Me he hartado de la Internet y ahora deseo crear mi propia Internet pequeña y privada en mi LAN. Una intranet utiliza las herramientas de la Internet:

TCP/IP, HTTP, HTML y software servidor de la Web, pero no está conectada a la Internet. Las intranets son utilizadas para crear páginas "internas" que pueden ser accedidas desde la LAN de la compañía, pero no desde afuera.

Utilizada en una oración: No llegaré a la casa a cenar, cariño. ¡Debo terminar de cargar los resultados del tercer cuatrimestre a la Intranet de la compañía!

Wi-Fi

Lo que significa: Una red inalámbrica que utiliza el estándar de red inalámbrico 802.11b.

Usado en una oración: Ya tenemos nuestra red wi-fi operando, nuestro parqueo ha sido invadido por niños que llevan computadoras portátiles y quienes están aprovechándose gratuitamente de nuestra conexión a la Internet.

Cliente/Servidor

Qué significa: Un sistema de computación en el cual el trabajo ocurre en una computadora cliente y parte de él en una computadora servidor. Para ser una verdadera aplicación cliente/servidor, el trabajo verdadero debe hacerse en el servidor. Cualquier red basada en el servidor puede ser llamada cliente/servidor, pero en un verdadero sistema cliente/servidor, al menos parte del trabajo real (no solo acceso al archivo) se hace en el servidor. Por ejemplo, en una verdadera base de datos cliente/servidor, una consulta de base de datos se procesa en la computadora servidor y solo los resultados de esta son enviados de vuelta a la computadora cliente. Si desea conocer más, obtenga una copia de mi libro, *Client/Server Computing For Dummies, 3rd Edition*, (Wiley Publishing, Inc).

Utilizada en una oración: ¡Escuché que tu compañía necesitó cinco años para reemplazar su viejo sistema de facturación mainframe al de cliente/servidor! Debió haber obtenido una copia de *Client/Server Computing For Dummies, 3rd Edition*, por el fabuloso autor Doug Lowe.

Computación Empresarial

Qué significa: Las necesidades de computación completas de una empresa. En el pasado, la computación era a menudo enfocada en las necesidades individuales de pequeños departamentos o grupos de trabajo. El resultado era un montón de sistemas incompatibles: Mercadeo tenía una minicomputadora, ventas tenía una red NetWare y contabilidad tenía un ábaco. La computación empresarial visualiza las necesidades de computación de la organización como un todo. Muy inteligente.

Utilizada en una oración: Nuestro esfuerzo de computación empresarial está navegando a warp 9. He escuchado que ustedes todavía están pegados a un cuarto de impulso. Fascinante.

Interoperabilidad

Qué significa: Calzar piezas redondas en orificios cuadrados. Literalmente, vincular redes separadas para que funcionen juntas. Esta es tan maravillosa que todo el espectáculo de intercambio llamado Interop está dedicado a hacer que diferentes redes operen juntas.

Utilizada en una oración: Finalmente, hemos resuelto nuestros problemas de interoperabilidad, contratamos el muchacho que compró la cosas que no eran interoperables.

Fibra

Lo que significa: La forma más veloz de cable de red, en la cual las señales son transmitidas por luz en lugar de electricidad. Este tipo de cable se llamaba anteriormente cable de fibra óptica, pero ahora simplemente es referido como *fibra*, como si fuera algo que necesitará de más en su dieta. La fibra es típicamente usada para formar la columna vertebral de grandes redes o para enlazar redes en edificios separados, donde el límite de 500 metros de cable amarillo sencillamente no funcionará. Los cables de fibra trasladan datos a 100 Mbps o 1,000 Mbps.

Usado en una oración: Si su dieta está baja en fibra, intente comer cables antiguos de red. Muchas partes son comestibles.

E-commerce

Qué significa: Conducir negocios por la Internet, o sea, realmente vender productos o servicios, recolectar el dinero por medio de la Internet y posiblemente incluso entregar el producto por medio de la Red.

Utilizada en una oración: Nuestras ganancias han subido tanto desde que obtuvimos nuestro primer sistema de e-commerce que hemos decidido retirarnos e irnos a Vail.

Banda ancha

Qué significa: Banda ancha es una tecnología de red que permite que más de una señal viaje por un cable simultáneamente. Un uso de la banda ancha está en esos nuevos sistemas de TV por cable que envían más que solo TV: pueden asimismo manejar sus líneas telefónicas y una conexión de Internet. El cable de banda ancha es muy rápido. De hecho, una conexión de Internet por banda ancha es tan rápida como una conexión de Ethernet en una red de área local.

Utilizada en una oración: No, eh, todavía no tengo banda ancha. Dios mío, últimamente hemos tenido un clima extraño, ¿no crees?

Punto-Com

Lo que significa: Un Punto-Com es un negocio que realmente no tiene ningún producto que vender y en verdad no hace ningún dinero, pero de algún modo logra atraer inversionistas. Desgraciadamente, alguien recientemente puso al descubierto toda la locura del punto-com y acabó por derrumbarse.

Usado en una oración: Invertí demasiado dinero en Punto-Coms el año pasado. Ahora se conocen como No-Coms.

.Net

Lo que significa: Se pronuncia "punto-Net" y se refiere a lo último de Microsoft, que está supuesto a revolucionar completamente la forma en que utilizamos las computadoras. Similar a lo que anteriormente hizo lo último y muy probable lo que hará lo siguiente.

Usado en una oración: ¡Detenga la impresión! Microsoft acaba de lanzar otra prueba beta del servidor .NET.

Glosario

10base2: El tipo de cable coaxial usado más frecuentemente para redes Ethernet. También conocido como *thinnet* o *cheapernet*. La longitud máxima de un segmento es 185 metros (600 pies).

10base5: El cable coaxial original de Ethernet, ahora usado sobre todo como backbone (red vertebral) para redes más grandes. También conocido como yellow cable (cable amarillo) o thick cable (cable grueso). La longitud máxima de un segmento es 500 metros (1,640 pies).

10baseT: Cable par trenzado, comúnmente usado para redes Ethernet. También conocido como UTP, *par trenzado*. La longitud máxima de un segmento es 100 metros (330 pies). De los tres tipos de cable Ethernet, este es el más fácil de trabajar.

100baseFX: El estándar Ethernet para conexiones de fibra óptica de alta velocidad.

100baseTX: El estándar más usado para 100Mbps Ethernet que usa dos pares de cable par trenzado Categoría 5.

100baseT4: Un estándar alternativo para la Ethernet de 100Mbps que usa cable Categoría 3 de cuatro pares.

100VG AnyLAN: Un estándar para la Ethernet de 100Mbps que no es tan popular como el 100baseT. Al igual que el 100baseT, 100VG AnyLAN usa cable par trenzado.

1000baseT: Un nuevo estándar para Ethernet de 1,000Mbps que usa de cable par trenzado de cuatro pares sin protección Categoría 5. El 1000baseT también se conoce como Gigabit Ethernet.

1000000000BaseT: Bueno, no realmente. Pero si las tendencias actuales continúan, llegaremos pronto allí.

802.2: El estándar IEEE olvidado. El estándar más glamoroso 802.3 depende del 802.2 para soporte moral.

802.3: El estándar IEEE conocido en lenguaje vernáculo como Ethernet.

802.11: El estándar IEEE para redes inalámbricas. Dos variantes populares son 802.11a y 802.11b.

AAUI: Apple Attachment Unit Interface, un tipo de conector usado en algunas redes Apple Ethernet.

acrónimo (acronym): Una abreviación hecha de las primeras letras de una serie de palabras.

acrónimo de tres letras (three-letter acronym): Ver *ATL*.

Active Directory: El servicio de directorio en Windows 2000.

Active Server Pages: Una característica para la Internet de Microsoft que le permite crear páginas Web con scripts que se ejecutan en el servidor en lugar del cliente. También conocido como ASP. La versión más nueva se llama ASP.NET.

Administrator (administrador): El responsable de instalar y mantener corriendo a la red. Ruegue porque no sea usted. También conocido como manager de la red.

administrador de la red (network manager): Espero que sea otra persona que no sea usted.

AFP: *Apple Filing Protocol*, un protocolo para archivar usado por Apple. (Eso ayuda mucho, ¿no es cierto?)

AGP: *Advanced Graphics Port*, una interfaz gráfica de alta velocidad usada en la mayoría de las tarjetas madre de las computadoras más nuevas.

anillo (ring): Un tipo de topología de red en la cual las computadoras están conectadas entre sí en forma tal que forman un círculo completo. Imagine a los Waltons de pie alrededor de la mesa en el día de Gracias sosteniéndose las manos y usted tiene la idea de una topología de anillo.

Apache: El servidor Web más popular en la Internet. Viene en forma gratuita con la mayoría de las versiones de Linux.

AppleTalk: El sistema de redes de Apple para Macintosh.

archivo de procesamiento por lotes (batch file): En DOS, un archivo que contiene uno o más comandos ejecutados juntos como un grupo. Usted crea el archivo de procesamiento por lotes usando un editor de texto (como el comando DOS EDIT) y ejecuta el archivo al digitar su nombre en el indicador de comando.

ARCnet: Una topología de red lenta, pero estable, desarrollada originalmente por Datapoint. ARCnet usa un esquema paso de token similar a la Token Ring.

armario de cableado: Las redes grandes necesitan un lugar donde los cables puedan congregarse. Un armario es ideal.

Athlon: Un competidor para el chip de la CPU Pentium de Intel fabricado por AMD.

ATL: *Acrónimo de tres letras*, como FAT (File Allocation Table), DUM (Dirty Upper Memory) y HPY (Heuristic Private Yodel).

atributos (attributes): Características asignadas a los archivos. DOS por su cuenta brinda cuatro atributos: sistema, oculto, solo lectura y archivo principal. Los sistemas operativos de la red generalmente expanden la lista de atributos de archivo.

AUI: *Attachment Unit Interface*, el gran conector encontrado en tarjetas de red más viejas y hubs usados para unir el cable amarillo por medio de un transceptor.

AUTOEXEC.BAT: Un archivo de procesamiento por lotes que DOS ejecuta automáticamente cada vez que usted inicia su computadora.

AUTOEXEC.NCF: Un archivo de procesamiento por lotes que NetWare ejecuta automáticamente cada vez que usted carga al software servidor.

BackOffice: Un grupo de programas de Microsoft diseñado para ejecutarse en una computadora servidor basada en el Servidor Windows NT/2000.

báner (banner): Una página sofisticada impresa entre cada trabajo de impresión, de manera que pueda fácilmente separar trabajos entre sí.

Benchmark (prueba comparativa): Una prueba repetible que usted usa para juzgar el desempeño de su red. Las pruebas comparativas son las que casi duplican el tipo de trabajo que rutinariamente hace en su red.

bit de archivo principal (archive bit): Un indicador mantenido para cada archivo para indicar si el archivo ha sido modificado desde su último respaldo.

brecha generacional (generation gap): Lo que ocurre cuando se salta uno de sus respaldos.

búfer (buffer): Un área de memoria que retiene datos en ruta a alguna otra parte. Por ejemplo, un búfer de disco retiene información conforme viaja entre su computadora y la unidad de disco.

bus: Un tipo de topología de red en la cual los nodos de la red son unidos a lo largo de un solo trecho de cable llamado segmento. Las redes 10base2 y LocalTalk usan una topología bus. El bus también se refiere a la fila de ranuras de expansión dentro de su computadora.

bus local (local bus): Un bus de expansión rápido en computadoras 486 y Pentium que opera a una velocidad mayor que el viejo bus ISA y permite transferencias de datos de 32-bits. Corrientemente, se encuentran dos tipos: VESA y PCI. Muchas computadoras 486 incluyen varias ranuras de bus local VESA, pero las computadoras más nuevas Pentium usan ranuras PCI. Para un mejor desempeño de la red, todos los servidores deberían tener el disco VESA o PCI I/O y tarjetas de interfaz de la red.

caballo de Troya (trojan horse): Un programa que se ve interesante pero resulta ser algo molesto, como reformatear el disco duro.

cable coaxial (coaxial cable): Un tipo de cable que contiene dos conductores. El conductor del centro está rodeado por una capa de aislamiento, que luego es envuelto por un conductor de metal trenzado y una capa de aislamiento.

cable de fibra óptica (fiber-optic cable): Un cable de red muy rápido que transmite información usando luz en lugar de electricidad. El cable de fibra óptica es a menudo usado en redes más grandes, especialmente cuando se involucran distancias mayores.

cable parche (patch cable): Un cable corto usado para conectar una computadora a un enchufe de pared o uno que va desde un panel parche hasta un hub.

caché (cache): Una forma sofisticada de amortiguar en la cual una gran cantidad de memoria es separada para retener información, de manera que pueda ser accedida rápidamente.

cadena: Una forma de conectar los componentes de la computadora en los cuales el primer componente está conectado al segundo, este está conectado al tercero, y así sucesivamente. En 10baseT y 100baseT Ethernet, puede unir los hubs.

capa de aplicación (application layer): La capa más alta del modelo de referencia OSI, la cual regula la forma en que el software se comunica con la red.

capa de enlace de datos (data-link layer): La segunda capa del modelo OSI, responsable de transmitir bits de datos por cable de red.

capa de presentación (presentation layer): La sexta capa del modelo de referencia OSI, el cual maneja conversiones de información, compresión, descompresión y otras tareas domésticas.

capa de pudín de limón (lemon-pudding layer): Una capa cerca del centro del modelo de referencia de OSI que brinda sabor y humedad a un queque que sería de otra forma insaboro y seco.

capa de red (network layer): Una de las capas en alguna forma cercana al centro del modelo de referencia OSI. Dirige la interconexión de las redes.

capa de sesión (session layer): Una capa en alguna forma cercana al medio del modelo de referencia OSI que lidia con sesiones entre los nodos de la red.

capa de transporte (transport layer): Una de esas capas en alguna forma cercanas al medio del modelo de referencia OSI que dirige la forma en que la información es acompañada alrededor de la red.

capa física (physical layer): La capa más baja del modelo de referencia OSI (sin importar lo que eso sea). Se refiere a las partes de la red que puede tocar: cables, conectores, etcétera.

carpeta compartida (shared folder): Una unidad de disco servidor de la red o una carpeta en una unidad de servidor que ha sido compartida para que otras computadoras en la red puedan accederla.

casa de vidrio (glass house): El cuarto donde se mantiene la computadora. Simbólico de la mentalidad mainframe, la cual enfatiza la burocracia, inflexibilidad y hierro pesado.

Categoría-3 (Category-3): Una forma no costosa del cable par trenzado sin protección apto solamente para redes 10Mbps (10baseT). Evite usar cable Categoría-3 para redes nuevas.

Categoría-5 (Category-5): El grado más alto de cable 10baseT apto para redes 100Mbps (100baseTX) y gigabit Ethernet (1000baseT).

CD-R drive (Unidad de CD-R): Una unidad de CD que puede leer y escribir CDs.

CD-ROM: Un disco de alta capacidad que usa tecnología óptica para guardar información en una forma que puede ser leída pero no sobre-escrita.

CD-RW drive (Unidad de CD-WR): Una unidad de CD que puede leer, escribir y luego re-escribir CDs.

Certified NetWare Engineer (Ingeniero de Netware Certificado): Alguien que ha estudiado duro y aprobado el examen oficial ofrecido por Novell. También se conoce como CNE.

Certified Network Dummy (Dummy de Red Certificado): Alguien que no sabe nada sobre redes pero que a pesar de ello tiene el honor de instalar una. También conocida como CND.

Chat (plática): Lo que hace en la red cuando habla en vivo con algún otro usuario de la red.

Chaucer: Un amigo Inglés que descansa en paz.

cheapernet: Refiérase a la 10base2.

CHKDSK: Un comando de DOS que revisa las estructuras de manutención de registros de un disco DOS para ver si tiene errores.

Clic (clic): Lo que hace en Windows para hacer las cosas.

cliente (client): Una computadora que tiene acceso a la red, pero no comparte ninguno de sus recursos con ella. Refiérase a servidor.

cliente/servidor (client/server): Un término vago que significa que la carga de trabajo está dividida entre una computadora cliente y una servidor.

Clouseau: El hombre más peligroso en toda Francia. Algunas personas dicen que solo juega de tonto.

cluster: Refiérase a la unidad de asignación.

cola (queue): Una lista de elementos que esperan ser procesados. El término usado por lo general se refiere a la lista de trabajos de impresión que esperan ser impresos, pero las redes también tienen montones de otros tipos de colas.

cola de impresión (print queue): La línea en la que los trabajos de impresión esperan hasta que haya una impresora disponible.

COM1: El primer puerto serial en una computadora.

computación empresarial (Enterprise computing): Un término que se refiere a las necesidades computacionales completas de la organización, en lugar de las necesidades de un solo departamento o grupo.

CompuServe: Una red de información en línea que puede acceder para hablar con otros usuarios sobre temas como NetWare, Windows NT/2000, política y el último programa de TV basado en la realidad.

conector BNC (BNC conector): El conector usado con cable 10base2.

CONFIG.SYS: Un archivo en cada computadora DOS que contiene información de configuración. `CONFIG.SYS` es procesado cada vez que inicia su computadora.

consola (console): En NetWare, el teclado y el monitor del servidor de archivo. Los comandos de la consola pueden introducirse solamente en la consola del servidor.

contraseña (password): La única cosa que protege sus archivos de un impostor que se haga pasar por usted. Mantenga su contraseña secreta y tendrá una vida larga y feliz.

CPU: La *unidad central de proceso*, o cerebro, de la computadora.

CSMA/CD: *Carrier Sense Multiple Access with Collision Detection*, la técnica de administración de tráfico usado por la Ethernet.

cuello de botella: El vínculo más lento en su red que hace que el trabajo se congestione. El primer paso al mejorar el desempeño de la red es identificar el cuello de botella.

cuenta (account): No puede entrar en la red sin una de estas. La red sabe quién es usted y cuáles derechos tiene en virtud de su cuenta.

cuenta grupal (group account): Una agrupación de cuentas de usuario que comparten derechos de acceso.

DAT: *Audiocinta digital*, un tipo de cinta a menudo usado para respaldo de red.

derechos de acceso (access rights): Una lista de derechos que le dicen qué puede y qué no puede hacer con los archivos o directorios de las redes.

derechos de archivo (file rights): La habilidad de un usuario de red particular para acceder a archivos específicos en un servidor de la red.

derechos de usuario (user rights): Las acciones de la red a las que un usuario de red particular está autorizado a realizar después de que se haya registrado a la red. Vea *derechos de archivo*.

DIP switch (interruptor DIP): Un banco de interruptores usados para configurar una tarjeta adaptador vieja. Las tarjetas modernas se configuran automáticamente, así que los interruptores DIP no son requeridos. *Vea jumper block*.

dirección de puerto I/O (I/O port address): Cada dispositivo I/O en una computadora — incluyendo tarjetas de interfaz de la red — debe tener asignada una única dirección. En los viejos días, usted tenía que configurar la dirección de puerto utilizando DIP switches o jumpers. Las tarjetas de red más nuevas automáticamente configuran sus propias direcciones de puerto, de manera que no tenga que jugar con switches o jumper blocks.

dirección IP (IP address): Una cadena de números usada para dirigir las computadoras en la Internet. Si habilita la TCP/IP en su red, debe brindar una dirección IP para cada computadora en la red.

directory hash: Un desayuno popular disfrutado por gerentes de NetWare.

disco (disk): Un dispositivo que guarda información en forma magnética en un disco. Un disco duro está permanentemente sellado en un recinto y tiene una capacidad por lo general medida en miles de megabytes. También conocidos como *gigabytes*. Un *disquete* es removible y puede tener una capacidad de 360KB, 720KB, 1.2MB, 1.44MB ó 2.88MB.

DMA channel (canal DMA): Una tubería directa para I/O más rápida que el I/O normal. Las tarjetas de red usan DMA para acceso rápido a la red.

DNS: Refiérase a Domain Name System.

Domain Name System (DNS): El sistema para poner nombre utilizado en la Internet, en el cual una red recibe un nombre de dominio y las computadoras individuales reciben nombres de host.

dominio (domain): (1) En una red Windows NT/2000, uno o más servidores de red administrados por un solo directorio de red. (2) En la Internet, un nombre asignado a una red.

DOS: Disk Operating System, el sistema operativo original para IBM y computadoras compatibles con IBM. DOS no es tan utilizado ahora, ya que Windows ha tomado el control.

DriveSpace: Una opción de compresión de disco de Windows 9x/Me (y MS-DOS 6.2). DriveSpace comprime la información del archivo de manera que los archivos requieran menos espacio. Esta compresión aumenta la capacidad efectiva del disco, a menudo en una relación de 2:1 ó más.

DVD drive (unidad de DVD): Un nuevo tipo de unidad de CD-ROM con mucha más capacidad de almacenamiento que una unidad estándar de CD-ROM — tanto como 17GB en un solo disco comparado a la capacidad de 600MB de un CD estándar.

Eddie Haskell: El niño que siempre ha estado dando vueltas, metiendo su nariz en los asuntos de las otras personas y generalmente causando problemas. Cada red tiene uno.

editor: Un programa para crear y cambiar archivos de texto. DOS 5 y las versiones más nuevas vienen con un editor básico llamado EDIT. Otros editores están disponibles, pero EDIT es lo suficientemente bueno para la mayoría de las necesidades de la red.

EGA: El monitor de color que era estándar con computadoras IBM AT, basado en procesadores 80286. Ahora obsoleto, pero algunos todavía están en uso.

EISA bus (bus EISA): Extended Industry Standard Architecture, un bus I/O mejorado compatible con el bus ISA estándar, pero brinda opciones avanzadas. Las computadoras con un bus EISA fueron a menudo usadas como servidores de archivo hasta que el bus PCI se volvió más popular. Vea bus *ISA* y *PCI*.

e-mail (correo electrónico): Mensajes intercambiados con otros usuarios de la red.

emoticono (emoticon): Una forma corta para expresar emociones por medio del correo electrónico y pláticas al combinar símbolos para crear caritas felices, cejas fruncidas, etcétera.

escritura retrasada (delayed write): Una técnica de caché de disco en la cual la información escrita en el disco es colocada en la memoria caché y es luego escrita en disco.

estación de trabajo (workstation): Vea *cliente*.

estrella (star): Un tipo de topología de red en el cual cada nodo está conectado a un hub de cableado central. Esto le brinda a la red una apariencia de estrella.

Ethernet: El Estándar de Red Más Popular del Mundo.

EtherTalk: Lo que usted llama Ethernet cuando la utiliza en una Macintosh.

ETLA (ATLE): *Extended Three-Letter Acronym*, un acrónimo con cuatro letras. Refiérase a TLA.

Exchange Server: El software que manipula servicios de correo electrónico en un servidor Windows NT ó 2000.

explorador Web (Web browser): Un programa que le permite desplegar información recuperada de la World Wide Web de la Internet.

Fast Ethernet: 100Mbps Ethernet. También conocido como 100baseT ó 100baseTX.

FAT: *Tabla de asignación de archivo*, una estructura que mantiene registros que DOS utiliza para darle seguimiento a la ubicación de cada archivo en un disco.

FAT32: Una forma mejorada de darles seguimiento a los archivos de disco que pueden usarse con Windows 98 y posteriores.

FDDI: *Fiber Distributed Data Interface*, un estándar de red 100Mbps utilizado con backbone de fibra óptica. Cuando FDDI es utilizado, los puentes de FDDI FDDI/Ethernet conectan los segmentos de Ethernet al backbone.

férula (ferrule): El tubo de metal externo que une un conector BNC al cable.

firewall (barrera de protección): Un tipo especial de router que conecta una LAN a la Internet a la vez que evita que usuarios no autorizados de la Internet accedan a la LAN.

FTP: *File Transfer Protocol*, un método para recuperar archivos de la Internet.

GB: Gigabyte, alrededor de un billón de bytes de almacenamiento en disco (1,024MB para ser precisos). Vea *KB*, *MB* y *TB*.

grupo de noticias (newsgroup): grupos de discusión de la Internet en los cuales las personas dejan mensajes que pueden ser leídos y respondidos por otros usuarios de la Internet.

grupo de usuarios: Una asociación local de usuarios de computadoras, algunas veces con un interés particular, como redes.

groupware: Una categoría relativamente nueva de programas de aplicación diseñados con redes en mente para habilitar e incluso promover trabajo cooperativo.

gurú (guru): Cualquier persona que sabe más sobre computadoras que usted.

herramienta acanalada (crimp tool): Una herramienta especial usada para unir conectores a los cables. Ningún administrador de la red debería estar sin una. Trate de no dejar que sus dedos se metan en ella.

HTML: HyperText Markup Language, el lenguaje usado para redactar páginas que pueden desplegarse por medio de la World Wide Web.

HTTP: HyperText Transfer Protocol, el protocolo usado por la World Wide Web para enviar páginas HTML desde una computadora servidor a una computadora cliente.

HTTPS: Un formulario seguro de HTTP usado para transmitir información delicada como números de tarjetas de crédito.

hub: En Ethernet, un dispositivo usado con cableado 10baseT y 100baseT para conectar computadoras a la red. La mayoría de los hubs tiene de 5 a 24 puertos. Refiérase también a interruptor.

IACI: *International Association of the Computer Impaired* (Asociación Internacional de Discapacitados en Computación).

ID de usuario (user ID): El nombre por el cual usted es conocido en la red.

IDE: *Integrated Drive Electronics*, el tipo más común de interfaz de disco en uso actualmente, popular por su precio bajo y flexibilidad. Para computadoras servidor, SCSI es la interfaz de unidad preferida. Refiérase a SCSI.

IEEE: *Institute of Electrical and Electronic Engineers* (Instituto de Ingenieros Eléctricos y Electrónicos), donde envían genios fanáticos de computación que han tenido demasiados errores de paridad.

impresora de inyección de tinta (inkjet printer): Un tipo de impresora que crea páginas a todo color al rociar pequeños chorros de tinta sobre el papel.

impresora de matriz de punto (dot-matrix printer): Un tipo prehistórico de impresora que funciona al aplicar varios pigmentos coloreados en las paredes de las cuevas. Una vez fue la impresora principal para las PC, pero ahora les ha cedido el paso a las impresoras láser o de inyección de tinta. Las impresoras de matriz de alta velocidad aun tienen su lugar en la red y tienen la ventaja de poder imprimir formularios multipartes.

impresora láser (laser printer): Una impresora de alta calidad que usa impresoras láser y torpedos fotón para producir un resultado lindo.

Internet: Una enorme red de redes que recorre el globo y le brinda acceso a casi cualquier cosa que podría querer tener, siempre que pueda comprender cómo funciona.

Internet Explorer: El popular explorador Web de Microsoft.

interoperabilidad (interoperability): Brinda un campo nivelado para redes incompatibles para que funcionen juntas, algo así como NAFTA.

intranet: Una red que se parece a la Internet, pero es accesible solo dentro de una compañía u organización. La mayoría de las intranets utilizan la interfaz familiar de la World Wide Web para distribuir información a los empleados de la compañía.

intranetWare: Un nombre gracioso que Novell usó para NetWare cuando el término intranet era la palabra más de moda.

IPX: Un protocolo de transporte usado por NetWare.

IPX.COM: El archivo del programa que implementa IPX.

IRQ: *Interrupt ReQuest*, las tarjetas de interfaz de la red deben ser configuradas para el IRQ adecuado para que funcionen. En los viejos tiempos, usted tenía que usar DIP switches o jumper blocks para instalar la IRQ. Actualmente, las tarjetas de red se configuran solas.

ISA bus (bus ISA): *Industry Standard Architecture*, un tipo de bus de expansión una vez popular para acomodar tarjetas de adaptador. Ahora reemplazado por el PCI.

ISDN: Una conexión de teléfono digital que le permite conectarse a la Internet en cerca del doble de la velocidad de una conexión de teléfono regular.

ISO: *International Standards Organization*, a quien podemos agradecerles el OSI.

ISP: *Internet service provider* (proveedor de servicios de la Internet), una compañía que brinda acceso a la Internet por una cuota.

Java: Un lenguaje de programación popular en la Internet.

JavaScript: Un lenguaje de script popular que puede usarse en páginas Web.

JetDirect: Un dispositivo hecho por Hewlett-Packard que les permite a las impresoras conectarse a la red sin la necesidad de una computadora servidor de impresión separada.

jumper block (bloque jumper): Un dispositivo usado para configurar una tarjeta de adaptador anticuada. Para cambiar la configuración de un jumper block, usted elimina el jumper desde un grupo de pines y lo coloca en otro.

KB: Kilobytes, escasamente mil bytes (1,024 para ser preciso). Ver *GB*, *MB* y *TB*.

LAN: Local area network (red de área local), de lo que se trata este libro.

LAN Manager: Un sistema operativo de red obsoleto que Microsoft solía vender. Microsoft hace mucho tiempo puso todos sus huevos de red en la canasta de Windows NT/2000, de manera que LAN Manager solo existe en islas con soldados que todavía están peleando la II Guerra Mundial.

LAN Server: La versión de la IBM del LAN Manager.

LANcache: El programa caching de disco que viene con LANtastic.

LANtastic: Un sistema operativo de red de igual-a-igual que una vez fue la opción más popular para redes pequeñas. Cuando los buenos amigos de Microsoft vieron cuán popular era LANtastic, decidieron agregar opciones gratuitas de red a Windows. Como resultado, no muchas personas utilizan LANtastic actualmente.

libro de direcciones (address book): En un sistema de correo electrónico, una lista de usuarios con quienes usted regularmente intercambia correspondencia.

Linux: Una versión casi gratuita del sistema operativo de UNIX que se está haciendo popular como un servidor de red.

LocalTalk: El esquema de Apple para cablear redes Macintosh utilizando los puertos de la impresora de Mac. PhoneNET es un esquema de cableado compatible con LocalTalk pero menos costoso.

log in (registrarse): Lo mismo que log on.

log on (registrarse): El proceso de identificarse uno mismo a la red (o un servidor de red específico) y ganar acceso a los recursos de la red.

log out (salir): El proceso de dejar la red. Cuando usted sale, la unidad de red o las impresoras a las que estaba conectado se tornan no disponibles para usted.

LOGIN: El comando de NetWare usado para registrarse en una red NetWare.

LOGIN directory (directorio LOGIN): En NetWare, un directorio de red mapeado a la estación de trabajo antes de que el usuario se haya registrado. El directorio LOGIN contiene comandos y programas accesibles para cada computadora en la red, sin importar si un usuario se ha registrado. El jefe entre estos comandos es el comando LOGIN.

logon name (nombre de registro): En una red de Windows, el nombre que identifica a un usuario únicamente en la red. Es igual al *nombre de usuario* o *ID de usuario*.

logon script (script de registro): Un archivo de comandos NetWare ejecutado cuando un usuario se registra.

LOGOUT: En NetWare, el comando que utiliza para dejar la red.

LPT1: El primer puerto de impresora en una PC. Si una computadora tiene una impresora local, probablemente está unida a este puerto. Esa es la razón por la cual debería instalar redirecciones de impresora utilizando LPT2 y LPT3.

Mac OS X: El último sistema operativo para computadoras Macintosh.

Mac OS X Server: El sistema operativo servidor de Apple más poderoso para las computadoras Macintosh.

Macintosh: Una pequeña computadora muy coqueta que hace dibujos maravillosos y viene con los accesorios de red incorporados.

mainframe: Una computadora enorme guardada en una casa de vidrio sobre pisos elevados y enfriada con nitrógeno líquido. El cable que conecta las unidades de disco a la CPU pesa más que la mayoría de las PC.

mapeo (mapping): Asignar letras de unidad no utilizadas a unidades de la red, o bien, asignar puertos de impresora no utilizados a las impresoras de la red. Vea *redirección*.

MB: Megabytes, casi un millón de bytes (1,024K para ser preciso). Vea *GB*, *KB* y *TB*.

memoria (memory): El almacenamiento electrónico donde su computadora guarda información que se está manipulando y programas que se están ejecutando. Ver *RAM*.

memoria convencional (conventional memory): Los primeros 640KB de la memoria en una computadora basada en DOS.

metáfora (metaphor): Una construcción literaria apta para Shakespeare y Steinbeck, pero un poco sobre-utilizada por escritores de libros de computación.

módem (modem): Un dispositivo que convierte señales que la computadora comprende en señales que pueden ser transmitidas en forma precisa por el teléfono a otro módem, el cual convierte las señales de nuevo al formato original. Las computadoras utilizan modems para hablarse entre sí. El módem es una combinación de modulador-demodulador.

mouse: La forma obligatoria para usar Windows. Cuando lo toma y lo mueve el cursor se mueve en la pantalla. Después de que logra una coordinación ojo-mano, utilizarlo es muy fácil. Consejo: No lo levante y le hable como hizo Scotty en Star Trek IV. Muy vergonzoso, especialmente si ha viajado millones de millas para llegar allí.

Mr. McFeeley: El lechero con apariencia de nerd en el vecindario del Sr. Rogers. Sería un genio de computación. ¡Entrega inmediata!

MSD: *Microsoft Diagnostics*, un programa que viene con DOS 6 y 6.2 y Windows 3.1. MSD recolecta y despliega información útil sobre la configuración de su computadora. En Windows 9x/Me, puede obtener información similar desde un programa llamado Microsoft System Information.

My Network Places: Un icono en los escritorios de Windows XP, Windows 2000, Window Millennium que le permite acceder a servidores de la red y recursos. En Windows 95 y 98, este icono es conocido como Network Neighborhood.

NE2000: El estándar por el cual las tarjetas de interfaz de la red son juzgadas. Si su tarjeta es compatible con NE2000, puede usarla con casi cualquier red.

.NET: Un nuevo ambiente de aplicación de Windows que promete simplificar la tarea de crear y usar aplicaciones para Windows y la Web.

NETBIOS: *Sistema de entrada/salida básico de la red*, un estándar de red de alto nivel desarrollado por IBM y usado en la mayoría de las redes de igual-a-igual. Puede usarse también con NetWare.

Netscape: La compañía que hace Navigator, un programa popular para explorar la World Wide Web.

NetWare: Un popular sistema operativo de red, el niño orgulloso de Novell, Inc.

NetWare Directory Services: Una opción de NetWare introducida con la Versión 4, en la cual los recursos de los servidores son unidos para formar una sola entidad.

NetWare Loadable Module: Un programa cargado en el servidor de archivo. También conocido como *NLM*. NLM extiende la funcionalidad de NetWare al brindar servicios adicionales. Btrieve se ejecuta como un NLM, mientras hace varias utilidades de respaldo, antivirus y otras.

Network Neighborhood: Un icono en un escritorio de Windows 95 ó 98 que le permite acceder a servidores de la red y recursos. En Windows 2000 y Windows Millennium, este icono se conoce como My Network Places.

NIC: Vea *tarjeta de interfaz de la red*.

NLM: Ver *NetWare Loadable Module*.

nodo (node): Un dispositivo en la red, típicamente una computadora o impresora. Un rutero también es un nodo.

nombre compartido (share name): Un nombre que usted asigna a un recurso de la red cuando lo comparte. Otros usuarios de la red utilizan el nombre compartido para acceder al recurso compartido.

nombre de la computadora (computer name): Un nombre único asignado a cada computadora en una red.

Norton Utilities: Una caja grande llena de utilidades, todas por un precio razonable. Cómprelo.

NOS: Ver *sistema operativo de red*.

Novell: Los amigos a los que puede agradecer o culpar por NetWare, dependiendo de su estado de ánimo.

NTFS: Un tipo especial de formato de disco que puede usar en Windows NT/2000 Server y unidades de disco Windows XP para desempeño y seguridad mejorados.

offline (fuera de línea): No disponible en la red.

online (en línea): Disponible en la red.

operador: Un usuario que tiene control sobre aspectos operacionales de la red, pero no necesariamente tiene el poder de otorgar o revocar derechos de acceso, crear cuentas de usuario, etcétera.

operador de consola (console operator): En NetWare, un usuario que trabaja en la consola del servidor de archivo.

OSI: La agencia para la que Lee Majors trabajó en el Hombre Nuclear. Además, el modelo de referencia *Open System Interconnection*, un armazón de pastel de frutas de siete capas del cual cuelgan los estándares de las redes.

paquetes (packets): La información es enviada por la red en trozos manejables llamado *paquetes*, o *marcos*. El tamaño y forma de un paquete es determinado por el protocolo usado.

Panel de Control (Control Panel): En Windows, una aplicación que le permite configurar varios aspectos del sistema operativo de Windows.

partición: Una división de una sola unidad de disco en varias unidades más pequeñas tratadas por el sistema operativo como si fueran unidades separadas.

par trenzado (twisted pair): Un tipo de cable que consiste en uno o más pares de cables trenzados en cierta forma para mejorar las características eléctricas del cable. Vea *par trenzado con protección* y *par trenzado sin protección*.

par trenzado con protección (shielded twisted pair): El par trenzado con protección es usado en su mayoría por las redes Token Ring. También conocido como STP. Refiérase al par trenzado.

par trenzado sin protección (unshielded twisted pair): Cable par trenzado que no tiene protección de metal pesado alrededor. Usado para redes 10baseT. También se conoce como UTP. Vea *par trenzado*.

PCI: *Peripheral Component Interconnect*, el diseño de bus de alta velocidad encontrado en computadoras Pentium modernas.

PCONSOLE: El comando NetWare que utiliza desde un indicador de comando DOS para administrar la impresión de la red.

perfil de usuario (user profile): La forma en la que Windows les da seguimiento a las configuraciones de escritorio de cada usuario, como colores de ventana, papel tapiz, protectores de pantalla, opciones del menú de Start, favoritos, etcétera.

permisos: Los derechos que han sido otorgados a un usuario particular o grupo de usuarios para permitirles acceder a archivos específicos.

PhoneNET: Un esquema de cableado alternativo para redes Macintosh, más baratos que los cables LocalTalk de Apple.

PPP: *Point to Point Protocol*, la forma más común de conectarse a la Internet para tener acceso a la World Wide Web.

Print Manager: En el viejo Windows (Windows 3.1 y Windows For Workgroups), el programa que administra la cola de impresión.

PRN: El código en DOS para nombrar el primer puerto paralelo. También conocido como LPT1.

Procesador 8088: El chip microprocesador alrededor del cual IBM diseñó su PC original, el cual marca la transición de la Edad de Bronce a la Edad de Hierro.

Procesador 80286: Computo-habilis, un antiguo antepasado de las computadoras modernas.

Procesador 80386: El primer chip microprocesador de 32-bits usado en computadoras personales. Hace algún tiempo fue reemplazado por diseños más nuevos y mejores, pero es aún utilizado por muchísimas personas.

Procesador 80486: El último de los chips de la CPU de Intel que tiene número en lugar de nombre. Reemplazado hace años por el procesador Pentium.

programa antivirus (antivirus program): Un programa que elimina los virus en su red y los envía al exilio.

protector de bolsillo: Un símbolo de condición utilizado por los genios fanáticos de la computación.

protocolo (protocol): (1) La especialidad del androide C-3PO. (2) Las reglas del juego de la red. Los protocolos definen formatos estandarizados para paquetes de información, técnicas para detectar y corregir errores, etcétera.

puente (bridge): No es el juego popular de cartas, sino un dispositivo que le permite vincular dos redes. Los puentes son lo suficientemente inteligentes para saber cuáles computadoras están en cuál lado del puente, así que solo permiten aquellos mensajes que necesitan llegar al otro lado para cruzar el puente. Este dispositivo mejora el desempeño en ambos lados del puente.

puerta de enlace (gateway): Un dispositivo que conecta redes distintas. Las puertas de enlace a menudo conectan redes de la Ethernet a las computadoras mainframe o a la Internet.

Puerto (Port): Un conector en la parte trasera de su computadora que puede usar para conectar un dispositivo como impresora, módem, mouse, etcétera.

puerto paralelo (parallel port): Un puerto normalmente usado para conectar impresoras, algunas veces llamado puerto de impresora. Los puertos paralelos envían información por ocho alambres "paralelos", un byte a la vez. Refiérase al puerto serial.

puerto serial (serial port): Un puerto normalmente usado para conectar un módem o mouse a una computadora basada en DOS, algunas veces llamado puerto de comunicaciones. Ver ***puerto paralelo***.

punch-down block (bloque perforador): Un dispositivo para conectarse rápidamente a un montón de alambres, usado en closets de teléfonos y cableado de red.

QIC: *Quarter-inch cartridge*, la forma más popular y menos costosa de respaldo en cinta. Ahora conocido como *unidades Travan*. Ver ***DAT*** y ***Travan***.

RAID: *Redundant Array of Inexpensive Disks*, muchas de unidades de disco unidas y tratadas como si fueran una sola. La información se dispersa en varias unidades y una de las unidades se mantiene revisando la información para que si alguna falla, la información pueda ser reconstruida.

RAM: *Random access memory* (memoria de acceso aleatorio), los chips de memoria de su computadora.

recurso (resource): Una unidad de disco, directorio de disco, impresora, módem, CD-ROM u otro dispositivo que puede ser compartido en la red.

recurso compartido (shared resource): Un recurso, como un disco o impresora disponible para los usuarios de otra red.

recurso de disco (network resource): Una unidad de disco, impresora u otro dispositivo localizado en una computadora servidor y compartido con otros usuarios, en contraste con un recurso local, el cual se localiza en la computadora de un usuario.

recursos locales: Las unidades de disco, impresoras y otros dispositivos que están unidos directamente a una estación de trabajo en lugar de ser accedidos por medio de la red.

red (network): De lo que trata este libro. Para más información, refiérase a los capítulos del 1 al 30.

red de área local (local area network): Ver *LAN*.

red de igual-a-igual (peer-to-peer network): Una red en la cual cualquier computadora puede ser un servidor si así lo desea. Es algo así como la versión de la red del Gran Sueño Americano. Puede fácilmente construir redes de igual-a-igual utilizando Windows.

redirección (redirection): Uno de los conceptos básicos de redes, en los que un dispositivo, como unidad de disco o impresora, aparece como un dispositivo local pero en realidad reside en la red. El software de red en su computadora intercepta las solicitudes I/O para el dispositivo y las redirige a la red.

red vertebral (backbone): Un cable usado para unir secciones de una red. El backbone es a menudo 100Mbps Fast Ethernet.

registro (registry): El archivo donde Windows mantiene su información de configuración.

repetidora (reapeter): Un dispositivo que fortalece una señal para que pueda viajar. Las repetidoras son usadas para alargar la distancia del cable entre dos nodos. Una *repetidora multipuerto* es lo mismo que un *hub*.

respaldo (backup): Una copia de sus archivos importantes hecha para proteger en caso de que algo les ocurra a los archivos originales; algo que debería hacer cada día.

respaldo completo (full backup): Un respaldo de todos los archivos en un disco, ya sea que los archivos hayan sido modificados o no desde el último respaldo. Vea *respaldo diferencial*.

respaldo de generación (generation backup): Una estrategia de respaldo en la cual varios grupos de discos de respaldo o cintas son retenidos; algunas veces llamado abuelo-padre-hijo.

respaldo diferencial (differential backup): Un tipo de respaldo en el cual solo los archivos que han cambiado desde el último respaldo completo están respaldados.

respaldo incremental (incremental backup) : Un tipo de respaldo en el cual solo los archivos que han cambiado desde el último respaldo son respaldados. A diferencia de un respaldo diferencial, un respaldo incremental reinicia cada bit del archivo principal conforme lo respalda. **Vea *bit de archivo principal*, *respaldo diferencial*** y ***respaldo completo*.**

RJ-45: El tipo de enchufe usado por redes 10baseT y 100baseT. Parece como una especie de enchufe de teléfono modular, pero más grande.

router (enrutador): Un dispositivo que funciona como un puente pero puede manejar distintos protocolos. Por ejemplo, un rutero puede vincular la Ethernet a la LocalTalk o un mainframe.

Samba: Un programa que se ejecuta en un servidor Linux, el cual le permite a la computadora Linux funcionar como un archivo y servidor de impresión en una red de Windows.

ScanDisk: Un comando de Windows que examina su disco duro para ver si tiene defectos físicos.

SCSI: *Small computer systems interface*, una conexión usada en su mayoría para discos duros pero también apto para unidades de CD-ROM, unidades de cinta y casi cualquier otra cosa.

segmento (segment): Un cable sencillo que puede conectar más de dos computadoras con un terminator en cada extremo.

servidor (server): Una computadora que está en la red y comparte recursos con otros usuarios de la red. El servidor puede ser dedicado, lo que quiere decir que su único propósito en la vida es brindar servicio para usuarios de la red, o puede ser usado también como cliente. Refiérase a cliente.

servidor de archivo (file server): Una computadora de red que contiene unidades de disco disponibles para los usuarios de la red.

servidor de correo (mail server): La computadora servidor en la cual se guardan los mensajes de correo electrónico. Esta misma computadora puede ser usada como un archivo y servidor de impresión, o bien, puede ser dedicado como un servidor de correo electrónico.

servidor dedicado (dedicated server): Una computadora usada exclusivamente como servidor de red.

servidor de impresión (print server): Una computadora que administra la impresión de la red o dispositivo como JetDirect, que le permite a la impresora unirse directamente a la red.

SFT: *System Fault Tolerance*, un grupo de opciones de red diseñadas para proteger la red de fallas, como pararse sobre la línea (conocido como falla de pie).

sistema operativo de red (network operating system): Un sistema operativo para redes, como NetWare o Windows 2000 Server. También conocido como NOS.

Smiley (carita feliz): Una cara hecha con varios caracteres del teclado; a menudo usado en los mensajes de correo electrónico para representar emociones. :-)

SNA: *Systems Network Architecture*, un estándar de red desarrollado por IBM que data del periodo medio-Mainframerasic, hace aproximadamente 65 millones de años. Usado por el mainframe de IBM y mini computadoras AS/400 en todas partes.

sneakernet: La forma más barata de red en la cual los usuarios intercambian archivos al copiarlos a discos y llevarlas entre computadoras.

SNMP: *Simple Network Management Protocol*, un estándar para intercambiar información de administración de red entre dispositivos de red que es cualquier cosa menos simple.

software programador: El software que programa reuniones de los usuarios de la red. Funciona solo si todos los usuarios de la red mantienen sus calendarios actualizados.

spooling: Un truco de impresión en el cual la información intencionada para una impresora es realmente escrita en un archivo de disco temporal y luego enviada a la impresora.

ST-506: Un viejo tipo de interfaz de unidad de disco obsoleto pero que todavía se encuentra en muchas computadoras.

subcapa LLC (LLC sublayer): La subcapa del vínculo lógico de la capa 2 del modelo OSI. La LLC está dirigida por el estándar IEEE 802.2.

subcapa MAC (MAC sublayer): La subcapa de *control de acceso a los medios* de la capa 2 del modelo OSI. La MAC está dirigida por el estándar IEEE 802.3.

SUPERVISOR: La cuenta estrella en NetWare. Regístrese como SUPERVISOR y puede hacer casi cualquier cosa.

switch (interruptor): Un tipo eficiente de hub que envía paquetes solo al puerto que está conectado al receptor de paquetes en lugar de enviarlos a todos los puertos, como lo hace un hub simple.

SYS: El nombre del volumen del volumen del sistema en la mayoría de los servidores de NetWare.

tarea (task): Para una descripción técnicamente precisa, regístrese en un curso de ciencias de computación. Para comprender lo que es una tarea, imagine el muchacho que acostumbraba girar platillos en el Programa Ed Sullivan. Cada platillo es una tarea. El pobre muchacho tenía que moverse como loco de platillo a platillo para mantenerlos girando. Las computadoras funcionan de esa misma forma. Cada tarea del programa es como uno de esos platillos giratorios; la computadora debe servir a cada uno periódicamente para seguir en movimiento.

tarjeta adaptadora (adapter card): Una tarjeta electrónica que puede conectar en una de las ranuras del adaptador de su computadora para darle algunas capacidades nuevas y fabulosas, como desplegar 16 millones de colores, hablar con otras computadoras por el teléfono o acceder a una red.

tarjeta de interfaz de la red (network interface card): Una tarjeta de adaptador que le permite a la computadora unirse a un cable de la red. También conocido como *NIC*.

TB: *Terrazzo bytes*, importados desde Italia. Aproximadamente un trillón de bytes (1,024GB para ser preciso). (Estoy bromeando con eso de los terrazzo bytes. En realidad, TB significa terabytes. No pasará mucho tiempo antes de que pueda comprar unidades de disco que pueden retener un terabyte o más).

TCP/IP: *Transmission Control Protocol/Internet Protocol*, el protocolo usado por la Internet.

terminator (terminador): El pequeño enchufe que tiene que usar en cada extremo de un segmento de cable coaxial delgado (10baseT).

terminal tonta (dumb terminal): De vuelta en los inicios de las computadoras mainframe, un monitor y teclado unidos a la mainframe central. Todo el trabajo de computación ocurría en el mainframe; la terminal solo desplegaba los resultados y enviaba el input (información de entrada) digitado en el teclado de vuelta al mainframe.

thinnet: Vea *10base2*.

tiempo compartido: Una técnica usada en computadoras mainframe para permitirles a varios usuarios el acceso a la computadora al mismo tiempo.

time-out (tiempo fuera): El tiempo que el servidor de impresión espera mientras recibe el resultado de la impresión antes de decidir que el trabajo de impresión ha finalizado.

token: La cosa que se pasa por la red en una topología Token Ring. Vea *Token Ring*.

Token Ring: Una red que está cableada en una topología de anillo en la cual un paquete especial llamado token es pasado de computadora a computadora. Una computadora debe esperar hasta que recibe el token antes de enviar información en la red.

tolerancia de falla al sistema (system fault tolerante): Ver *SFT*.

topología (topology): La forma de la red; es decir, cómo sus computadoras y cables están arreglados. Vea *bus*, *anillo* y *estrella*.

trabajo de impresión: Un informe, carta, memorando u otro documento que ha sido enviado a una impresora de la red pero no ha sido impreso todavía. Los trabajos de impresión esperan pacientemente en la cola hasta que una impresora acuerde imprimirlos.

Transceiver (transceptor): Un accesorio que conecta una tarjeta de interfaz de la red (NIC) a un cable de red. Un transceptor siempre es necesario para conectar una computadora a la red, pero 10base2 y 10baseT NICs tienen transceptores incorporados. Los transceptores fueron originalmente usados con cable amarillo. También puede hacer que los transceptores conviertan un puerto AUI a 10baseT.

Travan: Una tecnología más nueva para respaldo barato en cinta que puede grabar hasta 800MB en un solo cartucho de cinta. Vea *QIC* y *DAT*.

trustee rights (derechos de usuario): En NetWare, los derechos que han sido otorgados a un usuario particular o grupo de usuarios para permitirles acceder a archivos específicos.

unidad de asignación (allocation unit): Windows asigna espacio a los archivos una unidad de asignación a la vez; la unidad de asignación es típicamente 2,048 ó 4,096 bytes, dependiendo del tamaño del disco. También conocido como *cluster*. NetWare y Windows NT/2000 pueden usar esquemas de asignación que son más eficientes que el Windows estándar.

unidad de cinta (tape drive): La mejor forma de respaldar un servidor de red. Las unidades de cinta se han vuelto tan baratas que hasta las redes más pequeñas deberían tener una.

unidad de red (network drive): Una unidad que reside en alguna parte en la red en lugar de en su computadora.

uninterruptible power supply (fuente ininterrumpida de poder): Vea *UPS*.

UPS: Uninterruptible power supply, un accesorio que cambia a suministro de batería cuando la energía sufre una interrupción. La Enterprise no tenía una de estas, esta es la razón por la cual las luces siempre se iban hasta que Spock podía cambiar a la energía auxiliar.

URL: *Uniform Resource Locator*, un término sofisticado para una dirección de Internet. Los URL son esas direcciones con "punto" familiares para usted, como "www-punto-microsoft-punto-com" o "www-punto-dummies-punto-com."

USB: Una interfaz serial de alta velocidad que se encuentra en la mayoría de las computadoras. Los USB pueden usarse para conectar impresoras, escaners, mouse, teclados, adaptadores de red y otros dispositivos.

User Manager for Domains (Administrador de Usuarios para Dominios): El programa que usa en Windows NT para administrar cuentas de usuario.

UTP: *Unshielded twisted pair* (par trenzado sin protección). Vea *10baseT*.

VBScript: Un lenguaje de script que puede usarse para agregar opciones sofisticadas a las páginas Web o crear macros para programas Microsoft Office.

VGA: *Video Graphics Array*, el estándar actual en monitores de video. La mayoría de los adaptadores VGA en estos días son en realidad súper adaptadores VGA, los cuales son compatibles con los adaptadores VGA pero tienen campanas y pitos extra.

Vines: Un sistema operativo de red creado por Banyan, comparable a NetWare o Windows NT/2000 Server.

virus: Un programa de computación malévolo que se introduce en su computadora sin ser detectado, intenta expandirse por sí mismo a otras computadoras y puede eventualmente hacer algo malo como estropear su disco duro.

volume name (nombre de volumen): En NetWare, cada volumen de disco tiene un nombre. La mayoría de los servidores NetWare tiene un volumen llamado SYS.

Windows: El sistema operativo más popular del mundo.

Windows 2000: La versión más nueva de Windows NT. Disponible en cuatro versiones: Windows 2000 Professional para usuarios de escritorio, y Windows 2000 Server, Windows 2000 Advanced Server y Windows 2000 Datacenter Server para computadoras servidor.

Windows 95: Una versión de Windows que se volvió disponible en — adivinó — 1995. Windows 95 fue la primera versión de Windows que no requirió DOS.

Windows 98: El sucesor de Windows 95 se introdujo en 1998. Windows 98 incluye una nueva interfaz de usuario que hace que el escritorio de Windows se parezca al de la World Wide Web.

Windows for Workgroups: La primera versión consciente de la red de Microsoft de Windows, ahora casi no existe.

Windows Millennium Edition: El sucesor de Windows 98, diseñado especialmente para usuarios domésticos y ofrece un Home Networking Wizard que simplifica la tarea de instalar una red doméstica.

Windows NT: El predecesor de Windows 2000. Windows NT está disponible en dos versiones: Windows NT Cliente para computadoras de escritorio y Windows NT Server para computadoras servidor.

Windows XP: La versión más nueva de Windows, diseñada para usuarios domésticos o profesionales.

World Wide Web: Un método gráfico de acceder a información en la Internet.

WWW: Vea *World Wide Web*.

cable amarillo (yellow cable): Vea *10base5*.

Índice

• *E* •

• *I* •

• *M* •

• *N* •

• *Q* •